Op reis door Visioenenland

Anitsa Kronenberg

in contact met flora, fauna en deva's

Uitgeverij Angelo

© Anitsa Kronenberg
www.anitsakronenberg.nl

© 2014, Uitgeverij Angelo
Kanaalweg 33 – 205/206
2903 LR Capelle aan den IJssel
www.uitgeverij-angelo.nl

Foto & lay out omslag WillZero.com
Omslag illustratie Anitsa Kronenberg

ISBN 9789079995363
NUR 720

Elk internetadres waarnaar in dit boek wordt verwezen, is op het moment van deze publicatie actueel, maar de uitgever kan niet garanderen dat een specifieke verwijzing blijft bestaan of wordt gehandhaafd.

© 2014 Deze uitgave is met de grootst mogelijke zorgvuldigheid samengesteld. Noch de maker, noch de uitgever stelt zich aansprakelijk voor eventuele schade als gevolg van eventuele onjuistheden en/of onvolledigheden in deze uitgave. Niets uit deze uitgave mag openbaar worden gemaakt en/of verveelvoudigd door middel van druk, fotokopie, microfilm of op welke andere wijze dan ook zonder voorafgaande schriftelijke toestemming van de uitgever.

Inhoudsopgave

Voorwoord 1
Bewustzijn 6
Reizen 6
Wat zich niet kan uiten is kwetsbaar, geef het een stem 6
Het leven is een spel, het speelveld is de liefde 8
Waar droom je van? 9
Contact laten groeien 11
Eerste schreden 12
Eerste kennismaking met grootvader 13
Boom 14
Een wonderbaarlijke reis in de archetype velden 14
De schorpioenentest 16
De Aarde Godin 17
Het openen van mijn derde oog 18
Weer een behandeling van mijn derde oog 19
Wonderlijke genezing 20
Sprookjesreis 22
Lessen in helen 23
Planten als helpers 24
Lessen met licht 24
Op audiëntie 25
Uilenpoep 26
Truc 26
De schermen 27
Negatieve gevolgen van oordeel en afwijzing 28
Plantmannetjes 29
Holle eik 30
Helen is in liefde aanvaarden 31
Ziekte aanvaarden 31
Hoe ik mijn kraai verloor 31
De geur van voedsel 32
Het hart van moeder aarde 33
De eerste ontmoeting met mijn tijger 33
Hoe ik mijn beer ken 34
Subtiele vitaliteit in de natuur 34
Mijn eerste gesprek met een huis 35
Terloopse oefeningen 36
Zuiveren door te zijn 37

Herinnering aan het pareren van een aanval	37
Overgave	38
De lessen van heer Hsi	38
Het keren van een vervloeking	40
De vulkaandeva	42
De bronnymf	45
Vis	47
Dryaden leren kennen	48
Een dier in de voorouderlijnen	49
Tartarus	50
Tartarus pest opnieuw	54
Psychometrie	58
Toverstok	58
Excarnerende stenen	59
Mijn tuin	59
Zelfzucht opruimen	61
Zonnestraaltje	62
Een ander huis spreekt	63
Verder met het huis	65
Hoofdpijn	66
Opnieuw hoofdpijn	67
Hart	67
De raaf en ik vallen samen	67
Bezoek aan een 'echt' huis	69
Toevallige visite	71
De onderwereld	71
Zieledelen	75
Zelfafwijzing die ziekte werd	76
Papa Zeewolf	77
De bergdeva	79
Een Lemurische steen	80
Metaalsteen	81
Drakenbloedboom	82
Niet alle reptielen zijn slecht, marteling in een zeer ver verleden	82
Krachtplek	84
Tegenstander	85
Ziek	86
Mie	87
Stenenveld	88

Het bos	88
Veerkracht en vernieuwing	90
De mieren	91
Zeenab	92
Het dierenveld	92
Gnomen en kobolden	93
Mist	95
Energie en toxinen	95
Neptunus	95
Onder het bos	97
Voetstappen	98
Schrijven	98
De beer van Louise	99
De kraai	100
Indiaans boete doen	102
De zendmast	104
Fukushima	105
Opnieuw de zendmast	106
Storm	107
Bosimpressies	108
Met andere ogen naar het bos kijken	109
Fluiten	109
De plantenwereld	110
Woud van glans en luister	111
Jezelf reinigen	112
Trommel	113
Pest ervaring	114
Tocht naar het niets	116
Nog dieper het niets in	117
Plataan	118
Overstijgen	119
Gember	119
Vliegen	120
Eén van mijn oorsprongen	120
Gebroken teen	121
Nour	122
De cannabis deva	125
Ongehoorzaam	127
Honden incarnaties	127

Sammy, een bijna vertrekkend huishondje	128
Limoen's stervensproces	132
Twee stoute hondjes	133
Casula	137
Moedbesjes	138
Bedrukt	139
Pausibel's geneeskunsten	140
Boeketje	140
Lessen van Pausibel	141
Vorst toegift	143
Pausibel brult	143
De gemberdeva	144
Overpeinzing	146
Op de kop	146
Schade door grondwerk, bliksem en kappen	147
Een vastzittende voorouder	148
Galilil, een engel in vermomming	151
Astaroth	153
De duivel in Ayesha	158
Operatie trollentroon	161
Genade	164
Wetten van liefde	164
Het hart als trommel	165
De bij	166
De vuurgeest	168
De doden	170
Vogelvelden	171
Vlaamse gaai	173
De toekomst in het Nu	174
Oertijd	175
Meditatie voor de mensheid	178
De boodschap van de witte draak	180
Leegkloppen	180
Zon	181
Slot	182
Verklarende woorden	183
Mijn belangrijkste gidsen	187
Nawoord	188
Over de Auteur	190

Voorwoord

Op reis door visioenenland is een bijzonder boek. Het verhaalt van de geestelijke wereld die achter de wereld van de uiterlijke verschijnselen ligt en die in wezen de geestelijke structuur ervan vormt. Deze "binnenkant" van de natuur ontvouwt zich voor het geestesoog van de beschouwer als een "visioenenland", dat naar believen kan worden bereisd. Anitsa verschaft zich gemakkelijk toegang tot dit land, en lichtvoetig en onbevangen gaat zij op avontuur. Zij beschrijft wat zij in het moment zelf met al haar zintuigen waarneemt, welke emoties zij ervaart, wat zij denkt met haar onderzoekende geest en wat zij in haar lichaam voelt. Zij bedient zich daarbij van een direct en heel eigen taalgebruik, waarin liefde en mededogen voor al het bestaande moeiteloos doorklinken. Het is deze klank die, mijns inziens, toont hoezeer zij geput heeft uit een zuivere bron. Opvallend is ook dat ze haar avonturen optekent vanuit het standpunt van de neutrale waarnemer, die, oordeelloos, zelfs haar eigen oordelen en vooroordelen observeert. Het vermogen om oordeelloos te kunnen waarnemen verleent haar werk in hoge mate objectiviteit, hetgeen versterkt wordt door het feit dat ze uitsluitend haar ervaringen laat spreken en niet uitgaat van enige theorie. Het maakt haar boek tot een waardevol document voor de mystieke wetenschap en kan een belangrijke bron van inspiratie zijn voor de filosoof en de natuurwetenschapper. In het navolgende zal ik dat duidelijk maken.

Anitsa is natuurgeneeskundig therapeute en op haar reizen wordt zij begeleid door gidsen die haar steunen in haar werk. Zij beantwoorden haar vragen, tonen haar de werkzaamheid van de geest achter de natuurlijke verschijnselen, delen met haar hun kennis en wijsheid, transformeren haar, of helen anderen door haar. Sommige gidsen zijn hoogstaande geestelijke leraren, anderen zijn meer aardegebonden entiteiten die zorgen voor de instandhouding van flora, fauna en hele ecosystemen. Zij tonen hun vermogen door haar mee te nemen op reizen waarbij grote afstanden in ruimte en tijd in een oogwenk worden overbrugd. Bijvoorbeeld naar gebeurtenissen uit een ver verleden, of naar plaatsen met een zo ijle structuur dat het verband tussen geest en materie nauwelijks nog aanwezig lijkt te zijn. De gidsen hebben allen een heel eigen manier van praten en van doen, wat hen zeer levend en authentiek maakt. Het eigen karakter is zo sprekend dat ik onwillekeurig sympathie voor hen heb opgevat. De gidsen maken Anitsa overigens duidelijk dat ze gehoord willen worden en met dit boek beantwoordt zij aan hun oproep en geeft zij hen een stem. En wat voor een stem! Als collectief laten zij zien dat geest en materie een eenheid vormen, dat het geestelijke zich uitdrukt in de stof en dat hun werkzaamheid wordt geleid door liefde. Dat zijn wel belangrijke boodschappen in een door het materialisme gedomineerde samenleving waar de opvatting wordt gehuldigd dat de geest slechts een bijverschijnsel is van de materie voortkomend uit de complexiteit van neuronale netwerken.

De belevenissen die Anitsa op haar reizen doormaakt zijn fascinerend en stemmen tot nadenken. Zo wordt ze op een van haar reizen door de matzwarte draak meegevoerd naar het Carboon, een tijdperk uit het geologisch verleden van enkele honderden miljoenen jaren geleden. Ze bevindt zich in een moerasbos en geeft een beschrijving van het planten- en dierenleven daar. Ze ziet de etherische lichamen van de planten door de stoffelijke vormen heen en neemt waar hoe de evolutie zich voltrekt. Het is een wisselwerking tussen de stoffelijke en de geestelijk wereld. De draak maakt duidelijk dat de etherische lichamen een ingeboren intelligentie bezitten die de ontwikkeling van nieuwe levensvormen stuurt, waarna hij ook nog aangeeft dat intelligentie de creatieve werkzaamheid van het goddelijke voorstelt. Op haar vraag of hier ook mensen zijn, verklaart hij dat de mens niet in stoffelijk vorm aanwezig is, maar wel in een etherische vorm.

Dit verhaal toont een aantal interessante metafysische aspecten van de natuur. Daar is bijvoorbeeld het merkwaardige verschil tussen de beleving van ruimte en tijd in de geestelijke wereld aan de ene kant en de materiële wereld aan de andere. In de geestelijke wereld blijft de informatie van vroegere gebeurtenissen bewaard en kan men onmiddellijk toegang krijgen tot die gebeurtenissen, waar en wanneer die ook maar hebben plaatsgevonden. In de materiële wereld, daarentegen, heeft men te maken met de pijl van de tijd die rigide één kant op wijst, namelijk naar de toekomst, wat zowel het reizen in de tijd als het zich verplaatsen buiten de tijd onmogelijk maakt. De dimensies van ruimte en tijd van de geestelijke wereld zijn kennelijk van een andere orde dan die van de stoffelijke wereld. Hoe het ook zij, de fascinerende mogelijkheid om informatie op te halen van gebeurtenissen die op een willekeurige tijd en plaats hebben plaatsgevonden zou kunnen worden ingezet bij de ontrafeling van de geschiedenis van de aarde en de kosmos. Dergelijk onderzoek vereist echter wel dat de waarnemingen door introspectie verkregen als waardevolle feiten worden geaccepteerd.

Een ander boeiend aspect van de reis naar het Carboon is natuurlijk dat van de evolutie van nieuwe levensvormen. Volgens dit verhaal wordt de evolutie van binnenuit gestuurd door een intelligente werkzaamheid en zijn nog niet verstoffelijkte levensvormen, voornamelijk hier de mens, al als blauwdruk aanwezig. Ergens anders schrijft Anitsa dat een soort kan uitsterven wanneer zijn blauwdruk wordt beschadigd, en dat die beschadiging optreedt door degeneratie van de ingeboren kwaliteiten van de soort. Sturing door een intelligente werkzaamheid en het bestaan van blauwdrukken van een soort duiden erop dat het evolutieproces zich doelgericht voltrekt. In de moderne natuurwetenschap is geen plaats ingeruimd voor de werking van de geest in het evolutieproces en wordt elke op een doel gerichte verklaring van de evolutie van de hand gewezen. Volgens deze opvatting is de ontwikkeling van soorten in wezen het resultaat van blind toeval. Dit standpunt is echter onhoudbaar, al was het alleen maar vanwege de ontkenning van een onderlinge beïnvloeding van geest en materie. Daarom denk ik dat het van belang is om bij de studie van het evolutieproces de stelling van het niet-doelgericht zijn van de ontwikkeling van soorten los te laten en de geest als agens in dit proces te betrekken. Objectieve waarnemingen door introspectie verkregen zouden dergelijk onderzoek zeer kunnen bevorderen.

Het bovenstaande verhaal van de reis naar het Carboon is slechts een van de talloze parels die men kan opduiken in dit bijzondere boek. Ik gaf dit voorbeeld, omdat ikzelf nogal geïnteresseerd ben in de evolutie van het leven op onze planeet. Bij het lezen werd ik ook vaak aangenaam getroffen door uitspraken die in mijn beleving een inhoud hebben die van een universele waarheid getuigen. De juistheid ervan kan men ervaren als een spontane herkenning door het eigen innerlijke weten. Zo zijn er uitspraken over de betekenis en de rol van de wil, van de liefde, van het lijden, van ziekte en aftakeling, van het Zijn, van de mens, van de vreugde, enz. Bijvoorbeeld, dat negatieve krachten in wezen bondgenoten zijn, die alles doen om de mens zichzelf bewust te doen worden; dat aftakeling en verval een zuiverende en liefdevolle werking hebben, en dat acceptatie daarvan genezing brengt en de mens naar een hoger bewustzijnsniveau voert; dat lijden tot bewustwording leidt, en dat het de evolutie bevordert van de soort als geheel en ook van zijn omgeving; dat het uitgangspunt van iedere heling liefde is. Er komen ook uitspraken voorbij die opvallen door hun geheimzinnigheid en daardoor wonderschoon zijn. Zoals deze: "Liefde is de bindende factor van de tijden. Zonder liefde valt de tijd uit elkaar." Kortom, er is veel te ontdekken in dit beeldenrijke boek. Voor de lezer die zichzelf herkent in deze verhalen, kan het een waarachtige bron van inspiratie zijn.

Voor lezers die geen ervaring hebben met het verkennen van hun eigen innerlijke landschap, of onbewust de beelden uit dit landschap marginaliseren, kan dit een ongemakkelijk boek zijn. Er wordt hen geen theorie geboden, er is geen welomschreven denkkader om zich aan vast te houden, er is geen "buitenstaander" die de herkomst van de beelden verklaart, of de inhoud van de verhalen becommentarieert. De enorme beeldenrijkdom kan dan een stortvloed worden waarin de argeloze lezer verdrinkt. Ik ken dit gevoel zelf ook wel. Toen ik de weg naar binnen nog niet ontdekt had, kon ik de boeken van Carl Gustav Jung niet lezen. Ik had geen voeling met het begrip "onbewuste" en de beschrijving en afbeelding van archetypische beelden herkende ik niet. Dat veranderde drastisch toen ik in dromen en in therapeutische sessies de onvoorstelbare uitgestrektheden van mijn innerlijke landschap leerde kennen. Sindsdien is Jung een belangrijk leermeester voor mij. Daarom hoop ik dat Anitsa's reisverslag voor de onervaren reiziger een aanzet zal zijn om een serieuze poging te doen om de weg naar binnen te ontdekken en het eigen innerlijke landschap in kaart te brengen. Daardoor wordt het proces in gang gezet dat tot individuatie leidt, d.w.z. tot het bewust worden van het Zelf. Bewustwording is de belangrijkste taak waartoe ieder individueel mens in dit leven wordt uitgedaagd. En dit is ook het onderwerp waar Anitsa telkens op terugkomt en waar het in haar boek in wezen om draait. Het belang van deze bewustwording komt tot uitdrukking in een tweetal inzichten, die misschien wel tot de mooiste behoren die Anitsa uit haar ervaringen verkrijgt, namelijk dat de mens, als in de stof gemanifesteerde soort met het hoogste bewustzijnsniveau, de grote taak heeft om tot voortrekker te dienen voor het hele evolutionaire proces en de verantwoordelijkheid heeft om de Aarde op een harmonieuze manier te beheren.

Dr. Paul van der Wal, paleontoloog en hermeaans psychotherapeut

Bewustzijn

Ik ben in aanraking gekomen met werelden die niet in de stof zichtbaar zijn, maar wel, voor misschien wel iedereen, toegankelijk zijn. Dit boek biedt een blik in die andere werelden.

In dit boek wil ik de wezens uit die werelden aan het woord laten. Ik hoop dat mijn avonturen en gesprekken mogen inspireren, ontroeren en enthousiasmeren en dat men met meer begrip en respect met de natuur en onze moeder aarde zal omgaan.

Grappig zoals alles in cirkels verloopt. Mijn beelden ontvang ik totaal niet chronologisch. Uit de beelden die soms ver na elkaar opdoemen, is pas later de chronologie en samenhang te achterhalen. Alsof je bij elke spaak van de cirkel iets over een onderwerp ziet en pas als de cirkel weer rond is in de tijd bij dezelfde spaak het vervolg. Het hap snap wordt een steeds consistenter verhaal.

Ik kom vaak in heel glorierijke situaties. Dat heeft niet zo zeer met mij te maken, maar met het feit dat elke ziel, dus ook de mijne, in wezen goddelijk is.
Als ik schouw neem ik waar in andere bewustzijnsvelden, ik noem ze zelf 'de andere wereld' of 'de oorzakelijke velden'.
Mensen (of dieren) die ik behandel 'stel ik op' op de 'helingsplaats'. Dat helpt mij met waarnemen. De waarnemingen zijn subjectief en symbolisch maar geven mij inzicht en aanwijzingen over wat te doen.

De voorplaat heb ik gemaakt tijdens een workshop intuïtief schilderen bij Alet Engelhard, kunstzinnig therapeute en kunstenares in Bussum.

Reizen

Wat zich niet kan uiten is kwetsbaar, geef het een stem

'Train je verbeelding. Vind niets gek, wijs niets af, heb geen oordeel, aanvaard alles. Durf jezelf toe te staan te geloven, aan te nemen, dat je waarnemingen 'kunnen'. Denken zet vast zodat heel veel waardevols verloren gaat, omdat het dan niet gekend mag worden op andere wijze dan vanuit het denken'. Dit is wat ik geleerd heb van de beelden en lessen die ik ontving vanuit de andere werelden. Toen ik door het hoogste goddelijke deel in mezelf de aanmoediging kreeg; 'Geef dat wat zich niet kan uiten een stem', besefte ik dat ik niet langer terughoudend hoefde te zijn om mijn ervaringen te delen. Wat zich niet kan uiten is kwetsbaar. Ik hoop mensen iets van de rijkdom van al hetgene dat zich niet met woorden verstaanbaar kan maken, mee te geven.

Ik merk dat veel mensen het moeilijk vinden om hun innerlijke stem te vertrouwen omdat ze 'nuchter' willen zijn. 'Zomaar iets geloven' zou ze in hun eigen ogen tot 'dom' maken. Goedgelovig. Mensen die je eigenlijk niet serieus kunt nemen. Ze voelen weerstand en verzet tegen het irrationele of intuïtieve. Dat komt voort uit het feit dat je onderscheid maakt tussen jezelf, het ik of ego en de buitenwereld. Een typisch verschijnsel van de mens die zich identificeert met de dualiteit. Ik merk dat ik het schouwen alleen maar kan doen als ik geen enkel oordeel heb, laat staan een waarde oordeel. Ik neem waar, met compassie. En ik merk dat dat in mijn dagelijks leven ook mijn houding aan het worden is. Ik heb geleerd mezelf toe te staan de informatie die tot me komt, aan te nemen. Daardoor gaat het steeds meer vanzelf. Ook leer ik mijn eigen kleuring steeds meer uit te schakelen.

Het is niet zo dat ik ga fantaseren of dagdromen. De informatie die tot me komt voelt alsof het een combinatie is van een geschenk uit de andere werelden en een 'bouwrijp' zijn van mezelf. Ik creëer de voorwaarden waardoor de beelden als een soort genade tot me komen. Als iets mij raakt, onderzoek ik waarom het mij raakt, wat het in mij teweeg brengt waardoor ik zo reageer. Het is immers mijn eigen reactie die me dit gevoel oplevert al zijn we als mens geneigd te denken dat het komt door dit en dat en zus en zo. Maar nee, het voelen doe je zelf, het dit en dat en zus en zo zijn slechts de triggers om dit al diep aanwezige gevoel bewust te worden.

Mediteren heeft me geleerd goudeerlijk te zijn naar mezelf om zo te ontdekken dat alle oordelen, meningen en gevoelens die ik had over van alles en nog wat, alleen maar iets over mijn eigen opvattingen zeggen. Ik ontdekte dat ik door mijn eigen bril keek en heb geleerd die meer en meer af te zetten. Zodra ik me daarvan bewust werd kon ik 'met andere ogen' leren ervaren. Ik merkte dat ik steeds minder 'kleuring' had in mijn oordelen. Ik werd transparanter. Maar hoe transparant en neutraal je ook op den duur wordt, ieder mens is toch zichzelf. Dat betekent dat ieder mens, dus ook ieder medium of mediamiek mens, waarneemt met zijn eigen bril en kleuring. Dat is prima, maar is wel iets dat beseft moet worden. Ook dit boek zal zeker mijn eigen ruis laten zien.

In meditaties kreeg ik aanwijzingen. Over mezelf en hoe ik in het leven stond, maar naarmate ik het langer deed, ook over hoe ik mezelf en anderen zou kunnen helpen. Zo ben ik met 'helen' begonnen. Tijdens een heling (zie verklarende woorden) ga ik in de 'oorzakelijke velden' (zie verklarende woorden) op zoek, dat noem ik schouwen, naar wat iemand hindert, wat hem pijn gedaan heeft en wat nog steeds als pijn energetisch werkzaam is. Als ik dat vind, voel ik in of de pijn nog een boodschap heeft en mag ik het daarna transformeren tot een kwaliteit of geschenk. Ik heb deze gebieden de oorzakelijke velden genoemd omdat ik gemerkt heb dat mij hier oorsprongen, oorzaken en aanleidingen, van problemen in de materiële wereld worden getoond. Schouwen doe ik tijdens meditaties of tijdens wandelingen in het bos. Als ik tijdens helingen 'heel', dat wil zeggen transformeer, doe ik dat middels mijn eigen hart. Dat leverde me in het begin flinke hartritmestoornissen op.

Het leven is een spel, het speelveld is de liefde

Omdat ik steeds meer heel, dus eigenlijk transformeer, en zo steeds transparanter word, merk ik dat ik het steeds moeilijker vind om betrokken te worden in meningsverschillen. Ik begrijp beide kanten. Het is of ik boven de partijen sta. Niet uit hoogmoed. Maar omdat ik me in kan leven in beide standpunten en ik 'hoef er niets mee'. Ik kan het laten voor wat het is. Wij mensen worden op aarde in de gelegenheid gesteld om elke emotie en ervaring te mogen meemaken, te beleven en te doorleven. De 'goede' en de 'kwade'. In al het leed dat ik tegenkom zie ik dat de kern van alles toch de liefde is. 'Daders' zijn altijd ook slachtoffers. En zelfs de tegenkrachten hebben het effect om de mens te motiveren en te activeren. Ik leer hiervan om me te de -identificeren van een heleboel gedoe. Mijn stelling is geworden; het leven is een spel en het speelveld is de liefde. Ik weet dat ik me niet beschaamd hoef te voelen over het feit dat ik vroeger (en nog steeds als ik eerlijk ben) ook oordelend was of me afsloot voor gevoelens van anderen. Dat hoort kennelijk bij het menszijn. Ik beschouw anderen die net zo zijn als ik vroeger was, met begrip en compassie. Het feit dat ik vaak door mijn gidsen op mijn glorieuze goddelijkheid wordt aangesproken wil niet zeggen dat ik bijzonder ben of beter dan anderen. Ieder individu heeft deze kern en kan zich laten inspireren door dit hoogste deel in hem of haarzelf. Het is juist een uitnodiging aan de lezer om dat deel ook in zichzelf omhoog te halen. Mijn eigen leerproces was om de vreugde in mezelf te laten ontwaken en van daaruit in het leven te staan.

Wat ik in dit boek beschrijf heb ik uit mijn dagboeken gehaald. Het is niet De waarheid, het is slechts Mijn waarheid. Omdat het stukken dagboek zijn is het fragmentarisch. Ik heb geprobeerd zo nodig wat tekst en uitleg te geven, en het hier en daar wat begrijpelijker op te schrijven. Het beslaat een periode van een kleine tien jaar. Rond die tijd ben ik begonnen met mediteren. Ik heb een gemengd doel met dit boek. Ten eerste wil ik laten zien dat er overal bewustzijn is. Ten tweede wil ik laten zien dat dat bewustzijn door ieder mens waar te nemen is al is enige training wel op zijn plaats voor degenen die niet helderziend zijn zoals ik. Ten derde hoop ik iedereen die zich voor dit bewustzijn interesseert, te motiveren om zichzelf zo te openen dat ook bij hen de dialoog tot stand kan komen. Vooral in het begin van het boek vertel ik hoe ik zelf getraind werd door mijn etherische mentoren. Dit was best een langdurige periode. Het leek in eerste instantie vreemd en wonderbaarlijk maar het heeft me enorm veel opgeleverd.

Door hierover te schrijven hoop ik dat anderen die met dit soort beelden geconfronteerd worden niet meteen aan hun gezonde verstand gaan twijfelen maar zich hier ook in durven onderdompelen. Mijn waarnemingen zijn vaak vervlochten met mijn eigen lessen en processen. En aangezien mij zelf dat in de beginperiode moeite kostte, kan het zijn dat dat deel dan ook lastig leesbaar is. Ik hoop dat de lezer de sfeer kan mee beleven. De waarnemingen komen op diverse manieren tot mij. Door middel van meditaties, door middel van helingen en tijdens de boswandelingen met mijn hond als ik me aan het afstemmen ben. Achterin heb ik een lijst met door mij gehanteerde begrippen opgenomen, de 'verklarende woorden'.

Waar droom je van?

Ik bezoek de onstoffelijke velden nog geen tien jaar. Toch heb ik al diverse malen hints gekregen om mijn ervaringen in deze werelden in boekvorm aan de wereld te geven. Ook nu krijg ik de aanwijzing om de daad bij het woord te voegen tijdens een heling met een heel andere bedoeling, namelijk om te ontdekken wat er met Mira's slaapplaats aan de hand is. Dochter Mira, op dat moment zeven jaar, heeft al geruime tijd slaapproblemen. Hoewel het nu goed met haar gaat ontdek ik tijdens de heling dat de energie in haar bed geheel gericht is op alert en wakker zijn. Hoe moe je ook bent, zelfs als je ogen gaan branden van de behoefte aan slapen, de hersengolven blijven actief en je blijft in dat bed volledig klaarwakker. Kennelijk heeft het vele waken en bang zijn een veld van alertheid geschapen dat nu als stoorzender fungeert. Geen wonder dat Mira zegt dat ze nooit uitgerust wakker wordt. Voor ik haar bed en slaapplaats 'opstel' (zie verklarende woorden) maak ik eerst contact met ons huis. Aangezien ik al een tijdje geen contact heb opgenomen blijkt het huis zich nogal verwaarloosd en energetisch vervuild te voelen. Ik heb namelijk de gewoonte het huis regelmatig energetisch een 'poetsbeurt' te geven. Normaal gesproken werk ik met licht en ook nu help ik het huis op deze wijze om zich weer vitaal te voelen en ik zie dat het nu als het ware zijn waardigheid hervindt. Het rijst energetisch op uit kreukels en is weer een krachtig, stevig huis. 'Waar droom je van?' komt nu ineens mijn gedachten binnen. Wie zegt dit, het huis? Ik ben van mijn à propos. Gaat dit over 'mijn droom' en laat Mira met het moeilijke slapen zien dat ik mijn droom niet waarmaak? Wat is mijn droom eigenlijk... 'Huis, wat bied je mij als droom aan?' vraag ik omdat ik tenslotte toch met het huis in gesprek ben. 'Boeken. Spreekbuis. Ongestoord, zonder beperkingen schrijven', antwoordt het. Ik krijg heel veel licht te zien en ik besef dat ik me in het schrijven beperk uit terughoudendheid. Het is immers zo heilig voor mij, met wie en wat ik werk en reis in de 'andere wereld'. In hoeverre mag ik hier over vertellen en mijn geheimen prijs geven?.

'Orden meer, ga werken als schrijver', zegt het huis en ik besef dat hier een omslag in mezelf nodig is. 'Geef het vaste dagen om er aan te werken. Het moet van de grond komen. Wéés ook schrijver! Als je dat helder hebt voor jezelf zal Mira kunnen dromen. Jij durft je droom niet in te gaan net zoals zij de slaap niet binnen kan gaan en malen en woelen en denken blijft tot jij ontdekt hebt wat je wilt. Laat dat meisje lekker slapen en orden je leven als schrijver. Begin!!' Aldus het huis. Daar kan ik het mee doen. In 'de andere wereld' heb ik een burcht van rozenkwarts (zie verklarende woorden). Sophia, één van mijn begeleiders, ontvangt me daar meestal. Ook nu, na de dringende boodschap van het huis, ga ik naar mijn burcht waar Sophia me lachend staat op te wachten, met, gunst, een zwierige veren pen. Deze rozenkwartsen burcht is mijn werkplek. Ik heb hem ontdekt toen ik de brokken rozenkwarts die ik voor het huis heb gekocht, energetisch ging reinigen en 'erin terecht kwam'.

Ik zet Mira's slaapplaats op de geneesplek. Ik behandel het bed en voel hoe je je er door de heling eindelijk kunt overgeven aan de slaap. Ik ben een beetje verdrietig dat Mira zo lang problemen heeft gehad. Vanwege haar angsten, maar ook omdat ikzelf mijn droom niet leefde. Zij kon niet ontspannen en creëerde zo een veld van waakzaamheid, hoe moe ze ook was. Dat veld werd op den duur sterker dan haar eigen slaapprobleem en versterkte het alleen maar. Nu voel ik hoe het harde, onverzettelijke veld van alertheid plaats maakt voor lieflijkheid en vrede waarin Mira naar haar eigen dromen kan. Ik zie nu hoe ze innig tevreden slapend wegzweeft naar een sprookjeswereld met vriendelijke pratende dieren. Dan verschijnt opeens Eliphaus, 'haar' centaur. Hij heeft een dik boek en een inktpot bij zich en lacht veelbetekenend naar mij. Ik volg hem naar een prachtig bos. 'Jij bent toch Mira's gids?' vraag ik. 'Jazeker, maar ik heb jou ook wat te vertellen', zegt hij jolig. We komen bij een houten huisje. Daar klapt hij het boek op een tafel voor het huisje neer en zet de inktpot er naast. Dan haalt hij de veer van Sophia te voorschijn en breed lachend zegt hij; 'Je ontkomt er niet meer aan hè! Hier, zitten!' Met een armgebaar zwaait hij even rond. 'Is het niet prachtig hier? Heel inspiratief'. Hij lacht naar me en galoppeert weg. Ik ga verbouwereerd aan de tafel zitten. Ik besef dat ik eindelijk over deze wereld, de onstof, met alle informatie die er in besloten ligt, een boek moet schrijven. Omdat ik de intentie heb inderdaad de schrijf 'opdracht' aan te nemen ben ik het volgende moment weer in mijn burcht. Op de geneesplek zie ik de gelukzalig slapende Mira in haar bed. Om haar heen hangt een 'dik', duidelijk waarneembaar veld van 'heerlijk slapen'. Lachend gebaart Sophia dat ik mezelf moet opstellen. Als ik dat doe zie ik hoe de zwierige zwarte veer voor mijn borst schrijfbewegingen maakt. Sophia lacht hartelijk. Ze noodt me uit aan de grote tafel en als ik zit zet ze een zware vijfarmige kandelaar voor me neer. Ik voel dat het een langdurig en gestaag proces is waar ik aan beginnen ga. "Visioenen", is het woord dat binnenkomt. Mm, 'het boek der visioenen", mijmer ik. "Op reis door visioenenland". Nu dat binnen is gekomen zie ik hoe Sophia ontspant en haar gerichtheid op mij, voor nu, kan loslaten. Ik ben geprepareerd. Ik mag beginnen!

Contact laten groeien

'Ik heb je al veel gegeven', zegt het goddelijkste deel in mij, 'Doe alsof het zo is dat je moeiteloos contact hebt met subtielere werelden'. En opeens begrijp ik dat dat inderdaad zo werkt. Als ik doe alsof ik mijn gidsen naast me heb en rechtstreeks met hen communiceer, dan schep ik dat en zal dat steeds sterker worden tot het vanzelfsprekend is geworden en dan is datgene dat ik doorkrijg niet meer alleen wens of fantasie maar iets dat voortkomt uit echte uitwisseling. Dit geeft me een heerlijk en dankbaar gevoel. Doen alsof het zo is, is zelf scheppen. Creëren in plaats van afwachten. Op die manier stimuleer ik het goddelijk scheppend principe in mezelf. Terugkijkend op deze boodschap kan ik nu zeggen dat het waarheid is geworden. Ik ervaar mijn gidsen en helpers naast me als werkelijkheid.

Toen ik met mediteren begon kwam ik terecht in een gebied dat niet gekenmerkt wordt door stilte en het afwezig zijn van gedachten. Integendeel, ik ging op reis, ontmoette gidsen, van menselijke en niet menselijke aard, en kreeg allerlei proeven te doen, moest mezelf reinigen van pijn, verdriet en boosheid en kreeg geschenk na geschenk. Met veel geduld en liefde werd ik begeleid door de wezens die ik daar ontmoette. Ik merkte dat als ik vragen stelde aan de gidsen die zich aandienden, zij vaak heel andere antwoorden gaven dan waar mijn vraag over ging. Gidsen stelden mij ook veel vragen. Niet omdat zij iets van me wilden weten maar om me te leren mezelf dingen af te vragen en zo tot mijn eigen antwoorden te komen. In de tekst gebruik ik vaak het woord 'mijn' in de aanduiding van een gids of zelfs een engel. Uiteraard bedoel ik daarmee niet het bezittelijke van dat woord. Het is mijn manier van aangeven dat deze gids of engel zich geregeld met mij bezighoudt. Dankzij de proeven die ik aflegde, de ballast die ik aflegde en het effect van de geschenken die ik kreeg, heb ik langzamerhand een staat bereikt die je kunt vergelijken met ontvankelijk zijn. Ik voel me oneindig veel lichter en transparanter dan voordien. Ik draag geen lasten meer met me mee. Ik houd een meditatiedagboek bij dat voor mijzelf leest als een toverboek. Aan de hand van fragmenten hieruit hoop ik iets van die verrukkelijke magie over te dragen. Een weg die avontuurlijker en wonderbaarlijker is dan welk sprookje dan ook. In eerste instantie werd ik overweldigd door alle fantastische wezens en gebieden waar ik terecht kwam. Eerst dacht ik dat het kwam door de fantasie- en sprookjesboeken die ik met Mira las en dat ik het daardoor zelf verzon. Maar nee, het is de rijkdom van het bewustzijn, een oneindig gebied op zichzelf, dat in contact staat met de archetypes van de mensheid en met andere dimensies. Ik was geneigd het af te wijzen en te 'denken' dat het kwam door mijn voorliefde voor fantasie. Pas toen ik van mezelf mocht toestaan het waar te nemen zonder oordeel en zonder het te plaatsen, of in hokjes in te delen, kon deze wereld zich beter ontvouwen en merkte ik dat ik hiermee heel veel schitterende informatie in handen kreeg. Ik begon te beseffen dat intellect en ratio slechts gedeeltelijke zekerheid geven. En dat dingen vaak helemaal niet zo zijn als ze lijken te zijn. De echte waarheid ken je niet door denken en verstand. Ik ben niet paranormaal begaafd maar met mijn gewone huistuinenkeuken mensenvermogens kom ik eindeloos ver omdat ik me niet meer laat beperken door wat mijn denken als acceptabel beschouwt.

Het vergde discipline om deze gebieden te leren kennen en verkennen, daarna er mijn weg te vinden en ten slotte er te mogen handelen. De beginperiode van fragmentarische en ultrakorte beelden maakte plaats voor aaneengeregen beelden, 'films' en 'weten'. Eerst was het voornamelijk visueel en begreep ik weinig van de beelden. Inmiddels heb ik geleerd te voelen en te weten wat ik allemaal te zien krijg. Soms kreeg ik niet de antwoorden die ik wenste en bleef ik vol vragen achter. Soms voelde ik me helemaal vervuld met de antwoorden en beelden. Bij nalezen realiseer ik me dat die rationeel gezien soms niet zo logisch lijken als ik ze voelde. De tekst kan daarom vragen oproepen. Mijn advies is; probeer zoveel mogelijk met het hart te lezen. Door gidsen werd ik telkens geholpen en geschoold. Wie weet ga ik ooit nog een boek schrijven over de helingen die ik dankzij hen nu toepas. Maar dit boek is de opening naar die andere wereld, een opstap.

Ik vertel veel over gidsen en hulptroepen. Dat kan een valkuil zijn. Je kunt je te veel op ze verlaten en zo verzuimen jezelf te ontwikkelen. Bovendien kun je gefopt worden. Als je teveel vertrouwt op gidsen en helpers leg je je kracht en het weten in hun handen, dus buiten jezelf. Ik heb ze echter (nog) nodig om mezelf te checken. En ik verdenk ze er van dat ze me stiekem nog steeds aan het veredelen zijn. Ik zie het als een wisselwerking: omdat ik me ontvankelijk opstel mag ik de beelden ontvangen. Het is een geschenk dat ik ze mag ontvangen. Door me te trainen in het afstemmen verbeter ik de voorwaarden om ze te ontvangen. De laatste tijd ga ik meer en meer in dialoog met mezelf, om zo tot de inwonende god in mezelf te komen en me daar uiteindelijk mee te identificeren. Steeds meer op eigen kracht zonder input van mijn gidsen, probeer ik in mijn werkelijke kracht te komen en zal de muur tussen de bron en mijzelf zo veel mogelijk wegvallen.

Eerste schreden

Tijdens vroege meditaties ontmoet ik geregeld een dikke Arabische gids met tulband. Vaak zit hij op een soort terrasje met uitzicht over een vallei. Ditmaal heeft hij een boek bij zich. Ik heb legio vragen en hij zegt; 'Doe het boek maar open'. Er komen een paar ladders uit het boek. 'Kies maar', zegt hij. Ik kies een ladder die naar beneden leidt en ik kom in gebieden die voor mij dan nog volkomen onbegrijpelijk zijn. Beneden aangekomen zie ik een grote beer die in een reus verandert. Hij zit klem in een heel klein kamertje. Niet begrijpend ga ik weer naar boven. Ik ben niets opgeschoten, heb geen antwoorden. Maar de Arabier geeft aan dat ik weer naar beneden moet, naar dat kleine kamertje. De reus moet eruit want die staat voor 'belemmering'. Ik laat de reus uit het kamertje gaan en vanzelf vergroei ik met hem. Hij/ik blijkt nu tussen een eindeloze rij terracottapotten te staan. Met kracht slaat hij/ik die allemaal stuk. Ik krijg te horen; 'Dit is ballast die losgelaten wordt'. De reus splijt in tweeën en ik kom eruit als een libelle, ik vlieg zelfs libelleachtig. Ik vlieg door het heelal, kom dan in mistig licht en word een energie die als een soepele sliert in elkaar draaiende vormen danst als draaiend elastiek. Ik voel me dan steeds logger worden en zie dat ik een zee in ga zakken. Ik ben nog onervaren en stop de meditatie. Dit soort meditaties leren mij onder andere sensaties te ervaren die buiten het huidige lichaam vallen en te wennen aan het volgen van irrationele beelden.

Als ik een tijdje later mijn lichtgevende rozenkwartsburcht bezoek word ik opgewacht door een flonkerend doorschijnend roze wezen met libellevleugels en een weelderige haardos. Ik vraag me af of zij een aspect van mezelf is. Ze gaat met me mee de burcht in, nu nauwelijks nog te zien, al voel ik haar aanwezigheid wel sterk. Door een poort neemt ze me mee naar een wereld vol kleuren en zonlicht, heel licht en sprankelend. We zweven op boomstamhoogte, ik schat tussen 3 en 5 meter boven de grond. Links tussen stammen zie ik opeens een vrij grote mannelijke elf, met een traditioneel Peter Pan pakje al heeft hij een heel ander gezicht. Hij is getint, heeft donkere ogen. Hij oogt als een jonge man, prettig en vriendelijk. Hij hoort duidelijk bij de plantenwereld. Die hier geheimzinnig is en donker, maar positief aanvoelt, net als hij. In de verte zie ik een waterval aan het eind van een komvormige vallei. Daar is een blauw flonkerend wezen. Deze watervalvrouw heeft een kaal hoofd, haar gezicht is niet duidelijk. Ook haar onderlijfgestalte is zeer vaag. Onder water zijn weer andere wezens, meer zeemeerminachtig, niet flonkerend, zeer wendbaar, ik kan niet echt de vissenstaarten zien. Aan de oever onder water ontdek ik mannelijke wezentjes met veel hoofd en nauwelijks lichaam, althans het lichaam is heel erg klein in verhouding met hun hoofd. We gaan het water uit en ik ga de grond in, daar zie ik de dwergachtigen zoals ik ze ook bij mij thuis onder de grond heb gezien, ik denk dat het kobolden zijn. Ik vind het geweldig om alles zo scherp en kleurrijk te mogen zien. Dit zijn mijn eerste kennismakingen met de wereld van de natuurwezens.

Eerste kennismaking met grootvader
Tijdens een meditatie kijk ik om me heen en zie een veer in de lucht hangen. Als ik me afvraag waarom die veer er hangt, hoor ik een wat ongeduldige stem; 'Zet hem dan op je hoofd mens!'
Dat doe ik, en meteen ben ik een jonge indiaanse vrouw in een zeemleren witte jurk met franje, en zeemleren witte laarsjes. Ik heb twee vlechten waar onderaan bont in gevlochten zit. Ik ben aan het hijgen want ik heb net gedanst of gerend. Ik ben uitgelaten en vrolijk. Ik ben in een bosrijke omgeving. Ik ga op onderzoek

uit, ken ik hier iemand? Ja, ik weet opeens dat ik hier een grootvader heb. Daar zie ik hem al, in een tipi (wigwam). Hij weet veel van de natuur en de dieren en ik ben regelmatig in zijn tent waar hij af en toe vertelt vanuit zijn diepe wijsheid en kennis. Hoog in de tent aan een touw hangt een roodbruine zak. Dat is een soort geheimenzak. Er zit geloof ik een geest in. Alleen als het donker is wordt die zak naar beneden gehesen. Als ik er bij ben maakt grootvader hem open, er zitten stenen in, en tabak, en dingen uit de natuur, takjes, veren enz. Die zak was geheim, daar werd met ontzag mee omgesprongen. Verder hangt er een boog bovenin de tent, om geesten mee te vangen. Op een keer heeft grootvader een 'geestvogel' gevangen. Hij maakt een lang touw aan de vogel. Die vliegt meteen weg met een reusachtige snelheid. De vogel gaat heel ver weg en ik weet dat grootvader door zijn ogen kan zien. Ik neem waar wat de vogel ziet; hij kijkt om een hoek voorbij de horizon, met uitzicht half op de sterren en half op een ander deel van de aarde. Grootvader kom ik later vaker tegen. Hij heeft een heel belangrijke invloed op mij gehad in dat leven. De jonge vrouw die ik toen was groeit uit tot een wijze oude vrouw die ik later zal ontmoeten en die mij, zelfs nu nog, inspireert.

Boom
Tijdens een fietstocht ga ik op een bankje zitten bij een grote boom in een bos in de buurt van mijn huis. Ik krijg de indiaanse grootvader te zien, hij zit tegen de boom geleund. Ik vraag wat hij aan het doen is en hij vertelt dat hij één wordt met de boom. Hij vertelt dat dat handig is want vanuit de boom kun je, als je in de top bent, enorm ver zien. Ik ga met mijn bewustzijn mee de top in en inderdaad, het landschap is enorm. Het is echter zeker niet het boslandschap met de provinciale weg waar ik in de stof ben, maar een enorm weids en golvend prairie gebied. Dit is één van de eerste keren dat de 'andere wereld' zich mengt met de 'gewone' wereld. Later krijg ik het gevoel in twee werelden tegelijk te leven.

Een wonderbaarlijke reis in de archetype velden
Ik zak weg in één van mijn meditaties. Zomaar vanzelf ontvouwt zich een fascinerende film voor mijn geestesoog. Het eerste dat ik zie zijn kindervoeten in laarsjes. Spontaan heb ik de herinnering dat de binnenkanten van mijn enkels altijd zo'n pijn deden in zulke laarsjes. Ik laat het voor wat het is en neem waar wat er verder gebeurt. Ik zie een meisje in regenjasje en met parapluutje en een koffertje. Het meisje dwarrelt daarna naar beneden, wat me het idee geeft: 'grip verliezen'. Spontaan ontstaat er een haak aan de bovenkant van de paraplu waardoor ze aan een lijn kan blijven hangen, maar daardoor gaan de beelden haperen. Waarop de paraplu vleugels krijgt en het meisje kalm aan de vliegende paraplu voortzweeft. Ze landt en opent haar koffertje voor een oud iemand, er komen vlinders uit die weg vliegen. Daarna vliegt ze aan haar paraplu snel weer verder naar een meertje, uit haar koffer laat ze een vis springen, het water in. De vis heeft armpjes. Weer vliegt ze verder. Er verschijnt een tijger die door de lucht

met haar mee springt. Ze komt bij hoge sneeuwbergen, de tijger landt en laat het meisje op zijn rug zitten. Ze arriveren bij een groot glazen paleis. Het meisje gaat op de tijger naar binnen en komt in een zaal met allemaal spiegels. Ze opent de koffer en er komt een klein narretje uit. Ondertussen worden ze nieuwsgierig gadegeslagen door een draak die aldoor zijn kop vanachter de spiegels tevoorschijn steekt. Die kop wordt in alle spiegels gereflecteerd. Het narretje heeft echter geen spiegelbeeld. Het narretje springt heel hoog en maakt allemaal capriolen.

Dan verschijnt een Chinese man. Deze man had ik inmiddels als gids leren kennen, ik noem hem de 'drakenmeester' omdat hij een draak bij zich had toen ik hem voor het eerst ontmoette. Hij heeft een lange vlecht en een zwart mouwloos vestje en witte 'rok'. De drakenmeester neemt de nar mee naar beneden een brede trap af. Beneden in de keuken zitten allemaal vrouwen aan een lange tafel te grienen en te huilen. De drakenmeester zet de nar op tafel waar hij ook gaat buitelen en gek doen. Het resultaat is dat de vrouwen allemaal zo erg moeten lachen dat de tranen over hun wangen rollen. De drakenmeester neemt de nar weer mee naar boven. De trap is enorm en bij elke tree wordt de nar groter. Bovenaan komen ze in een kamer waar in een hemelbed een heel bleek, ziek meisje ligt. De drakenmeester blijft bij de deuropening staan. De nar, die inmiddels een jonge man is geworden, loopt de kamer in en doet de balkondeuren open. Er komt echter een enorme wind binnen die bladeren en stof binnen blaast. De nar-jonge man trekt het meisje uit bed en trekt haar mee naar het balkon. Voor het balkon buldert een grijswitte wolk, een boos wezen, alle storm naar hun toe. Het meisje is daar niet tegen bestand, eerst verliest ze haar haar dat als een pruik afwaait, daarna versnippert ze helemaal en verdwijnt. Daarop springt de nar-jonge man in de mond van het wolkwezen dat daardoor volledig verandert. Het wordt een zacht briesje, met prettige temperatuur en zomerse sfeer.

De wolk vertrekt en vliegt over mooie velden en vindt een jong trillend hertje waar hij stopt. Het hertje verandert in een gevleugelde fee op spitzen. De nar-jonge man springt uit de wolk en gaat een duet met haar dansen. Hij heeft nu ook vleugels. Samen vliegen ze terug naar het balkon en komen binnen. De jonge man verandert hier weer in de nar. De fee en de nar willen de grote trap afdalen maar bij elke tree wordt de nar kleiner, hij draait zich om en gaat weer omhoog, durft niet naar beneden. Dan geeft de drakenmeester hem een kroon. Nu lukt het wel. Ze dalen af en ondertussen hebben de dames in de keuken allemaal taarten gemaakt voor een groot feest. In de spiegelzaal staat nu een wit gevleugeld paard. De nar en het feeënmeisje gaan er samen op zitten en vliegen weg. Eerst naar het gebied waar de vlinders waren losgelaten die hoog boven een stad blijken te vliegen. De nar en het feeënmeisje zwaaien met hun handen door de vlinders die daarop enorm vermeerderen en in vele tere kleuren naar beneden gaan, het 'mensengebied' in. Daarna keert het paard en ze vliegen naar het meer. Het paard verandert in een waterpaard; van voren paard, van achter met een vissenstaart. De vis met de armpjes komt hun tegemoet. Onder water is een mooi gekleurd paleis en het water is heel helder met overal mooie lichtsprankels. Achter het paleis echter zie ik opeens een dreigende zwarte muur van opgestapelde kanonskogels.

Daarachter zit niet veel goeds. De kanonskogels veranderen nu in zeepbellen zodat je er een beetje doorheen kunt kijken. Het water er achter is vies en dreigend. Opeens zie ik dat van bovenaf een zwarte draak verschijnt die vuur spuwt in het water. Het effect is dat het onder water nu heel stil, schoon en leeg wordt. De vis gaat de zeepbellenmuur stukmaken en iedereen gaat vol vreugde het nieuwe schone water in. Er staat meteen een nieuw paleis en het glinsterende lichtgevende water spreidt zich uit via beken en rivieren over de hele wijde omtrek. Het feeënmeisje en de nar vliegen terug naar het glazen paleis waar ze naar binnen gaan. Het meisje met de paraplu komt dan uit het paleis, ze laat haar tijger, die haar nog even vergezelde, achter aan de voet van de bergen. En vliegt dan naar het kamertje waar ze haar reis met de paraplu begon. Het laatste beeld is dat het meisje in een bedje ligt met de paraplu tegen de muur gezet en de laarsjes voor het bed. In die periode kon ik dit alleen nog maar visueel waarnemen, nu besef ik dat het de story of my life is. Na deze meditatie ben ik erg opgetogen want dit is de eerste keer dat ik zo'n lange film te zien krijg die zich helemaal spontaan en vanzelf afspeelt. Nog niet alle elementen begrijp ik, maar het merendeel is naderhand op zijn plek gevallen.

De schorpioenentest

In meditaties word ik vaak ontvangen door diverse gidsen. Een bepaalde gids houdt zich dan gedurende een bepaalde periode met mij bezig, daarna treedt hij naar de achtergrond en ontmoet ik hem of haar alleen nog incidenteel. Soms zijn er twee of meer gidsen aanwezig die elkaar afwisselen of met elkaar overleg plegen over hun onderricht aan mij. Ze zijn vaak kort van stof en humoristisch. Maar altijd liefdevol en 'vaderlijk' (de mannelijken althans). De Chinese man met de lange vlecht en het lange hemd, de drakenmeester, ontmoet ik altijd op een veldje met een poel. 'Wel, wat wil je?' vraagt hij mij, zoals gewoonlijk welwillend glimlachend. 'Ik wil het licht zien en alles weten', antwoord ik. 'En als jij op de stoel van God zou zitten, wat zou er dan gebeuren?' is zijn wedervraag. O jee, nee, met het wazige in mijn hoofd zou dat niets worden, besef ik. 'Dan wil ik mijn gidsen beter leren kennen', is mijn volgende vraag. De drakenmeester glimlacht. Hij laat een mooie blauwe vlinder verschijnen en laat mij weten dat ik dat ook kan doen. Maar ik weet niet hoe. Hij laat me naar mijn handpalmen kijken, tot mijn verrassing spuit daar licht uit. Ik kan er nog niets mee. De Chinees tovert nu zelf van alles tevoorschijn uit zijn handen zoals bloemen en vlinders en hij zet een leguaan op mijn arm die een beetje omhoog begint te kruipen. Ik voel me wat ongemakkelijk want wat moet ik met een leguaan? 'Hoe zit het met de zielen van deze gematerialiseerde dieren?' vraag ik betweterig maar hij laat me telepathisch weten dat ik deze vraag los moet laten.

In een ingeving doe ik mijn handen bij elkaar en vorm een bol van het licht. De Chinees glundert van tevredenheid. Ik doe mijn handen wat uit elkaar en de bol trekt draden, ik besef dat daarbinnen van alles zou kunnen verschijnen. Er verschijnt inderdaad iets, een bloem, maar een beetje mislukte; half bloem, half uitgebloeid pluis. Dan verschijnt er een grote wolkende vorm die naar boven telkens open wolkt en uiteindelijk een hele grote bol uitspuit die als vuurwerk uiteen buigt en naar beneden spat. Ik krijg de opdracht aan iets nieuws te denken. Handen weer bij elkaar, bol maken, dat is nu een soort zeepbel, de bol spat open en er komt een ijsvogel uit. Ik bekijk hem om te zien in hoeverre ik details kan zien en of hij wel klopt. Ik maak weer een bol, hij springt open; Pats! Onwillekeurig zeg ik het woord in gedachten. Tot mijn verbazing zit er nu een pad in mijn handen. 'Maar ik dacht helemaal niet aan een pad', denk ik in mezelf. 'Jawel', denkt de drakenmeester terug, 'je zei toch PATs'. Gunst, inderdaad. Ik krijg de smaak te pakken; ik denk aan een enorme walvis. Alleen de staart klopt niet helemaal. Handen weer bijeen en weg is hij. Nu ontstaan er allemaal waterlelies. Ik wil net aan een haai gaan denken als hij me dat belet en zelf weer dingen tevoorschijn 'tovert' en van alles op mijn hand en armen zet; een jonge kraai, een vlinder, een jong wittig konijntje, een slang en nog veel meer tot ik vol zit met dieren. Wat nu? Ik besluit om alles met een zwaai in mijn bol te laten verdwijnen tot grote tevredenheid van de Chinees. Net als ik besluit om uit de meditatie te komen houdt de drakenmeester een grote zwarte glimmende schorpioen omhoog. Ik huiver, maar hij zet hem op mijn hand. De schorpioen staat met zijn staart in de aanslag, ik vind het zeer onprettig, maar realiseer me dat ik hem heel goed moet bekijken en doen alsof dit allemaal echt is want ik besef dat het een training is. Dan bedekt hij mij totaal met schorpioenen en ik ondervind dat, als ik maar denk dat het een illusie is en angst niet nodig is, het helemaal geen effect op me heeft maar dat het dan ook geen les inhoudt. Dus doe ik net of het in de stof gebeurt en dat ik dit kan ondergaan door te beseffen dat ik een bepaalde een doodsverachting heb en dat de stof illusie is. Na een poosje wil ik dat ze weg gaan en ze zijn dan ook in één klap weg, alweer tot grote tevredenheid van de lachende Chinees. Ik kom uit de meditatie en merk dat ik best opgelucht ben want het is behoorlijk indrukwekkend zo'n training met al die schorpioenen op je lijf.

De Aarde Godin
Als ik Mira naar bed breng blijf ik meestal een tijd op haar kamer. Ze heeft last van ernstige angsten en zit in een kwetsbare levensfase. Mijn aanwezigheid in haar

kamer is niet alleen om haar te beschermen en gerust te stellen maar ook om zelf onderricht te ontvangen vanuit de 'andere wereld'. Ik gebruik de tijd om bij haar te waken namelijk om te gaan mediteren. Ook nu ga ik naar mijn rozenkwarts ruimte. De kaars brandt op de tafel, maar Sophia is er niet. Ik besluit op onderzoek te gaan, via een trap ga ik naar beneden. Ik kom via een diepe schacht in een verlichte grot. Daar zit een vrouw op haar troon. Ze voelt koninklijk en krachtig als een aarde godin. Ze neemt me mee. Achter de grot is nog een ruimte, een grotje waarin een vulkaanvormig bad staat, vol met natte leem. De aardegodin glijdt het modderbad in. Het is glibberig en ze raakt helemaal besmeurd. Achter het vulkaanbad is een houten deur waar een schedel boven hangt, ik volg haar als ze er door gaat. We komen in een gang die eindigt bij een meer. Ze gaat het meer in, spoelt zich schoon, duikt onder, en als ze boven komt heeft ze een metalen kroontje op met diamanten, verder is ze naakt. Aan de andere kant gaat ze de oever op. Er staat een eenhoorn te wachten. Ze mag op hem plaatsnemen en begeleid door herten, vogels en zoemende bijen rijdt ze het bos in. Ze spreekt met de dieren, hoort boodschappen in het ritselen van de bladeren, spreekt met een mannelijke boomgeest en gaat ten slotte een hut in van een mannelijke steen- of berggeest. Ik zie dat ze mooi goud golvend haar heeft. Als ze weer terugkeert bij het meer weet ik dat ze boordevol informatie zit van alle wezens die ze ontmoet heeft. Samen komen we weer uit bij haar grot. Ze voelt als een voorbeeld voor mij, haar moeiteloze contact met al die wezens, haar wijsheid en haar grote kracht. Een aspect dat ik meer en meer in mezelf tot leven mag brengen. Bovendien vertegenwoordigt ze vrouwelijke wijsheid en aanvoelendheid op een vanzelfsprekende manier. Later leer ik ook de waarde kennen van de natte leem, het modderveld noem ik het. Deze laag is één van de meest reinigende plaatsen in de geestelijke velden van moeder aarde waar alles dat je belast uit je wordt weggetrokken.

Het openen van mijn derde oog

Ik arriveer bij de Chinese drakenmeester en mijn verzoek is om te kunnen zien in andere dimensies. Ik word naar de 'Grote Wijze van het Oosten' verwezen. Ook een Chinese gids maar totaal anders dan de toch wat onopvallende, bescheiden drakenmeester. Het haar en de lange dunne snor van deze charismatische man zijn witter dan het witste wit dat ik ken. De huid ligt strak over zijn glanzende brede jukbeenderen. In zijn zwarte Mongoolse ogen fonkelt levensvreugde. Over zijn lichtbruine huid ligt een gloed die tussen koper en goud in zit. Hij maakt de indruk eeuwen oud te zijn en tegelijk is hij kwiek en guitig als een jonge man. Hij begroet me hartelijk. Ik krijg te horen dat ik een open derde oog nodig heb en verwacht dat deze gids het gaat openen, maar ik moet eerst een proef doen. We zijn in een landschap dat zo hoog is dat het alleen maar uit besneeuwde bergtoppen bestaat. Achter een bergkam is een gebied met een meer, waar duizenden roze waterlelies in drijven. De opdracht is dat ik een kristallen bol moet zoeken die mijn derde oog vertegenwoordigt. Ik heb de witte draak bij me, zij is één van de meest ijle en verheven helpers die me bijstaan. Ik zweef naar het meer en zoek in al die duizenden bloemen naar de kristallen bol maar ik zie alleen maar dauwdruppels. Opeens komt er een groene kikker tussen de bloemen vandaan gekropen, hij spuugt een bolletje uit. Dankbaar neem ik het aan. Hij spuugt er nog veel meer uit. Daar maak ik een halsketting van. Met de eerste bol en de ketting ga ik naar de Grote Wijze van het Oosten. Hij pakt ze aan en knijpt ze glimlachend tot stof. Verkeerd dus. Verder zoeken maar weer. Nu komt er van onder de waterlelies een vis die voor mij een bol uitspuugt en die aanbiedt. Ik neem hem aan maar twijfel al of het wel zal kloppen. Opeens weet ik het; 'Heb jij hem draak?' En de draak opent haar bek en steekt haar tong uit, daar ligt inderdaad een bolletje. Ik ga er mee naar de witharige Chinees terwijl ik bedenk; 'Ik verzin dit ter plekke'. Direct gaat het beeld op zwart en alles is leeg. De Grote Wijze van het Oosten laat mij innerlijk weten; 'Verzin ons dan maar weer terug'. Wat ik uiteraard meteen doe. De bol wordt in mijn hoofd geplaatst. Zodra de Chinese wijze de bol in mijn derde oog plaatst zie ik dat de witte draak nog mooier is dan anders. Ze heeft nog meer slierten en krullen aan haar gezicht dan voorheen. Ik bedank ze allemaal, de draak, de Grote Wijze van het Oosten en de drakenmeester en zak in een diepere stilte. Nu ik terugkijk op deze ervaringen uit de beginperiode zie ik dat het effect van deze geschenken enorm is.

Weer een behandeling van mijn derde oog

Een paar weken later stijg ik weer naar de weide waar ik de Chinese drakenmeester tref. Hij laat mij mezelf zien terwijl ik op een soort divan ben gelegd. Het lichaam ligt op haar linkerzij. 'Open haar maar' zegt hij. Zonder erbij na te denken ga ik spontaan met mijn handen langs de aura en haal er een soort vlies af. Dan ga ik als op een kraslot het derde oog open wrijven. Er komt een geslepen smaragd onder tevoorschijn in de vorm van een staande ruit. Dan maak ik onder de schedel een ooglid dat open en dicht kan. Daarna moet ik voorzichtig schuddend/trekkend, een soort algehele invloed uit haar achterhoofd trekken. Als dat klaar is moet ik aan het haar trekken, het glijdt helemaal van het hoofd af alsof het een dop is. Hierna is de schedel open, er zitten geen hersenen in. Ik herstel de witte buisverbinding tussen het derde oog en een klier bij het kruinchakra, en een aantal witte lijntjes van de ogen naar de hersenen die nu als geschulpte waaiers in het hoofd komen, hierna werk ik weer aan het haar en het wordt net zo mooi als het haar van de Venus van Botticelli. Dan moet ik haar op haar rug leggen en er ontstaan in de aura lichtgevende gekleurde chakrapunten. Ik merk dat er nu een soort soepel doorschijnend ei om haar heen zit. De drakenmeester is tevreden. De vrouw in het ei begint te zweven. 'Laat haar niet wegvliegen want hier moet je mee werken' waarschuwt hij. Plotseling val ik met haar samen en ben in het ei.
Opeens word ik een draak en schiet het ei uit, ik strek mijn nek en overbrug

daarmee een reusachtige afstand, ik rol me op tot een bal en strek opnieuw, daarna maak ik een bocht en bemerk hoe heerlijk het is om met reuzensnelheid en wendbaarheid door het heelal te schieten. Er doemen rotsen voor me op. Ik weet dat ik me moet oefenen er doorheen te kunnen. Eerst versplinteren de rotsen, dat hoort niet want ik zou er moeiteloos doorheen moeten glijden. Maar al oefenend lukt het me uiteindelijk door de rotsen te zoeven zonder dat ze versplinteren of breken.

Dit soort meditaties trainen mijn geest om moeiteloos in andere velden (gebieden of sferen in andere dimensies) te komen. Ik moest er kennelijk wel voor geprepareerd worden en zelfs geboren worden.

Wonderlijke genezing

Op de weide staat deze keer de sadhoe me op te wachten. De sadhoe is een magere, tanige Indiër, stoffig, of is het as, met warrig haar en een groezelige lendendoek. Hij heeft opmerkelijk gelige ogen en lange gelige nagels. Soms zie ik een dun versleten touw als sjerp om zijn lichaam. Vanuit een ingeving heb ik hem 'sadhoe' genoemd. Misschien een verkeerde benaming. Ik bedoel er mee dat hij op mij overkomt als een heilige die als kluizenaar leeft en veel en langdurig mediteert. We stijgen omhoog en worden door een vacuüm gegrepen. Daarna word ik neergesmeten. De sadhoe bedekt mijn ogen en zegt dat ik moet waarnemen waar ik ben. Ik voel een briesje, het ruikt en voelt alsof het buiten is. Het is vochtig en drukkend warm; tropisch. Zonder dat ik kan zien weet ik dat ik bij begroeiing ben en dat ik onder een grote palmachtige boom sta in een bosachtig gebied. De sadhoe leidt me verder en stopt dan. Nu voel ik een koude bries. Hij doet mijn blinddoek af en ik sta voor een twee meter brede ronde diepe put. 'Spring erin', beveelt hij. Even aarzel ik maar dan spring ik. Onderin land ik op een dikke hoeveelheid dorre bladeren. Even zit ik verstijfd want ik weet dat er schorpioenen en giftige insecten zijn. Ik ga op de bodem zitten om in meditatie te gaan en zie met mijn derde oog de gevaarlijke dieren lichtgevend in het donker zitten. Er moet een uitgang zijn. Met mijn derde oog speur ik de wand af tot ik een puntje laserlicht vind. Ik laat me meezuigen de muur door via dat licht en kom in een transparante wereld met transparante koepels. Voor me zweeft een vriendelijke oude Indiër op een klein vliegend tapijt. Er is geen plaats voor mij maar zodra ik dat concludeer verlengt het kleed zich en klim ik achterop. 'Wat is mijn les hier?' denk ik in mezelf en ik verwacht elk moment hordes duistere wezens. Die komen niet. Ook de Indiër zelf is geen valstrik. (Ik kom in meditatie trainingen geregeld 'valstrikken' tegen die ik moet doorzien of onschadelijk moet maken, dit om mijn onderscheidingsvermogen en doortastendheid te trainen.)

Ik ga in lotushouding zitten met mijn duim en middelvinger op meditatiemanier tegen elkaar en voel me zo ontspannen en gelukzalig dat ik spontaan opstijg van het kleed. Ik kom bij een glazen stad met bordestrappen en koepels. Stralend en prachtig, maar ook hier voel ik geen uitdaging of opdracht. Dan ontdek ik heel hoog achter de stad een enorm kasteel, ook transparant. Het lijkt een Japans kasteel. Ik zweef erheen. Het is leeg en ik ga verder. Ik kom op een pad dat naar een pagode leidt en ik zweef erheen. Daar blijkt de vriendelijke Indiër op zijn tapijt ook te zijn. Ik ga bij hem op het kleed zitten en de man verandert in de Grote Wijze van het Oosten.

Hij kijkt mij vriendelijk en een beetje olijk aan met zijn zwarte Mongoolse ogen en zijn brede, glanzende jukbeenderen. Hij neemt me bij de hand, de pagode verdwijnt en we zweven nog hoger, tot in een witglinsterende stad. De stad zie ik niet duidelijk. Nog hoger gaan we tot we als het ware op een onzichtbare bergpunt in het heelal zijn en een enorm uitzicht en overzicht hebben. De werelden laten zich zien als draperieën die allemaal uitlopen op de rotspunt; verlichte werelden, duistere werelden, koepelsteden, landschappen, heelallen. Plotseling vallen we en ik zit weer op de bodem van de put, het is goed. De werelden zijn prachtig maar ik hoef er kennelijk niets mee, heb daar op dit moment ook geen verlangen naar. Het feit dat ik het mocht waarnemen heeft me al vervuld. De Grote Wijze van het Oosten staat ook hier bij me. Met mijn derde oog kan ik werelden waarnemen door de wanden van de put heen. Samen zweven we omhoog de put uit naar de sadhoe en het volgende moment sta ik weer voor de sadhoe bij het uitgangspunt. 'Het hart is geheeld', laat de sadhoe weten, 'Nu de geest nog'. (Deze opmerking vind ik nogal raadselachtig maar ik neem het voor kennisgeving aan). En voor ik weet wat er gebeurt, haalt hij me energetisch uit elkaar, hij laat mijn nek razendsnel spiralend rondtollen op mijn lijf, hij heeft mijn schedel omgekeerd in zijn hand en doet er iets mee. Waar het vlees en de ogen zijn, geen idee. De ida, pingala en sushumna (zie woordenlijst) liggen los, ik zie hun kleuren. Nog meer energetische lijnen en draden zijn losgehaald en liggen ter controle naast me. Mijn hersenen, hoofd, nek, alles laat hij spiralend schoontollen. Het is erg bizar en ik moet er om lachen. Op een gegeven moment is het klaar en zet hij me weer in elkaar en wil me omhelzen.

De sadhoe met zijn gelige ogen en gelige lange nagels is erg fysiek. Zijn sterke, tanige armen voelen heel werkelijk. 'Voel maar wat er gebeurt', zegt hij en ik laat het toe. Ik voel warmte en ontspanning en hij hugt me heel aangenaam. Dan zet hij drie vingers in me, twee in mijn nek en één in het medullapunt (het kuiltje in de schedel waar de nek het hoofd in gaat). Ik hang ontspannen aan zijn vingers. Dan zet hij ook nog twee vingers boven mijn oogkassen en wrikt aan mijn schedel. Ik voel dat dit voor mijn hoofd, bewustzijn en nek heel aangenaam is en ik ontspan er door. Door deze meditatie ontdek ik dat wat ik in de andere wereld meemaak effect heeft op mijn fysieke lichaam. Ik moet alert zijn en leren voelen wat ik precies waarneem. Hierdoor word ik getraind om me niet te laten foppen. Ook wordt mijn vermogen om te reizen getraind en krijg ik behandelingen om mijn energetische lichaam te sterken en te helen.

Sprookjesreis

Bij mijn rozenkwartsen burcht staat mijn berin. Zij is één van mijn krachtdieren, een zorgzame, geduldige en praktische beer. Ze is moederlijk en onverstoorbaar en sterkt mijn intuïtie. Ze doet net of ze mij niet ziet. Ze heeft een roze jurk neergelegd die erg mooi verlicht wordt. Er zitten zilveren flonkers op. Ze laat het niet merken maar ik voel dat ze wil dat ik de jurk aantrek. Dat doe ik. Waar zal ik eens heengaan in deze meditatie? 'Je hart is een poort, ga je hart maar in', laat de berin weten. Met de jurk aan ga ik mijn hart in. Ik zie diverse onduidelijke ruimtes. Dan kom ik bij een doorgang en ga de hemel in waar een koets wacht, het is nacht. Ik stop in het heelal bij een meertje. Met jurk en al ga ik het water in, kopje onder. Als ik weer boven kom zie ik een breed roze-achtig paleis liggen in het nachtelijke licht. Ik ga er heen. Als ik er ben en er binnen wil gaan, komt er een harde onaangename windvlaag die alle deuren met een klap sluit. Ik weet ineens dat er een afzichtelijke heks woont die mij buitensluit.

Welke deur ik ook probeer, de heks is overal, of gesplitst in velen en ze houdt me buiten. Ik moet een list verzinnen. Moet ik een achterdeurbewaker gaan verleiden, moet ik giftige appels gaan verkopen? Maar dan weet ik het, ik maak mijn roze jurk vies en bied me aan als schoonmaakster. Zo kom ik het paleis in, als Assepoester. Ik zie de enorme hal en een mooie trap langs de muur die naar de zolder gaat. De heks verbiedt me ten enen male om die trap op te gaan. Ze beult me af en geeft me met de zweep. Ik weet dat ze op zolder iets gevangen houdt. Als ik me afvraag wat het is, weet ik ineens dat het 'mijn eigen kroon' is. Hoe het ook zij, ik kom die trap niet op en blijf maar poetsen en boenen en met de zweep krijgen. Na verloop van tijd weet ik opeens dat er een geheime wenteltrap is in een toren die ook naar de zolder gaat. Ongemerkt glip ik die trap op en als ik bij het torenkamertje kom zie ik de kroon. Hij is heel erg mooi. Groot maar verfijnd, met lichtgevende punten. Het zien ervan raakt me diep. Net als ik hem wil pakken komt de heks en pakt hem voor mijn neus weg. Ik zou met haar kunnen gaan vechten. Maar ik besluit om liefde in te zetten. Alle liefde die ik in me heb straal ik naar haar uit. Daardoor knielt de heks voor me en geeft me de kroon. Als ik hem opzet voel ik lichtstralen die uit de kroon stromen langs me heen vallen, ze omvatten liefdevol mijn handen. Met de kroon op ga ik de koets in en rijd weer naar de berin en de rozenkwartsen.

In deze periode geeft de berin me vaak een roze jurk. Als ik die aantrek beleef ik van alles. Maar waarom roze, ik kan niet zeggen dat ik zo'n roze liefhebber ben. Ik vraag het mijn geliefde etherische leraar met zijn vaderlijke geduld en uilenbril. 'Onderzoek roze', antwoordt hij. Als vanzelf 'slurp' ik naar een dimensie waar het alleen maar roze is. Ik voel dat roze over liefde gaat en gek genoeg krijg ik ook de associatie met babies. 'Babies? Hoezo?' De leraar plaatst het antwoord in me; 'Roze vertelt over prilheid en puurheid. Wie roze bij zich heeft durft zo kwetsbaar te zijn dat hij zich volledig laat leiden door hogere energieën. Dat vergt moed. Het toont dat je juist krachtig bent omdat je volkomen vertrouwen hebt'.

Lessen in helen

In 'de andere dimensie' kom ik heel verschillende wezens tegen. Tijdens helingen voor anderen ontmoet ik er ook wezens die geen positieve invloed hebben. Zij zijn uitdagingen, het zijn pesters en ondermijners maar uiteindelijk helpen ze mee om het beste uit jezelf te halen. Een man heeft me gevraagd naar zijn situatie te kijken. Ik stel de man op maar merk dat het me moeilijk afgaat. Daarom zet ik hem in een lichtbol. Direct komt er een sterke duivelachtige entiteit tevoorschijn die op de bol gaat zitten en mij uitlacht omdat hij met zijn staart 'bloed zuigt' uit de man. Ik neem mijn zwaard en ga hem te lijf. Maar het effect is dat hij enorm gaat groeien. Dus ik groei ook. Toch merk ik dat het me moeite kost om goed waar te nemen. (Dit soort wezens kan je concentratie en helderheid verstoren). Met kracht en inspanning werk ik uiteindelijk de entiteit weg, hij wordt weggedrukt door mijn enorme ruimte-innemendheid en ik check of er niets negatiefs meer over is. Laatste flarden rijg ik aan mijn zwaard.

Opeens verschijnt Iegdries. Iegdries is een oude druïde met lang wit haar en dito baard Hij draagt altijd een pij-achtig gewaad. 'Wat zit je nou moeilijk te doen?' zegt hij. Hij giet een geneeskrachtige druppel over de man die ik aan het behandelen ben en meteen is alles verlicht. Iegdries heeft altijd een bolle flacon bij zich waar groenig water in zit waar hij soms wonderen mee verricht. Hij weet alles van genezing en planten. 'Je hoeft helemaal niet te vechten, als jij wilt dat hij geheeld is dan is hij geheeld. Zo simpel is dat. Probeer maar'. Ik denk aan mijn kat Bo die ziek is. Ik denk haar gezond. Maar het lukt niet goed. Ik kan me haar niet goed voorstellen als gezonde kat, misschien omdat ze al zo lang ziek is. 'Waarom lukt je dit niet? Waarom is het anders in de stof dan in de geest?' vraagt Iegdries. Hij pakt mijn zwaard en hakt Bo's kop af en zet die meteen weer op haar lichaam. 'Net als de geest behandel je de stof. Als je wilt dat je kat genezen is dan Is zij genezen!'
Ik blijf het moeilijk vinden de kat als lichtend en genezen te zien. 'Open je handen', beveelt Iegdries. Als ik dat doe komt er licht uit en vlinders. Iegdries laat zien dat hij met zijn hand de ziekte uit Bo grijpt, en op zijn hand verandert de ziekte in een vlinder. Stom achteraf, maar in een reflex vraag ik, 'Is ze nu echt genezen?'

Iegdries vindt mij natuurlijk knap vermoeiend. 'Ga meer mediteren, neem dit maar als thema de volgende keer'. Hoofdschuddend loopt hij weg. Zo letterlijk als het hier gesteld wordt neem ik de genezingen niet. Wel is mijn ervaring dat met hulp van de geestelijke wereld stoffelijke behandelingen veel beter en sneller aanslaan.

Planten als helpers

Mijn dochter Mira, dan 4 jaar, is erg ziek, ze heeft zwaar ontstoken ogen en zeer hoge koorts. Iegdries komt en op zijn aanwijzing mag ik, in de geest, Mira neerleggen in het woud. Er komen vele ijle planten naar haar toe die haar met koele zachte handjes beginnen te strelen. Iegdries zit er geruststellend en welwillend bij. Ik voel eindelijk rust terwijl ik al twee dagen stress en ongerustheid had omdat ze een aantal alarmerende verschijnselen had. Ik krijg de ingeving dat ik rust mag voelen en dat ik niet hyper hoef te zijn als teken dat ik als moeder anders tekort zou schieten. De planten zijn heel ijl en liefdevol bezig. Zelf mag ik iets met water doen, druppels sprenkelen, een koele nevel maken bij een kristalhelder watervalletje. Mira wordt wakker, richt zich op en drinkt het water in haar handjes. Als ze daarna weer gaat slapen heeft ze een gelukzalige glimlach om haar mond. De planten gaan door met strelen. Iegdries geeft mij een teken en ik richt het zwaard op. Op dat moment springen er handgrote zwarte torren uit Mira, mijn ingeving is dat het ziektekiemen zijn. Ik hoef ze echter niet te verjagen of te vernietigen, ze gaan uit haar weg en dat is voldoende. Er komen er heel veel uit. Uit haar ogen komen nog lange witte wormen en ten slotte zijn er nog een paar blauwe grote pissebedachtige dingen in haar rug die er uit moeten. Dan zijn ze allemaal weg en is het klaar. De planten omhelzen haar en ik voel hun liefde voor haar. Iegdries houdt veelbetekenend zijn stok even omhoog en ik begrijp dat ik haar nog in een beschermend veld moet zetten, dus maak ik een lichtend ei om haar heen.

Lessen met licht

'Heb je het zwaard mee?' vraagt de drakenmeester op de weide. De afgelopen maand heeft hij me intensief les gegeven met zwaarden. Ik heb het niet bij me maar met intentie is het zwaard er direct. Na de korte klap in mijn handen verschijnt het licht. Ik merk dat ik het kan focussen als laserlicht maar ook verwijden zodat het grote draaiende wielen worden. 'Vanaf nu zul je licht zijn. De fase van het zwaard is voorbij', zegt hij, 'Je vindt het lastig om een zwaard in iemand te steken, met licht heb je daar geen moeite mee. Met dit licht uit je handen kun je alles; ruimten schoonmaken, mensen transformeren, strelen met zachte kleine wielen, en met enorme wielen grote dingen doen'. Hij laat licht zien dat er een beetje uitziet als karrenwielen. Ik zet de wielen om hem heen en hij ziet er meteen glanzender, bijna gepoetst uit. Dan merk ik dat ik ook materie zo kan 'verlichten'; muren, huizen enz. 'Waar komt dit licht vandaan? vraag ik. 'Dit licht ben jij, het komt rechtstreeks uit de bron, er zit geen begrenzing aan je afkomst dus aan jou' is zijn antwoord.

Iegdries verschijnt; 'Ik heb al wat gif voor je gemaakt' zegt hij. In een reflex laat ik de lichtwielen uit mijn handen over zijn potten met gif erin heen gaan en maak het zo onwerkzaam. Iegdries moet er erg om lachen. 'Leer me nog wat over de

planten', vraag ik. Hij wijst me een veld met planten, verbaasd hoor ik dat de planten heel erg schreeuwen. 'Waarom schreeuwen ze?' vraag ik. 'Niemand hoort ze, behalve ik' zegt hij. 'Maar ze hebben elkaar toch?' zeg ik. 'Ze willen dat jij hen hoort' antwoordt hij. Ik beloof naar de planten te luisteren als ze zich zo veel mogelijk één voor één verstaanbaar willen maken. Ik raak mijn concentratie een beetje kwijt en wil stoppen. Onbescheiden denk ik bij mezelf; 'Ben jij nou echt of zit je alleen in mijn hoofd?'
Iegdries vangt mijn gedachteflard op en lacht. Hij drukt een glazen fles stuk in mijn hand, en haalt de scherven uit mijn vel. 'Dìt is alleen in je hoofd' zegt hij. Hij tilt vanaf mijn voorhoofd mijn schedel op en er springt een kikker uit. Mijn lastige twijfel neem ik aan.

Op audiëntie

Op een avond in Mira's kamer verschijnt Iegdries. Ik merk dat we beide een doorschijnend wit gewaad aan hebben waar symbolen op staan. Iegdries trekt me aan mijn linkerhand mee omhoog, het heelal in. Het geeft een kick en ik voel me heerlijk. We komen bij een heelalgrote spiegelwand en stijgen recht omhoog. 'Wat gaan we doen?' Ik wil buitelen en mijn wendbaarheid uitproberen maar Iegdries zegt, 'We gaan op audiëntie'. Hand in hand stijgen we netjes naar boven langs de glaswand. Helemaal bovenaan draaien we zodat Iegdries nu rechts van me is. Op de wand staan twee lichtende tronen en we gaan zitten, ook weer hand in hand maar dan de handen iets geheven en zijn hand op de mijne. (Op koningsmanier zeg maar). Op audiëntie bij onszelf?
Opeens zijn voor ons in het heelal enorme zware houten deuren met metalen grendels. De deuren gaan open, er komt heel veel licht uit, het is of ik dreunende orgelmuziek hoor en voel. Er staan lichtwezens of engelen met klaroenen en ik hoor inderdaad hoorngeschal. Het klinkt schitterend en is heel indrukwekkend. Iegdries neemt me bij de hand en we treden binnen. De lichtwezens buigen en lopen achterwaarts van ons vandaan. Op een gegeven moment is er niemand meer, ook de muziek is weg. Er is gewoon niets; Heerlijke rust, ruimte, lichtheid. 'Wie heb je mee?' hoor ik plotseling. 'Iegdries, mijn heer en leermeester' antwoord ik. Het gewaad wordt van me afgetrokken, ik zie niets meer en kan Iegdries ook niet meer zien. Even heb ik het idee dat ik mijn botten zie oplichten. Er is niets en het is heel sereen. Er verschijnt een uil voor mij. De vogel van Iegdries weet ik. Ik glimlach; 'Ik ben dus geen uilskuiken meer?' (Tijdens een eerdere meditatie heeft een indiaanse medicijnman mij een uilskuiken aangeboden). 'De uil is een nachtdier, hij ziet door de materie heen. Jij zult ook zien' krijg ik te horen. Ik ervaar het allemaal als een reusachtige kick. De uil wordt aan mijn krachtdieren toegevoegd en zal altijd bij me zijn. Als we vertrekken vraag ik aan Iegdries; 'Wat heb ik nou aan?'
'Niets meer, je bent jezelf' antwoordt hij. Als ik naar hem kijk zie ik hem als man in 'gewone' kleren, althans zonder mantel, en daarna als lichtwezen wat mij zeer

verrukt. Minutenlang laat ik het op me inwerken en voel heel veel liefde. Iegdries vertelt dat hij het fijn vindt mij veel te leren omdat hij 'veel genoegen in mij schept'. Mira is nog steeds wakker en klaagt daarover. Ik leg mijn hand op haar hoofd en vraag Iegdries om raad. Hij neemt mijn hand en via mijn hand vult hij haar met liefde. Ik zie het als lichtvonkjes die in haar hoofd zinken als visvoer in een aquarium. Niet veel later slaapt ze en ik kom tot de grappige ontdekking dat Iegdries voor 'Klaas Vaak' heeft gespeeld. Hij heeft letterlijk (licht)zand in haar ogen gestrooid.

Uilenpoep

Kennissen hebben last van invloeden en entiteiten in hun huis. Ze hebben er preventieve voorwerpen voor aangeschaft. 'Ach' zegt Iegdries, 'Zo'n ding is hooguit een raam dat je dichtdoet. Als inbrekers echt willen, komen ze heus wel binnen'. Hij wil wel een lichtkoepel boven het huis van deze mensen zetten om ze te beschermen. Ik zie dat de uil komt binnengevlogen in hun huis. Hij zeilt door hun slaapkamer en laat in de vlucht zijn poep vallen. 'Uilenpoep' legt Iegdries uit, 'houdt ze op afstand, ze zijn daar bang voor'. 'O' denk ik, 'kan de uil dan ook in Mira's kamer poepen?'

'Nee' zegt hij, 'bij Mira is het anders, zij wordt meestal niet door iets externs geplaagd, haar angst komt van binnenuit, het is een soort poort naar lang geleden waardoor ze bezocht wordt. Je hebt zelf al gezien dat haar kamer schoon is. Geef haar witte maagdenpalm'. Later zal blijken dat er toch nog wel eens externe kwellers een rol spelen maar hier zit zowel voor haar als voor mij nog een leerproces in hoe er mee om te gaan. Eerder heeft Iegdries mij verteld dat witte maagdenpalm haar mentaal zal sterken en zuiveren. 'Kun je dan nog iets voor mij doen, is er een plant voor mij, tegen de hoofdpijn?' vraag ik. Hoofdpijn is een kwaal waar ik al mijn hele leven geregeld aan lijd, al mindert ze zeker. 'Neem nou maar een pilletje (pijnstiller bedoelt hij), dan ben je er sneller door', zegt hij. Ik vind het wel grappig en verfrissend dat hij, naast al zijn adviezen over kruiden, ook achter een chemische pijnstiller staat.

Truc

Mira blijft grote slaapproblemen houden. Ze is onrustig en erg bang. Dit duurt al maanden. Ik ben behoorlijk ten einde raad en vraag opnieuw Iegdries om raad. Als ik innerlijk ga zoeken vind ik hem met zijn uil, in het bos. 'Mira wordt flink belaagd, hoe ga je daar mee om? Kijk' onderwijst hij, 'daar ligt een kind dat belaagd wordt'. Ik zie inderdaad een vrij abstract kind liggen waar het omheen wemelt van griezels. Ik wil ze allemaal met het zwaard te lijf gaan maar ik merk dat ik door ze heen prik en dat het geen vat op ze heeft. 'Ken de vijand, en laat hem dan los, schenk er geen enkele aandacht meer aan. Ga niet op zoek naar entiteiten of demonen want daarmee trek je ze aan. Ken ze, je weet hoe je moet handelen maar help eerst het kind, vul het met liefde', zegt hij. Ik ga bij het kind zitten en denk alleen nog maar aan het kind, ik vul het met onvoorwaardelijke liefde. Doordat het opvult met liefde worden de wezens al verder weggeduwd. Af en toe zijn er wat grotere die nog wel in de aanval gaan. 'Verjaag die tussen neus en lippen door. Je hoeft ze niet eens aan te kijken, je weet waar ze zijn maar jij bent sneller'. En Iegdries laat zien dat hij een vlijmscherp priemetje heeft dat hij bliksemsnel in of naar zo'n wezen prikt als het te dicht bij komt, zelfs zonder er naar te kijken, waardoor het prompt verdwijnt. 'Dat is de methode, ga je eigen gang, onverstoorbaar en als het nodig is, prik je alsof het een lastige mug is. Een ander zal niet merken wat je doet omdat je doorgaat met waar je mee bezig bent te doen, maar je treft doel. En als je iemand helpt vul je hem of haar eerst met rust en liefde. Als het nog nodig is prik je. De wezens zullen makkelijker te vangen zijn omdat ze denken dat je niet met ze bezig bent'.

De schermen

Ik arriveer weer eens op mijn weide als de sadhoe me opwacht. De magere Indiër zit meestal in lotuszit, zwevend in de lucht met één been naar beneden hangend. Hij zit nu tegenover me terwijl zijn lichaamshouding de mijne spiegelt. Zoals gewoonlijk laat hij een kristallen bol boven zijn vingertop ronddraaien. In eerste instantie zitten we in de ruimte, maar met één armzwaai van hem is de ruimte veranderd in een weelderig landschap. 'Hoe maken we jou ziende, dame', zegt hij peinzend. En met zijn puntige, lange nagel begint hij in mijn derde oog te peuteren. Het is of het dikke zachte substantie is, geen bot, er komen stromen bloed uit. Op een gegeven moment is het open en leeggebloed, nu komt er viezigheid uit. Hij klopt op mijn hoofd om mijn hele hoofd leeg te laten stromen via dat gat. 'Wat doen we daarmee?' vraagt hij, doelend op de drab. 'Weg gooien?' vraag ik. 'Nee, transformeren, maak er lichtende gedachten van', geeft hij als antwoord. Het lukt zowaar. Ik heb het gevoel of mijn hele voorhoofd een scherm is. 'Nu gaan we creëren', zegt hij. 'Creëer gedachtes van vreugde en succes'. Ik denk meteen aan Mira die die nacht gillende oorpijn heeft gehad, bij mij in bed had geslapen en de zorgen die ik me maakte omdat ze vandaag op schoolreis is omdat ze deze ochtend toch koorts- en pijnvrij was. 'Zie een blij en gezond kind, zie haar heerlijk slapen en zie haar gewoon lekker eten', raadt de sadhoe aan, doelend op de Mira's hoofdproblemen, slecht slapen en nauwelijks eten. Ik zie het, het is licht in het scherm en ik zie Mira verlicht, vrolijk en stralend. Ik voel mezelf er ook stralend door. 'Zo moet dat' zegt hij, 'zo creëer je. Hou je scherm licht en vreugdevol. Wat vervuilt het?'
Ik voel opeens recht ertegenover mijn achterhoofd, alsof daar een zwart scherm zit. 'Juist, dat gaan we weghalen. Dit stuurt negativiteit naar je scherm' zegt hij. Hij klopt op mijn achterhoofd zodat op die plek het zwarte scherm verpulvert. 'Wat doen we er nu mee?' stelt hij zijn leraarvraag. 'Weggooien', zeg ik weer. 'Nee, opeten', antwoordt hij. Hij pakt het pulver en ik stop het verbaasd in mijn mond. Ik kauw er op en het is erg taai, terug stuiterend, verlammend en zwaar. Ik twijfel

eraan of ik dat weg kan krijgen. 'Hoe gaan we dat nou aanpakken, wat heb je net geleerd?' vraagt hij. O ja, ik ga naar mijn lichte scherm bij mijn voorhoofd en weet dat ik moeiteloos en zorgeloos kan kauwen omdat ik het met die intentie en overtuiging aan het kauwen ben. Alsof het goeie beeld in de kauwbal wordt geprojecteerd. Voor ik het door kan slikken of uit kan spugen is het verdwenen. Het scherm in mijn achterhoofd is nu ook open en licht. Ik ben opgetogen, 'Dit is de wet van de moeiteloosheid' roep ik uit. 'Inderdaad, dit is creëren' zegt de sadhoe. 'Stuur bewust het licht van het voorscherm naar het achterscherm om dat licht te houden in plaats van onbewust het duistere van het achterscherm naar je voorscherm te laten gaan zodat dat dicht gaat slibben. Hou dat voor ogen, letterlijk voor ogen. Dus wat doe je als je toch weer in zwaarte, zorg en twijfel zit?'
'Opeten' zeg ik. 'Nee, je gaat eerst je scherm verlichten en dan pas kauwen. Nu heb je genoeg geleerd voor vandaag. Creëer altijd met dit scherm, vreugde, succes, gezondheid, liefde, enzovoort. Zie de dingen voor je zoals je wilt dat het is. Stop nu maar en pas het toe'.

Hierna probeer ik zo vaak mogelijk een lichtende verbinding te houden tussen beide schermen en op het voorscherm al het positieve dat ik wens me voor te stellen. Mira heeft overigens een heerlijke schoolreis gehad zonder oorpijn.

Bij het oefenen met de beide schermen waarbij het niet gewenste in een soort rubberbal tussen mijn kiezen komt, heb ik een onaangenaam gevoel, letterlijk of ik mijn kiezen stukbijt op die dingen. Er komt dan een soort elektrische pijn en mijn kiezen ketsen van de kauwbal af met een hoog geluid. Ook voel ik het in de kaakgewrichten. Ik vergeet wel eens eerst de schermen te verlichten alvorens te kauwen. Onderweg naar een cursus in Frankrijk ben ik aan het oefenen. Ik zet het beeld van veiligheid op de weg op beide schermen en zodra ik aan het doemdenken blijk te zijn geraakt krijg ik van de sadhoe een vriendelijk tikje met de bovenkant van zijn wijsvinger tegen mijn wang zodat ik meteen kan herscheppen.

Negatieve gevolgen van oordeel en afwijzing
Al een tijdje weet ik dat er een 'breuk' onder het huis zit in een aardlaag. Daaruit borrelen zware en donkere energieën op. Als je moe of onevenwichtig bent, word je hier gevoelig voor en ga je er op meetrillen zodat je je bijvoorbeeld snel geïrriteerd gaat voelen en er conflicten kunnen ontstaan. Ik wil weten wat er aan de hand is. Ik verzoek mijn etherische leraar me te assisteren. Mijn etherische leraar draagt een zilvergrijs kostuum en een uilenbril. Hij houdt heel veel rekening met mijn gevoelens. Hij is zeer bescheiden en liefdevol, voorzichtig en geduldig. Hij heeft een hoge ethiek. Toch voel ik soms een lichte melancholie bij hem, ik denk omdat hij weet hoe zwaar en pijnlijk het leven in de stof kan zijn. Hij brengt

me naar een soort bron van de breuk. Ik zie een gekrioel van zwarte wezens. Ik realiseer me dat het bij de oude kerk van ons dorp is. Ik voel dat het gekrioel oordeel is waar van alles en nog wat aan negatieve emoties en wezens op vastgeplakt zit. Oordeel dat veroordeling werd. De orthodox christelijke leer die in deze kerk beleden werd is door de bezoekers verkeerd begrepen en tot oordeel geworden. Door anderen die niet in de leer meegingen af te wijzen is er een tendens ontstaan die alles naar beneden haalt dat niet met de beoogde opvattingen strookt. Mijn leraar en ik worden aangevallen. Maar we jagen alle negatieve wezens de kerk uit en spreiden liefde uit onze handen naar hen toe. De wezens beginnen daardoor te kronkelen en worden kleiner en kleiner en tot slot transparant tot ze allemaal verdwijnen en er in de hele kerk licht is. Ik check in en buiten de kerk maar alle duistere wezens zijn echt weg. Er heerst nu een sterk gevoel van liefde en vrede. Toch heb ik de ingeving dat er nog een breuk moet zijn. Inderdaad brengt mijn leraar me opnieuw ergens heen. Waar deze grondbreuk zich bevindt neem ik niet waar, maar wel dat het een groot gat is waar een tunnel of grot achter zit. Er lijkt zwarte olie in te zitten. Ik maak er licht en mijn leraar en ik gaan er binnen. We komen in een ruimte waar het zo gedrukt voelt dat je eigenlijk geen adem kan halen. De temperatuur is niet koud maar de sfeer is wel heel erg koud. Het lijkt of je wezen helemaal opgezogen wordt, alsof je in een negatief zwart gat staat. Ik kan niets zien en het is erg dreigend. Ik maak een lichtgat in het plafond en op het moment dat het licht binnenvalt, storten allerlei wezens en duivels zich als piranha's op mij en de leraar. Ze kunnen echter niet tegen de lichtbundel waar we in staan en verdampen. Als ik de ruimte ga inspecteren zie ik een reusachtige schedel liggen. 'Wie ben je, wat doe je hier?' vraag ik. 'Ik lig hier goed', zegt de schedel grijnzend. 'Ben je licht of ben je duister?' vraag ik. Deze vraag verbaast de schedel zichtbaar. Ik zie dat er allemaal metallic en insektachtige demonen onder hem verstopt zitten. 'Je krijgt me toch niet weg' zegt de schedel maar ik spreid mijn armen en met een enorme kracht laat ik liefde en licht vanuit mijn hart op de schedel los. Het is of het beeld trilt van de hitte en oplost als een papier in vuur. Aan de horizon breekt licht door en de hele ruimte met schedel en demonen en al lost op. Hierna is de grauwe donkere grond goudgeel zand geworden. Voor mij is het zo'n krachtige sensatie dat ik er echt van moet bijkomen. Het is de eerste keer dat ik ervaar wat een kracht er van me uit kan gaan.

Plantmannetjes

Als ik weer eens geestelijk op reis ben kom ik in een oude houten hut waar ik een oude wijze man ontmoet. Ik heb het gevoel dat hij een tovenaar is. Hij verwijst me naar de zolder en ik krijg wierook van hem mee. Ik loop het smalle nogal krakkemikkige houten trappetje op en zet de brandende wierook op een schoteltje op de grond. De wijze komt me na, het trappetje op en overhandigt me een piepklein vaasje. Daarin zit een heel klein steeltje met bloemetjes. Het is een kronkelig steeltje met ronde groene blaadjes en onooglijke witte bloemetjes. Het lijkt het meest op een soort waterkers, vooral op de slanke waterkers. Als ik ga invoelen wat het bloemetje betekent, komt er een piepklein, wijsvingergroot mannetje uit, met een groen puntmutsje, heel parmantig. Hij vertelt, of laat weten, dat hij zorgt voor een zonnig humeur en doorzettingsvermogen, hij schermt vervelende kanten aan een zaak af, hij elimineert gevoelens van tegenzin, geen zin hebben, werk niet leuk vinden, met als gevolg dat je een klus blij gemoed kunt afkrijgen. Heel toepasselijk want ik ben in die periode bezig mijn administratie te doen, iets dat ik altijd uitstel en waar ik als een berg tegen op zie. Het mannetje trekt zich weer terug in het takje met bloemetjes en ik ga weer naar beneden waar de wijze tovenaar op me wacht en me een stoel aanwijst. Hij heeft kruidenthee voor me, in een wit kelkachtig kopje. Als ik er aan ruik zie ik bloeiende natuur in de stralende zon. Nadat ik het opgedronken heb, plaatst de wijze een grote kristallen bol op tafel. De bol straalt warmte uit en samen met de tovenaar treed ik de bol binnen. We komen bij een meertje in een bos, het is er sprookjesachtig. Aan de oevers zie ik diverse kleine lichtwezentjes zweven, zoals vrouwtjes met lange jurken. Over het water komt een groter wezen aangezweefd, groen, met een groot rond hoofd met afstaande oren en een mager lijfje, waarschijnlijk een gnoom. Hij landt op de hand van de wijze, nestelt zich alsof hij letterlijk op zijn praatstoel zit en begint enthousiast hele verhalen tegen mij te houden. Zijn naam lijkt op Idonee. Hij haalt een kettinkje van zijn hals en geeft het aan mij, het is een groen kettinkje met een heel klein groen fluitje eraan. Ik doe het om mijn nek, met dit fluitje mag ik hem roepen als ik hem wil spreken. De tovenaar geeft aan dat het klaar is en we groeten de gnoom. Het volgende moment staan we weer samen voor de bol. De wijze brengt me naar buiten en groet me indringend door zijn linkerhand op mijn rechterschouder te leggen en zijn andere hand tegen de mijne te houden waarna ik uit de meditatie kom.

Holle eik

In Frankrijk, tijdens een vrije middag als ik daar de cursus doe, worden we gewezen op een reusachtige holle eik, een heilige boom van zeker honderden jaren oud. Door er tegenaan te gaan zitten verbind ik me ermee. Ik hoor de boom eerst steunen, kraken, zuchten. Daarna krijg ik een beeld van de wortels in de aarde, maar de aarde is helemaal geen massa, het is eindeloze ruimte, alsof de wortels daar eindeloos in kunnen gaan, en alsof ze zo met andere eikwortels in verbinding staan. Nu komt de kruin van de boom in beeld, hij vertelt niet over het weer of wolken, nee hij laat me met hem rechtstreeks de ruimte in gaan, alsof de boom veel meer op sterren en kosmos georiënteerd is dan op aardse dingen. Over mijn vraag betreffende natuurwezens; die kent hij wel, heel goed zelfs, maar daarvoor 'verwijst hij me door', maar hij laat niet weten naar wie, dat moet ik zelf maar uitzoeken. Tot slot wurm ik me even in de holte van de boom maar dat vindt hij kennelijk niet echt prettig (hoewel het vaak door mensen gedaan wordt),

'Heb ik je daar wel toestemming voor gegeven?' bromt hij licht verwijtend. 'Nee' beken ik. 'Nou dan' moppert hij maar toch is hij goeiig en ik mag even in zijn holle stam verblijven. Een blad dat ik van hem heb geplukt blijft gedurende lange tijd opmerkelijk warm en gaaf.

Helen is in liefde aanvaarden

Voor het slapen stem ik me af op de engel die zich over mij ontfermd heeft. Met een vraag over mijn gezondheid, ik heb weer eens erg hoofdpijn. 'De liefde die ik doorgeef is de geneeskracht. Omarm met die liefde elke ziekte en elk ongemak. Heb het lief als een ouder een kind, dan zal het niet langer aan je trekken', is zijn antwoord. Op dat moment vind ik het pittig om de pijn die me zo belast met liefde te aanvaarden. Ik voel er weerstand en verzet tegen. Toch, al doende, merk ik dat het werkt. Aanvaarding in liefde is niet alleen helend, het is, denk ik nu, de enige manier.

Ziekte aanvaarden

Op zijn verzoek 'kijk' ik tijdens de wandeling met mijn hond in het bos naar mijn leermeester, de oude heer Apollo, die zelf tienduizenden mensen met kruiden behandeld heeft, en die nu een bijzonder pijnlijke en ernstige aandoening heeft. 'Mijn' engel is links van me. 'Ik let goed op hem', zegt de engel. 'Maar niet alles is met wilskracht op te lossen. In elk leven zijn beperkingen waar men mee moet leren omgaan. Deze ziekte is niet uit de lucht komen vallen. Het is zijn les om ziekte en een ziek lichaam met mildheid en mededogen te aanvaarden. En zich over te geven aan de tijd die er voor staat. Hij is ongeduldig, maar hoe minder weerstand tegen deze situatie, hoe minder pijn. Verzet doet namelijk verkrampen. Geef hem aanvaarding, en vriendschap met zijn lichaam, ook in deze staat. Dan zal hij niet langer een gezonde toekomst als streberig doel hebben, maar kan hij ontspannen, in aanvaarding en liefde voor zichzelf, en Zijn in het nu. Wat er gedaan moet worden aan zijn gezondheid, is gedaan en wordt gedaan'.

Hoe ik mijn kraai verloor

Tijdens een meditatie ga ik weer naar de weide. Daar staat de oude indiaanse vrouw die ik ooit zelf was. Zij is het meisje in de zeemleren jurk, opgeleid door grootvader. In dat leven heeft ze een grote mate van wijsheid en verlichting bereikt, zij is een stukje hoger zelf van me. Ze heeft een trommel en slaat daar ritmisch op met een gebogen dikke stok. Ik zak voor haar in de aarde en rijs weer omhoog uit de aarde maar ik ben veranderd in een indiaanse jongeman. Ik heb weinig kleding aan, ben groter dan in mijn huidige bestaan, en heb een veer in mijn haar die naar beneden gericht is en eentje die naar boven staat. Ik heb een soort knots in mijn handen en ren door het landschap, het is bossig. Opeens sta ik oog in oog met een blanke man die van dicht bij zijn geweer op mij richt en mij via een schot in mijn hals doodt. Ik stijg omhoog uit mijn lichaam als een kraai en ik ben woedend, dat ik als indiaan die man niet had gezien terwijl ik altijd alles door heb in het landschap, 'als verkenner zijnde'. Hoe kan het dat ik die man niet heb gezien, ik ben echt heel erg boos. Al opstijgend als kraai ben ik weer terechtgekomen op de weide, voor de oude vrouw. Ik vlieg naar haar toe en koel mijn woede door met mijn poten op haar hoofd te krabben en haar te pikken met mijn snavel. De vrouw doodt de kraai, ik ben weer 'mezelf'; de pas gedode verkenner en mezelf als waarnemer en ik zie de kraai dood op de grond liggen. De vrouw kijkt heel verdrietig naar mij, dan keert ze zich om en loopt weg. Ik begrijp dat ik na die dood mijn woede verkeerd en onedel heb gericht en daardoor een belangrijke bron in mezelf verloren heb. Mijn hoger zelf vond dat ik de kraai niet meer waard was.

De geur van voedsel

Op de weide doet de drakenmeester allerlei lichaamsoefeningen voor, ook razendsnelle, zoals met een handbeweging zware voorwerpen meters ver naar achteren laten vallen. En een soort karatesprongen. 'Hoe doet hij dat met zo'n lange rok' vraag ik me onwillekeurig af. 'Heb je nooit gehoord van splitten?' antwoordt hij, mijn gedachte opvangend, gevat en bliksemsnel terug. Trouwens, meteen is de rok nu een stuk korter dan ik hem eerst had gezien. Sowieso mooi al die sprongen, te meer omdat hij altijd de indruk maakt niet de jongste te zijn. Ik vraag me af of hij een tempel had toen hij nog in de stof leefde, of leerlingen. 'Leerlingen niet veel, hooguit vijf', brengt hij als informatie binnen. Ik zie een gebouwtje, met drakenpilaren.

We gaan naar binnen om te eten. Mij staat een bijzondere ervaring te wachten. Terwijl ik in mijn huidige stofleven geen sport beoefen en wel op voeding let maar niet supergezond eet, ontdek ik daar een heel ascetische sfeer. Ik krijg een kom en eet met stokjes. Wat me opvalt, is de kleur en de geur van iets heel zacht lichtgroens in de kom, dat zo lenteachtig en verrukkelijk geurt, dat ik er helemaal opgetogen van raak en in een soort vervoering terecht kom. Het heeft een beetje het uiterlijk van rond gras, groenige sliertjes. Het zit in een geleiachtig doorschijnend sausje. De drakenmeester laat me weten dat je de geur van voedsel kunt ervaren en je kunt laten meenemen door de geur. 'De planten voeden en reinigen het lichaam, maar de geur is hetgeen dat de geest voedt' vertelt hij.

Ik blijf maar ruiken aan het spul, het is zo heerlijk en bijzonder, het is eigenlijk zelfs ontroerend. Het heeft iets van mie en ik ruik en zie ook gember, heel zacht, nauwelijks waarneembaar en tegelijk zo aanwezig, het is niet uit te leggen. Hier en daar zit een klein flintertje van een peperkorrel, al net zo weinig en toch heel aanwezig. De drakenmeester geeft aan dat al die smaken verbonden zijn met dieren, ik zie een tijger, een adelaar, een hertje, kraanvogels. Al die geuren en subtiele smaken kan ik veel helderder proeven en ruiken dan ik ooit stoffelijk heb meegemaakt. Op een gegeven moment ben ik klaar met eten, althans verzadigd, maar er is nog nauwelijks wat uit de kom. Ik vind het zonde om te laten staan maar de drakenmeester zegt; 'Dat doet er niet toe, er bestaat geen verspilling. Genoeg is genoeg en daar moet je naar luisteren. Het eten gaat nu naar de dieren'. We gaan naar buiten. Opnieuw doet hij lichaamsoefeningen. Hij maakt subtiele bewegingen met de hand en vingers en zo ontstaat er gedraaide wind waardoor een bloemetje op meer dan een meter afstand heen en weer zwaait. Hoewel de details mij ontgaan, laat hij de sensaties en dynamiek van de vijf elementen zien door middel van de energie die hij met zijn lichaamsbewegingen opwekt. Ik ben nog lang onder de indruk van de krachtige, ontroerende en opwekkende eigenschappen van de geuren van het voedsel.

Het hart van moeder aarde

Een draak verschijnt. De drakenmeester en ik nemen plaats op de draak en vliegen door een witte gang die in een eindeloze bocht naar rechts en beneden gaat, daarna gaat het heel steil naar beneden. Het duurt lang. Uiteindelijk komen we uit in een ruimte waar in het midden een enorme kristallen bol is. Manshoog, hoewel moeilijk te schatten is het zichtbare deel misschien zo'n drie meter hoog. De bol is duidelijk van kristal, hard, volkomen ondoordringbaar. Er lijkt iets in te bewegen, soms snel, soms langzaam, als een weekdier, wat gevlekt en gestippeld, lichtbruin met nog lichtere stippels. De kleuren verschieten zoals bij een octopus. 'Dit is het hart van Moeder Aarde' zegt de drakenmeester. 'Wauw!' roep ik opgetogen. Ik hoor een vrouwelijke fluisterende stem. 'Je kunt nu altijd naar Moeder Aarde gaan' zegt hij. Ik vraag me af waarom ik dat zou doen afgezien van wereldproblemen zoals vervuiling, ontbossing en dat soort dingen. 'Wel, als je de aardeverbinding van mensen wilt herstellen' zegt de drakenmeester alsof het de gewoonste zaak van de wereld is. 'O, ja, natuurlijk' ik realiseer me hoe belangrijk dat is. Ik laat het moment helemaal op me in werken. Het is heel indrukwekkend en toch eigenlijk ook heel gewoon. Ik voel me heel dankbaar. Op een gegeven moment is het klaar, en floep, zijn we weer terug bij het uitgangspunt.

De eerste ontmoeting met mijn tijger

Ik ben in een diepe staat van rust en hoewel ik weet dat ik op mijn stoel zit kan ik dat eigenlijk niet meer voelen. Ik ontdek dat ik in een bos ben, ik snuif de geuren op. Ik ben in een niet al te zwaar bos in laagland, ik weet dat dicht bij de bergen beginnen. Opeens zie ik in een dikke boom voor me de lichtgevende gestalte van de sadhoe, zijn ene been bungelend naar beneden, het andere in kleermakershouding. Hij is niet lijfelijk, ik zie hem door zijn lichtuitstraling. Grappig, tot nu toe heb ik hem alleen in berglandschap gezien, nooit in bos. Een hele tijd kom ik er niet achter wat de bedoeling is of wat voor stuk vorig leven ik hier kom beleven. Komt de sadhoe kruiden halen? Ik ga door met het opsnuiven en waarnemen van het bos en zit er in meditatiezit op de grond. Opeens realiseer ik me dat er een tijger achter me is die naar me staat te kijken. Ik blijf onbeweeglijk zitten, al ga ik met mijn aandacht naar achteren. Ik merk dat er een grote golf liefde uit mij naar de tijger toestroomt. De tijger komt naar me toe en met zijn grote kop gaat hij wat snuffelen en een beetje tegen me aan stoten. Ik blijf in gelukzaligheid, de tijger geeft me een kopje en gaat naast me liggen. Ik besef dat dit de eerste ontmoeting was met het dier dat zo vaak tijdens geestreizen met me meegaat. De tijger, in dit leven het eerste totemdier dat ik leerde kennen, ken ik blijkbaar van de tijd toen ik leerling van de sadhoe was.

Hoe ik mijn beer ken

Tijdens een meditatie kom ik bij de indiaanse vrouw, mijn vroeger zelf. Ik mag met haar mee haar leren tent in om thee te drinken. De tent staat in het bos, ze woont er met een grote grijze wolfachtige hond. Opeens zie ik een grote berenkop. 'Ga met de beer mee' hoor ik de indiaanse in me zeggen. Ik ga door het bos met de beer mee, en volg hem de grond in, in een lange ijsachtige tunnel. Hier gaat de beer liggen om in winterslaap te gaan. Ik blijf staan, de beer maant me te gaan liggen. Maar dat doe ik niet en opeens ben ik weer boven de grond en de indiaanse vrouw legt sappige verse sparrentakken over me heen. Ik lig nu in een soort naaldtakkengraf, takken onder me en takken boven me, een dik pak. Ik blijf lang zo liggen maar krijg er dan genoeg van. Waarop haar hond me begint op te graven. Nu ga ik met de hond mee. Verderop gaat de hond weer enthousiast graven. En weer graaft hij iemand op uit de naaldtakken waarvan ik verrast constateer dat ik het zelf weer ben. In de hele omgeving word ik keer op keer opgegraven. Alles begint te draaien en al die wezens uit de dennentakken word ik, en tegelijk ben ik de oude indiaanse vrouw. Ik sla op een trommel en alles begint om me heen te tollen. Ik word duizelig en draai me om om aan de duizelingen te ontsnappen. En daar, vlak achter me, staat de beer, levensgroot, op de achterpoten. Dan voel ik me de indiaanse, en voel hoe ze leefde. De beer en ik tolereerden elkaar. De hond bleef op eerbiedige afstand, ik ging mijn gang in de tent en omgeving. Af en toe wierp ik wat eten naar de beer die aldoor in de buurt bleef rond scharrelen. Het was een grote vrouwelijke beer. Ik had voor haar af en toe een bot om te kluiven, lijsterbessen en andere bessen. Op een gegeven moment had de beer een jong beertje bij zich en bleef in mijn buurt. Met ons vieren scharrelden we ons kostje bij elkaar in de bossen, en woonden de hond en ik in de tent, de beer en haar jong erbuiten.

Subtiele vitaliteit in de natuur

Ik ga in meditatie, ik heb geen doel, behalve dat ik met natuurwezens in contact wil komen. Ik stem me af en de witte draak verschijnt. De witte draak voelt zo zuiver en oordeelloos, alsof ze bijna niet aanwezig is. Ik ga met haar mee, en ik bevind me in een sfeer van flarden en kleuren. Als vanzelf verandert het en ik merk dat we vlak boven de aarde zweven. Ik hoor het gelispel van stemmetjes, wezentjes die hard aan het werk zijn, vlak onder de grond, heel erg bezig, samenwerkend, hakkend, gravend, zagend, van alles. Hierna neemt ze me naar een hoger gebied waar ik boven de grond de bomen leer waarnemen. ik merk dat de bomen 'hummen'. De ene boom geeft af en toe een lage hum, de ander een hogere, zo hummen de bomen van tijd tot tijd en afhankelijk van de soort is de klank weer anders. Ik kom bij de machtige eik van Iegdries, merk dat er veel energie in de boom is maar ook daarbuiten, alsof via de takken de energie als een fontein naar de grond gaat en via de wortels en stam weer omhoog gaat. Onder de grond is de energie eveneens uitstralend, naar andere boomwortels. Ik vraag me af of ik het boomwezen kan zien. Het gevoel dat deze eik me geeft is trots en onverzettelijkheid, niet wijken. Het boomwezen verschijnt, het is knoestig en grillig, met een stakerige neus. De draak neemt me weer verder mee. Ik merk dat struiken meerstemmig zijn en bomen één stem hebben met het Hummm! Dan zie ik dat hommelachtige energie zich bezig houdt met bloemen, kleine elfen zijn het, ik wil ze beter bekijken en naar gelang het uiterlijk van de bloem zo ziet de elfenenergie er uit. Ik zie geen vleugeltjes en nauwelijks gezichtjes, althans soms niet, soms wel. Anderen houden zich bezig met bladeren, zo zie ik een spichtig elfachtig wezen zich met de smalle weegbree bezig houden. In de herfst zie ik al die wezens langzaam naar beneden zakken en de grond in gaan waar ze als groep tegen elkaar aan in een soort slaap komen. Ook merk ik onder de grond slangachtige wezens op. Ik zie een boom waar opeens een grotere groenachtige elf achterwaarts uit de stam getrokken wordt; plop. Waarom? En dan zie ik waarom; de boom wordt geveld. Ik vraag me af hoe het zit met andere continenten; de savanne in Afrika bijvoorbeeld; we gaan er heen en ja, daar ook, veel activiteit, hier en daar bewegen donkere schimachtige wezens zich over het landschap. Hoe zou het zijn bij water en bronnen? Ik denk aan een bron op Bali die ik ooit bezocht heb en ik zie een prachtige vrouw, naakt van boven, een hele lange vissenstaart van onderen, achterwaartse salto's maken. Ik zie haar heel duidelijk, ze lijkt heel menselijk, met zwarte ogen. Lang haar. Ze is in het water, maar kan ook de rots in. Als ze met haar handen haar haren uitspreidt is er een overvloed aan water en is de bron behoorlijk woest. We gaan weer naar Afrika, ik zie kleine elfachtige wezens met prachtige afro kapsels. En een groot meer, daar zie ik als glinsterend bewegend water het waterwezen boven uit komen, maar ik zie alleen de glinsterende rimpeling, ik kan geen gezicht onderscheiden. Het wezen zakt weer terug het water in.

Mijn eerste gesprek met een huis

Na al deze ontdekkingen hangt mijn bewustzijn nu boven mijn huis. De witte draak laat me alleen, ik kan het nu zelf af. Het volgende moment sta ik op onze oprit en kijk naar ons huis. Het huis kijkt me uitermate gekweld aan. 'Wat heb je te zeggen, wat wil je?' vraag ik het. Ik ben nogal verbaasd want ik wist niet dat een huis bewustzijn kan hebben. Het huis begint braakneigingen te krijgen, en

dan begint het achter elkaar over te geven, erg heftig. Nadat het een tijd heeft overgegeven maakt het, na een rilling, een sprongetje, net een kat, geeft een laatste restje over en moet dan aan de achterkant nog wat energie loslaten. Nu richt het huis zich op, de energie gaat omhoog. Ik hoor dat het huis nu aldoor 'mmm', zegt, alsof het iemand is die in een winkel spullen aan het keuren is. Wat wel en niet goed is. Af en toe geeft het een knars of een knal. Eindelijk voel ik dat het zich een heel stuk beter voelt. 'Wat zou je nu nog wensen?' vraag ik. 'Je moet de ramen wassen, althans de kozijnen' zegt het huis, 'en opruimen, en de vensterbanken schoonmaken'. 'O jee, nou goed dan' zeg ik, een beetje betrapt want een fanatiek huisvrouw ben ik inderdaad niet. 'Wat wil je nog meer?'
'Waardering'. 'Maar ik ben dol op je' breng ik er tegen in. 'Nee, niet op mijn trappen'. 'Jeetje, nee, dat is waar' beaam ik en daarom laat ik snel heel veel kleurige, vrolijke energie langs de wenteltrappen gaan. Die wenteltrappen vind ik erg lastig als ik bijvoorbeeld met de wasmand traploop want je kunt je niet goed vasthouden. En ik stoot mijn kuiten altijd tegen de korte treden door de draaiing. Het huis geeft aan dat de trappen juist heel belangrijk zijn voor de inhuizige energie en dat die verstopt is geraakt doordat de benedenhal helemaal volgestouwd is met spullen. Ik geef aan dat we niet alleen in het huis wonen maar er ook moeten werken. 'Dat moet anders' zegt het huis, 'Onderaan moet ik bevrijd worden'. Die plek is heel belangrijk voor het welzijn overal in huis. Het windorgel moet daar weg en het kopieerapparaat ook, zet de schildersezel er maar neer, en laat het verder leeg'. (Dat wordt nog een hele klus bedenk ik me, het gekke is dat ik hier zelf nooit opgekomen zou zijn). 'Oké, ik zal dat voor je regelen' spreek ik af. Het volgende moment sta ik weer op de oprit. Ik merk dat er nu echt levensenergie in de muren naar boven gaat, warmte zelfs en kracht, zelfbewustzijn. 'Wil jij regelen dat iedereen netjes blijft in zijn uitstraling en waardering naar mij?' verzoekt het huis mij tot slot. Uiteraard zal ik mijn best doen. Het voelt merkbaar beter in huis nadien. Hierna besluit ik het huis regelmatig energetisch een poetsbeurt te geven.

Terloopse oefeningen

Ik zit ergens onderweg in een stationsrestauratie. Op de tafels staan potten vrolijke viooltjes, ook voor mij staat zo'n pot. Kan ik ook waarnemen nu ik niet in diepe meditatie ben?
Ik stem me af, hoef niet op stel en sprong een trein te halen en ja, ik hoor een hele fijne hoge stem. Heel vriendelijk maar ook heel beslist. Er komt veel warmte uit de bloemen en ik voel in mijn eigen lichaam mijn oren en hals ten teken dat de viooltjes daar vooral werkzaam op zijn. Ik krijg de ingeving 'salicylzuur'. Dat is iets waarvan ik mentaal weet waar het op werkt, het is ondermeer pijnstillend en ontstekingsremmend, maar deze waarneming voelt als bevestiging van de kennis over de geneeskracht. De boodschap verfijnt zich; kinderen, oorontsteking, opgezette lymfeklieren, ontstekingen, keelpijn, pijn algemeen en

pijn bij tanden krijgen, zelfs bij bof. Een paar dagen later heb ik zelf flink keelpijn door ontstoken amandelen en opgezette lymfeklieren. Er staat een bloeiend wild viooltje in de tuin waar ik een bloem van pluk. Hij plakt aan mijn gehemelte alsof hij daar moet blijven. Na een tijdje gaat het licht tintelen en binnen een half uur is alles over.

Zuiveren door te zijn

Weer zit ik bij Mira nadat ik haar naar bed heb gebracht en ik check de omgeving van het huis. In constateer zuivere energie, geen aanvallen. Energetisch ga ik de grond in onder het huis. Daar buigen de nijvere kobolden voor me uit respect en als groet. In de grond onder het huis werken er vier, met houwelen, ik maak regelmatig even contact met ze. Iegdries laat zich even zien en toont dat hij de maagdenpalmen en berenklauwen voor Mira in orde heeft gemaakt (de maagdenpalm voor vertrouwen en rust en tegen enge dromen en de berenklauw voor zelfbewustzijn en in kracht zijn), dan maakt hij plaats voor een meester van Liefde. Die laat me weten, zonder woorden; 'Wees liefde en kracht, dat is alles, daarmee is alles gedaan dat gedaan moet worden. Geen invullen, niet nadenken, je hoeft helemaal niet te zoeken naar eventuele invloeden. Wees: 'Ik ben, kracht en liefde'.

En ik besef dat door te Zijn, alles in je omgeving al gezuiverd is. Prachtig en glorieus om te ervaren! Wees, straal uit, dan ben je als een zon en kan alleen jouw uitstralende invloed er zijn en niets anders meer.

Herinnering aan het pareren van een aanval

De sadhoe staat me op te wachten. Hij legt zijn hand op mijn schouder en loopt met me mee. We komen bij een eenvoudige, vierkante houten hut tegen een boomstam aan van wat een mangoboom lijkt. We gaan in lotuszit tegenover elkaar zitten. Hij spreekt niet, het is telepathisch. Als het avond wordt brengt hij me naar een grot in de lage bergen niet ver van zijn hut. Ik check de grot met mijn weten en voel dat hij al bewoond is, door een slang, die mij er niet bij wil. Ik protesteer bij de sadhoe want ik vind het niet respectvol voor de slang, maar de sadhoe vindt dat ik de grot moet opeisen. Dus ik ga daar in meditatie en de sadhoe gaat terug naar de hut. In de verte zie ik hem bij zijn hut een vuur maken. Via mijn derde oog zweef ik erheen maar ik moet terug want ik weet opeens dat ik vlak daarna zal worden aangevallen door drie mannen, met speren en hakmessen. Wat nu? Zal ik ze verjagen met kracht en macht? Zal ik vechttechnieken gebruiken die ik van de drakenmeester heb geleerd? Zal ik het met liefde doen?
Ik begin met de vechttechnieken maar dat lukt niet goed dus ik draai de beelden terug tot het begin van de aanval en maak mijn uitstraling van liefde zo sterk en zo warm dat ik alle drie in hun hart kan raken en ik voel ze verzachten. Ze stoppen de aanval, die dan nog uitgebleven is, en sluipen zogenaamd ongemerkt weg. Ik

weet dat ze naar hun leider gaan die kwaad zal worden om de in zijn ogen slapheid van zijn drie uitvoerders. Op hoge poten komt de leider naar mij toe, terwijl zijn handlangers hem smeken mij niet aan te vallen omdat hun hart nog vol van liefde is. Als de leider ongeveer 2,5 meter bij mij vandaan is laat ik een sidderende vlam uit mijn hart op hem bliksemen wat hem uitschakelt. En ik mediteer door tot de ochtend. De sadhoe komt in de ochtend met een houten nap met water en is tevreden over mij.

Overgave

Ik ga weer naar de weide, de matzwarte draak verschijnt. Hij is een helper die heel praktisch en recht voor zijn raap is, hij neemt me in zijn bek, smijt me op zijn kop en vliegt het heelal in. Maakt een zwenking en ik vlieg verder het heelal in tot ik 'gevangen' word door een dikke, kristalachtige atmosfeer waar ik stil blijf hangen. Hier is overgave. Zelfs ademen is moeilijk omdat alles stilgezet is. Ik weet dat ik in totale overgave ben aan god. Alles van mij is voor en door hem. Vrede, stilte. Op een gegeven moment neem ik rond me een kristallen stad waar met lage brede trappen, gebouwen. Ik wil echter in de beeldloze stilte blijven. Maar omdat mijn hart en ademhaling bijna stoppen in deze sfeer besluit ik terug te keren naar de weide en de meditatie te beëindigen.

De lessen van heer Hsi

Heer Hsi komt tijdens mijn wake bij Mira uit een blauwe saffier die door de kobolden onder mijn huis opgedolven is. Een statige Chinese heer in een blauw gewaad die nu al een tijdje elke avond in Mira's kamer tai chi achtige oefeningen doet. Het contact met hem inspireert me om op een cursus tai chi te gaan. Hij werkt ondermeer met zijn adem en creëert daar witte draakjes mee. Ik vraag me af of de tijd van heer Hsi niet langzamerhand voorbij is want ik vind de lichaamsoefeningen en witte ademdraken erg mooi om te zien maar snap zijn bedoelingen niet helemaal. 'Misschien moet je je eens verdiepen in mijn leer' geeft hij als antwoord op mijn innerlijke vraag. 'Wat voor leer dan?' vraag ik. 'Het gaat om onberispelijkheid' antwoordt hij. 'Beweeg onberispelijk, denk onberispelijk, doe onberispelijk, en wees vol gratie. Zelfs als u zich haast, doe het onberispelijk en gracieus. In de onberispelijkheid zit goedheid, dat is juistheid'. Hij zit in kleermakerszit en ik zit naast hem. 'Wees je bewust van het zwaartepunt in je buik' doceert hij. 'Dit punt zit tussen buik en rug, vrij onderin'. Hij laat me het bekken nu zien als een schotel, inderdaad als een bekken. Het door hem bedoelde punt drijft er als het ware op als er vloeistof in het bekken zou zitten. 'Dit punt bepaalt hoe de zwaartekracht op je inwerkt. Van hieruit kun je je lichaamstemperatuur regelen en je cellen van vitale levensenergie voorzien. De meeste mensen zijn zich dit punt niet bewust. Het is als de spin in haar web. Adem er naar toe en breng je bewustzijn er heen. Zo kun je het punt vergroten, het is een diamant. In zijn volmaaktste grootte is het zo groot, breed en lang als het bovenste kootje van je duim. Het hoort rotsvast te zijn, het is je stevigheid. Bij de meeste mensen wiebelt het en is het zo klein dat het nauwelijks waarneembaar is'.

Ik kijk naar mijn eigen diamant, inderdaad niet meer dan een klein flonkerend druppeltje. Van Hsi moet ik me hier zo vaak mogelijk bewust van zijn. 'Straling doet de diamant geen goed, maar als je de diamant energie geeft kun je straling aan. Door mijn wil aan dit punt op te leggen koppel ik me los van de zwaartekracht en kan ik leviteren. Ik laat mijn ademhaling hier vandaan komen en zo kan ik met mijn adem materialiseren' en hij laat weer een draak aan zijn mond ontsnappen. 'Vergroot dit punt, het is een instrument van het bewustzijn'. (Ik begrijp dat hij met straling elektrosmog en dergelijke bedoelt.).

Ik werk synchroon met heer Hsi met energie. Vanuit zijn diamant duwt hij witte energie naar de muren, onder Mira's bed en bank, in stoffige hoekjes en tegelijk komen er dan flarden vervuilingsenergie tevoorschijn. Die laat hij zijn hand binnenkomen vanwaar het via zijn lichaam naar zijn diamant stroomt. Daarin gaat het naar het niets. Mira is weer erg onrustig, heeft veel last van enge dromen. Heer Hsi haalt uit haar keel nog wat wormige rommel die hij via zijn hand laat verdwijnen in de diamant, maar de meeste angst zit nu in haar hart. Daar komt dan ook een dikke zwarte kluwen uit. Het blijft maar komen. Ik zie dat het via haar voorouderlijnen (zie verklarende woorden) binnenkomt. Ik moet haar opstellen van Hsi. Ik haal de donkere angst energie van haar nek af (het aanhechtingspunt van de voorouderlijnen). De angst moet ik nu via mijn hand naar mijn eigen diamant brengen. Mira blijft bang. Waarop heer Hsi haar hoofd gaat behandelen. Hij duwt witte energie haar hoofd in met als gevolg dat er een reusachtige zwarte wolk uitkomt, ik vind het bijna te groot om je hand in te laten gaan. De wolk krijgt gestaltes; scherpsnavelige slangen die tot doel hebben haar 'vrijheid van geest' kapot te maken. Ook deze wezens haalt heer Hsi naar binnen en brengt ze naar het niets via zijn diamant. 'Dat moet jij ook doen als je tijdens helingen wordt aangevallen' adviseert hij. Opeens vraag ik me af wat er gebeurt als je per ongeluk iets via je diamant naar het niets brengt dat niet aanvallend is. 'O, dat heeft kracht genoeg om uit het niets weer tevoorschijn te komen' zegt heer Hsi luchtig. Waarop ik vraag wat het dan voor zin heeft om dingen op te ruimen naar het niets. Heer Hsi antwoordt dat dat wel degelijk zin heeft omdat je transformeert, dus eigenlijk veredelt.

Een volgende avond legt heer Hsi vriendschappelijk zijn handen op mijn bovenarmen, vlak onder de schouderbolling. Meteen is dan mijn diamant geactiveerd. Hij vraagt mij hetzelfde bij hem te doen. Ook bij hem is dit het activeringspunt. Ik zie zijn diamant tollen van actieve energie. Ik ga oefenen onder zijn begeleiding, eerst de ademdraak. Maar ik ben verkouden en heb sowieso een kleine longinhoud dus ik kan het niet goed met mijn adem doen. Bij tai chi maak je kommetjes van je handen bij je buik, dat voelt goed voor mij. Ik maak daar de ademdraak, wit en een beetje beverig. 'Het zijn gedachteprojecties' zegt Hsi, 'die je zo kunt maken'. Ik maak een aantal draken voor in de kamer. Inmiddels heb ik gezien dat Hsi's draken de ruimte vullen met beschermende energie. 'Hoe lang blijft zo iets nou hangen' vraag ik me af. 'Het houdt het wel een nacht' antwoordt hij. Daarna maak ik witte elfjes, dat zal vast wel positief inwerken op Mira. Ook maak ik een sneeuwluipaard, één van Mira's krachtdieren. Hsi drukt Mira ook op de bovenarmen, meteen is haar diamant actief en trekt een aantal angstgedachten uit haar hoofd naar beneden, waarop heer Hsi meteen een gedachtedraak in haar hoofd zet. 'Zet jij nu de sneeuwpanter in haar keel' raadt hij aan. Ik begrijp dat je met de diamant gedachtevormen kunt overseinen. Daarna gaat hij opeens jongleren met jaden bollen en hij raadt mij aan daar ook mee te oefenen. 'Waarom heb jij jade bollen?' vraag ik hem. 'Dat is een materiaal waarmee ik vertrouwd ben' antwoordt hij. Er schiet enigszins onverwacht een grote oranje calsiet kogel uit mijn handkommetje omhoog. Ik hou niet zo van calsiet en met de bollen oefenen vind ik moeilijk, bij mij worden het lichtbollen, geen jade. Dus Hsi geeft mij glimlachend 'vrijaf'.

Het keren van een vervloeking

Op een dag in de herfst wil ik kijken of er nog iets van beïnvloeding uit Bali is. Een paar jaar geleden ben ik daar geweest en de herinnering aan een paar incidentjes ter plekke laten mij me afvragen of alles oké is. Te meer omdat Mira vanaf haar geboorte, een jaar later, elke nacht geplaagd wordt door die onverklaarbare paniek. Ik stel mezelf en Mira op. Meteen zie ik de hordes slangen met spitse bekken om ons heen kronkelen die ik voor het eerst zag toen heer Hsi ze uit Mira had getrokken. Op mij ketsen ze af maar bij Mira komen ze binnen. Ze gaan als murenes door gangen en gaten die ze in haar hebben gemaakt. Eén voor één wil ik de slangen uit haar peuteren. Het voelt heel smerig maar ik krijg de corrigerende ingeving; geen oordeel. O ja, ik realiseer me dat ik dit zonder oordeel heb te doen. De slangen zijn eigenlijk meer grote palingen of wormen met een spitse bek, sommigen hebben rudimentaire waaiervormige vleugeltjes. Het zijn er acht of negen. Als ik ze allemaal uit Mira heb getrokken liggen ze als gehypnotiseerde kippen voor me. Oom Warna verschijnt. Deze grote stoere man was mijn oom tijdens een Vikingenbestaan. Hij gidst mij geregeld. 'Zet Mira bij jou en zet een koepel over jullie heen', zegt hij beslist. Ik zet Mira bij mijn opgestelde zelf en bescherm ons met een koepel. Dan verschijnt er een soort duivel, lange tong, bolle ogen, een echt Indonesische verschijning zoals wel eens op maskers afgebeeld. Oom Warna zet snel een scherm tussen ons maar de slangen zijn uit hun hypnose gewekt, sperren hun bekken open en spuiten als cobra's gif en walgelijke rook. Met mijn zwaard dwing ik ze weer te gaan liggen. 'Blijf van mijn slangen af' zegt de duivel. Ik zet de duivel in freeze stand, dan kan ik mijn aandacht op de slangen richten. (Met freeze stand bedoel ik dat ik het beeld stil zet). Wat zijn dit voor wezens, zijn het misschien negatief geworden natuurgeesten?

Ik wek de grootste. 'Wij zijn waterslangen' zegt deze. Ik zie geen mogelijkheid om ze te transformeren of te laten verdwijnen. Ik voel dat ze het goed hebben bij hun duivelse opdrachtgever. Dan bedenk ik dat ze naar een plek zouden kunnen gaan waar ze het heel prettig vinden, stukken prettiger dan bij Mira. Meteen verschijnt een watertempel met rechthoekige bekkens heerlijk water, mooie bouwwerkjes aan de oever, in een zonbeschenen prachtige open plek in een jungle die Balinees lijkt. Ik laat de slangen daarheen gaan en zie nog net hoe ze zich wild spartelend op een biggetje storten. Eigenlijk stoort me dat, maar ik weet dat er heel veel varkens geofferd worden op Bali. Ik begrijp dat de waterslangen dat al eeuwen gewend zijn. Het offeren voedt de plaatselijke magie. 'Zet een scherm tussen dit oord en ons' gebiedt oom Warma. Dat doe ik en nu kan ik me bezig houden met de duivel. 'Onderwerp je' beveel ik hem, maar dat doet hij natuurlijk niet, integendeel, hij begint te brullen en er verschijnt heel veel zwart om hem heen. 'Toon me je hart' zeg ik, in de hoop dat ik daar iets positiefs in kan doen. Maar hij beschermt het met veel zwarte tentakels voor zijn borst. 'Ha, dan geef ik je het mijne' zeg ik overmoedig in een opwelling. Ik ga naar hem toe en wil hem inderdaad mijn hart aanreiken. Hij merkt dit en schrikt enorm. Hij vlucht voor me, een vulkaan in. Het vuur daar is roodachtig, en ik merk dat er met dit vuur veel kwaad wordt aangericht, het is als het ware geïnfecteerd. De duivel is nu helemaal in het vuur opgelost, ik kan hem niet meer vinden. ik zoek nog een tijdje maar ga dan weer de vulkaan uit. 'Scherm het af' zegt oom Warna. Ik leg een scherm over de vulkaan waardoor de vulkaan zelf nog kan 'ademen' maar dit wezen voorlopig opgesloten zit, tot nader order. Dan stel ik Mira op, herstel de gaten in haar waarbij veel wit licht verschijnt en ik zet een beschermende koepel over haar. Het voelt alsof het klaar is, maar dan zie ik een smal pad steil naar beneden gaan, de rommelige jungle in. 'Volg het' gebiedt oom Warna. Ik ga naar beneden en zie in het groen een soort grotje met tralies ervoor. Ik open de tralies en er komt een onduidelijke vrouw uit, een bronnimf!

Ze is menselijk van boven maar haar onderlichaam is eigenlijk een energiebaan. Ik snap dat mensen dat als vissenstaart zien. Ze haast zich naar de watertempel waar de slangen nog steeds wild spetterend het zoveelste biggetje verslinden. Als ze aankomt, zijn de slangen meteen stil, ze gehoorzamen haar en worden rustig. Ik begrijp dat deze bronnimf in het waterbekken hoort. De naga's (zie verklarende woorden), waterslangen, horen haar te gehoorzamen maar omdat ze zelf gevangen was gezet had een kwaadwillende vrijspel over het functioneren van de naga's. Het lijkt me dat alles nu oké is. Ik vraag oom Warna of er nog iets is om Mira te beschermen. Meteen geeft hij haar een kleine kris met gouden handvat, geslingerd lemmet, kleiner dan een dolk. Zo voelt het goed. Ik kijk nog even of ik een glimp kan opvangen van de mensen die ik 'verdenk'. Het is of ze aan het verdampen zijn, 'hun invloed neemt af' krijg ik te horen, voor deze keer is het klaar.

Een paar jaar voor Mira's geboorte heb ik op Bali een ontmoeting met een pandit (een hindoeïstische hogepriester). Een man met een zware zwarte bril is tolk. Mijn geboortedatum is op Balinees numerologische wijze door de pandit onder de loep genomen. De pandit en de tolk zijn het er over eens: Ik ben een zeldzaam onaangenaam figuur, onsympathiek en egocentrisch. Het enige goede aan mijn datum is dat ik zeer goed in staat zou zijn met de geestenwereld in contact te staan. Ik ben een paar dagen van slag geweest en heb mezelf grondig aan zelfonderzoek onderworpen. Ben ik echt zo'n slecht mens? Pas drie dagen later heb ik mijn evenwicht hervonden en kan ik tot de conclusie komen dat ik mezelf niet slechter of onsympathieker hoef te vinden dan een gemiddeld mens. En contact met de geestenwereld? Daar herkende ik toen nog niets van. Achteraf zijn deze drie dagen van twijfel een ingang geweest voor kwade opzet van de pandit en de tolk. Ze wilden vermoedelijk toegang tot me krijgen om via mij met de geestenwereld in contact te komen. Hun bedoelingen waren helaas verre van zuiver en integer. Zijn zij degenen die de bronnimf gevangen hebben gezet?

De vulkaandeva
Helaas zijn Mira's angsten, die na bovenstaande heling helemaal verdwenen waren, na enige maanden weer behoorlijk teruggekeerd. Ik krijg de ingeving dat de invloed uit Indonesië weer is toegenomen. Opnieuw ga ik weer bij Mira zitten als ze in bed ligt en ik krijg de duivel in de vulkaan te zien. Ik besluit hem te gaan chödten. Chödten is een Tibetaans boeddhistische methode, zie verklarende woordenlijst. Je vereenzelvigt je met de 'demon' en vraagt achtereenvolgens wat hij wil, wat hij nodig heeft en hoe hij zich zou voelen als hij dat gekregen zou hebben, waarna je hem nectar geeft; een geschenk dat je maakt van(uit) jezelf. De duivel in de vulkaan wil niet gestoord worden door elementen van licht. Hij wil alleenheerschappij, macht en tevreden zijn. Ik bied hem 'nectar' aan met tevredenheid erin. Het grote wezen begint te eten, hij gooit de nectar af en toe in de lucht alsof het zeeschuim is en ik zie dat er meerdere wezens mee gaan eten.

Op een gegeven moment zijn ze klaar en vertrekken ze, met een flink prettiger uitstraling. Ik wil weten of de twee aanstichters, de pandit en de man met de bril, ze niet weer willen gaan oproepen. Sophia begeleidt me deze keer en samen kijken we hoe we deze mannen kunnen laten stoppen om met hun negativiteit wezens voor hun karretje te spannen. 'Kan het met liefde?' vraag ik. 'Nee', antwoordt Sophia, 'Dat heeft geen effect op ze, we doen het met licht'. Beide houden we ons licht gericht op de mannen. 'Want licht geeft ook kennis en inzicht', zegt ze. Ik begrijp daardoor dat dit ze de kans biedt om op den duur tot inkeer te komen.

Het is of de mannen wegploppen. Op dat moment is Mira ook eindelijk ingeslapen. Sinds de omkering van deze vloek uit Bali is Mira veel beter gaan eten. Ze begint zelfs fruit te eten, ze is vrijer en vrolijker en zelfs haar stem is veranderd. Niet alleen de paniek bij het inslapen was een aanzienlijk probleem, ook het feit dat ze nauwelijks tot eten en drinken te bewegen was. We hebben meerdere malen op het punt gestaan naar het ziekenhuis te gaan voor een vochtinfuus.

Toch zakt het na verloop van tijd weer in. Nadat Mira weer een aantal weken ontspannen is ingeslapen is nu de volgende fase van angsten aangebroken. Tijdens een wake zet ik haar kamer vol energetisch licht en stel haar op. Er flitsen kwikzilveren slangen om haar heen. De naga's zijn kennelijk weer onder een kwade invloed gekomen. Ik richt mijn licht op Mira en de slangen verdwijnen door een verdwijnpunt. Ik volg ze en kom in de vulkaan bij het kwaaiige vulkaanwezen. 'Kun je die slangen nou eens thuis houden' roep ik boos. 'Ik doe wat me gevraagd wordt' zegt het wezen spottend. 'Wat wil je?' vraag ik. 'Macht en aanzien' antwoordt hij. 'Wat heb je nodig?'. 'Macht en aanzien' antwoordt hij opnieuw. 'Ik zal het je allemaal geven als je Mira maar met rust laat' zeg ik. 'Hoe zul je je trouwens voelen als je macht en aanzien hebt?'

Ik voel dat het wezen daardoor verzacht. 'Tevreden' zegt hij, maar ik voel er ook zachtmoedigheid bij. Ik maak van mijn lichaam nectar met tevredenheid en zachtheid. Het effect is wonderbaarlijk. Er komt heel veel liefde vrij, de druk en spanning bij het wezen zakken. 'Mensen leven al eeuwen in angst voor mij, ze zijn onderdanig. Dat heeft mijn machtsgevoel doen toenemen en mij verhard. Er zijn nog maar enkelen die mij kennen en zij maken misbruik van mij en mijn energie' zegt hij deemoedig en verontschuldigend. Het vurige wezen is helemaal geen duivel, het is een deva, een vulkaandeva!
'Maar wij willen jou juist leren kennen en liefhebben' zeg ik met oprechte interesse. Het vulkaanwezen begrijpt het, een hele tijd zitten we tegen over elkaar en voelen elkaars liefde. Zonder woorden laat hij weten dat als mensen met liefde en respect in echte communicatie zouden zijn met hem en andere vulkanen, er tijdig boodschappen kunnen komen over dreigende uitbarstingen en er lang niet zo veel rampen zouden zijn. Hij is heel erg geroerd door mijn liefde en erkenning. 'Wil je voortaan Mira beschermen?' vraag ik. Als antwoord laat hij de kwikzilveren naga's nu als beschermers om Mira heen zweven. Beide dankbaar en vol wederzijdse liefde nemen we afscheid van elkaar.
Door de voortdurende negatieve intenties van kwaadwillende magiërs en mogelijk ook hun valse vleierij, is de deva verworden tot een duivelachtige energie die uiteindelijk voor het karretje van deze magiërs is gespannen en hun werk moest uitvoeren. Hij was moedwillig losgekoppeld geraakt van de sturende invloed van liefde. Door de negatieve manipulatie is de bron, de liefde, versluierd geraakt. Toen de bronnymf gevangen was gezet en de naga's niet meer onder haar

invloed stonden, zijn ook zij onder de macht en invloed van de magiërs gekomen. De grote kracht van zowel de deva als de naga's werd handig gebundeld door de slimme maar gewetenloze tovenaars en kon zo onder hun auspiciën allerlei kwaad aanrichten.

Het gaat een heel stuk beter met Mira, de terugvalletjes duren maar kort en de tussenpozen van een ontspannen in slaap vallend kind nemen toe. Na een wake voor de zekerheid een tijd later besluit ik nog even naar de vulkaandeva te gaan. Het is een vriendschappelijke, blije ontmoeting. Toch blijken mijn gedachten even af te dwalen naar een actueel probleem dat mij kwelt. 'Ben je verdrietig?' vraagt de vulkaan deva. 'Ja, sorry, ik wilde dat niet in jouw bijzijn tonen' (want dat vind ik erg onbeleefd van mezelf) verontschuldig ik me. 'Je hoeft niet verdrietig te zijn, alles is er' zegt de deva. Dan neemt hij me mee om me op te beuren. Ik voel het vuur onder ons en het is een vreugdevol en speels gevoel, hij neemt me een gang in, meer horizontaal, ik krijg er het woord 'calderon' bij. Tot mijn verrassing komen we zo bij een andere vulkaan waar een slapende of soezende vulkaandeva aan het rusten is. Hij schrikt wakker als hij ons opmerkt. Even merk ik zijn grote woede op; 'Heb je een mèns meegenomen?!' 'Geef haar plezier, ze heeft een verzetje nodig' zegt 'mijn' vulkaandeva.

Zonder verdere vragen doet de andere vulkaandeva wat hem verzocht wordt. Hij spuit me op een stoomwolk ver boven de vulkaan uit en het is zo onverwacht en zo kermisachtig dat ik echt ontzettend moet lachen. Telkens weer word ik omhoog gegooid of stuiter ik op de stoomenergie. Het is heel erg fysiek voelbaar, hilarisch en ontspannend tegelijk en we gieren van het lachen. Dankbaar neem ik afscheid. In mijn gevoel wil ik 'mijn' deva omhelzen maar denk dat dat niet kan omdat hij zo groot en bijna zonder vorm is, en uit vuur bestaat, maar de deva vindt dat maar onzin. Als ik die intentie heb dan kan dat gewoon en we omhelzen elkaar.

Een tijd later bezoek ik de vulkaandeva opnieuw. 'Hoe is het met je verdriet?' vraagt het grote wezen. 'Het is klaar' zeg ik. 'Goed. Hoe minder je daar in de stof mee bezig bent, hoe meer energie je in de geest hebt' zegt hij voldaan. 'Maar ik weet helemaal niet hoe het in de geest is' zeg ik. Dan is het of de grond onder mijn voeten wegzakt. Ik kom heel diep in de aarde, die rood is van hitte en vuur, gesmolten steen. Het is er zwaar, heet, er is een grote druk en ik kan haast geen adem halen. Ik voel dat het vulkaanwezen hier vele vulkaanwezens kent en dat ze allemaal met elkaar in verbinding staan. 'Hier verbrandt alles dat niet essentieel is' zegt het vulkaanwezen. 'Als dat gebeurt, weet je steeds beter hoe het in de geest is'. Ik begrijp dat dan belemmeringen wegbranden. We gaan weer naar boven en ik neem afscheid. Hij voelt als een echte en oprechte vriend.

De bronnymf

Het is een flinke tijd heel goed gegaan als ik merk dat Mira toch weer angsten begint te krijgen. Als ik haar opstel zie ik dat ze in horizontale delen uit elkaar aan het vallen is, er energetisch dus nogal beroerd aan toe is. Ik vraag me af waar de waterslangen, de naga's, zijn. Als ik ze in de gaten krijg, zie ik dat de kwikzilveren slangen energetisch ook nogal uit elkaar gevallen zijn en ik heb het idee dat er ook een paar verdwenen zijn. Ik vraag me af of ik de vulkaan deva erover zal vragen maar meteen is de bronnymf bij me. Ze is nogal pissig. Heeft er eigenlijk helemaal geen zin in om haar naga's zomaar bij een mens te laten waken. Wat heeft ze immers van mensen te verwachten, ze gooien zeep in haar wateren, plastic en andere troep, ze hebben haar jarenlang opgesloten (in die energetische kooi). Maar als ik dat nou per se wil dan moet ik een offer brengen. Ik vind het opvallend dat ze helemaal niet liefdevol is, eerder hooghartig. In die wereld is het dus ook niet altijd rozengeur en maneschijn. En dat offer brengen vind ik typerend, in Bali wordt er continu geofferd. Ze wil haar naga's wel bij Mira de wacht laten houden als ik haar in mijn vijver in de tuin ga eren. Dus dat blijkt het offer, gelukkig hoef ik geen varken te doden want dat zou ik natuurlijk nooit gedaan hebben. Ik vraag; 'Met een Boeddhabeeld van lavasteen?' want dat vind ik wel mooi oosters. 'Nee, geen Boeddha, wat heb ik nou met Boeddha te maken', zegt ze bits. 'Een naga van lavasteen dan?' 'Naga's zijn mijn dienaren', sist ze beledigd.

De bronnymf heeft wild lang haar en blote borsten, een slanke maar krachtige verschijning. Daar is vast wel een beeld van te vinden bedenk ik. Maar dan geeft ze aan dat ik haar met een grote vis mag eren. Ik denk spontaan aan de meerval. Een vis die daar zo veel in de vijvers zwemt en die ik zo leuk vind om te zien, maar die zal wel niet winterhard zijn. Ze laat me een 20 cm grote wit-oranje koi zien. Ze zal af en toe plaatsnemen in deze vis om de boel, vooral Mira, in de gaten te houden. Als tegenprestatie moet ik mijn vijver een energetisch prettige sfeer geven, liefst een beetje Indonesisch. Ze vindt dat we de nieuwe vis Mira moeten noemen maar ik vind dat geen goed idee. (Stel dat er iets met die vis gebeurt...), ik noem hem wel bronnymf, of nymf. Een paar dagen later heb ik een jonge koi gekocht. Sri Dewi Tirta Bali hebben we de vis genoemd, met mijn gebrekkige kennis van het Indonesisch zoiets als; mevrouw koningin van het heilige water van Bali. Een beeld voor de bronnymf heb ik nog niet gevonden.
Een tijd later, als ze in bed ligt, stel ik Mira op. Ik zie de kwikzilveren naga's nu dik en trots om haar heen staan. Mira voelt op het eerste gezicht goed en ik vraag contact met de bronnymf. Ze is een mooie slanke bruine vrouw, echt een Indonesisch type, tenger, tanig en gespierd met kleine borsten. Haar onderlichaam lijkt verstopt onder lange groene wieren en algen dus ik weet niet of ze benen of een vissenstaart heeft. Dit soort wezens toont zich niet altijd hetzelfde, ze kunnen zich in veel diverse vormen tonen en kunnen zelfs veranderen terwijl je met ze in contact bent. Ik herken ze aan het innerlijk en weet

dan wie het is. Ik voel haar in. Ze voelt fel, kan snel boos worden. Maar als ze lacht of ontspant is ze net een jong meisje met in water golvend haar. Bij haar voel ik niet een vanzelfsprekende gevende liefde, zoals ik dat van gidsen, engelen en deva's ken. Het is maar net hoe haar pet staat. Ze kan snauwerig en snibbig zijn maar ook heel gul en groothartig. Nu ik haar aan het waarnemen ben verandert ze; de bruine, Indonesische kleur trekt weg, haar gezicht verandert. Ze wordt blauw en waterachtig, het beeld golft, ook haar ogen zijn dan niet zwart meer maar waterig licht. Het gezicht wordt breder, vooral bij de jukbeenderen, ook het haar is niet meer zwart en verandert, ze heeft niet veel menselijks meer. Eigenlijk besef ik dat ik dat koud en een beetje afstotend vind en ik vraag me af of ik er wel goed aan heb gedaan haar te vragen bij de bescherming van Mira want ik voel een soort kilte, onberekenbaarheid ook.

Ik voel zelfs dat ze berekenend en betoverend kan zijn en maak me opeens zorgen. Ze vangt op wat ik denk; 'Ik zal jou en je dochter geen kwaad doen. Dit is de eerste keer dat ik met westerse mensen te maken heb, ik moet ook wennen. Ik ben niet koud en eng. Ik kan zo nodig zo doen, maar ben het niet'. Ik merk dat achter die vreemde ogen en dat vreemde gezicht een totaal andere wereld en belevingswereld schuil gaat. Waar ik me helemaal geen voorstelling van kan maken. 'Neem de tijd me te leren kennen' zegt ze. 'We hebben te maken met vertekening. Jij op het land en in de stof, ik onder water en in de waterdimensie. We moeten die vertekening overbruggen door elkaar stap voor stap te leren kennen'. Ik begrijp dat het om de breking gaat. Als je een stok in het water steekt lijkt hij een hoek te maken. Zo geeft hij letterlijk aan in een andere dimensie terecht gekomen te zijn. Zo kun je stellen dat er tussen haar en mij ook een breking is, omdat we beide in een andere dimensie leven. Ik voel dat ze macht heeft, sterk is en ik ben blij met haar toenadering. 'Hoe heb je je eigenlijk laten kooien' vraag ik me verbaasd af. 'Daar wil ik niet over praten' zegt ze en ze verdwijnt meteen maar ik krijg een beeld van de moesson, onweer, donker overdag en stromende regen. Kennelijk konden zwart magiërs met dit ontbreken van licht en het onweer kracht opwekken waar ze niet tegen opgewassen is geweest, waarschijnlijk heeft het haar ook overrompeld omdat ze het niet verwachtte. Ze blijft weg, in haar grillige waterwereld, en ik laat het zo.

Opnieuw gaat het een tijd goed. Dan krijgt Mira weer nachtelijke angsten en blijf ik weer een keertje bij haar als ze naar bed is. De dikke waterslangen staan edel en met gesloten ogen voor haar. De waternimf komt, ze trekt me mee, door een soort watervalmuur tot in haar waterwereld. Er zijn veel gouden flikkeringen en lichtverschijnselen. We dobberen. Daarna gaat ze naar een energetisch heel ander gebied; de zee. Hier vind ik Papa Zeewolf, de zeemerman, die zich met een enorme power, enthousiasme en grandeur laat zien. Hij laat me meemaken hoe het in de diepzee is, ik voel de zware druk, de compressie, je moet, al ben je energetisch, heel sterk zijn om je door het water te verplaatsen. De waternimf komt nooit zo diep. Met de zee kan ze nog wel overweg maar niet met de diepzee. We gaan weer terug. De waternimf kan het wel vinden met één van Mira's krachtdieren, de zwaan, want dat is een watervogel. Over Papa Zeewolf ga ik een andere keer vertellen.

Een tijdje later breng ik Mira naar bed en vraag me af hoe het met de waternimf zou zijn. Direct verschijnt ze achter Mira en wappert met haar handen wat invloeden weg uit Mira's aura. Ik groet haar maar ik verlang ook naar de vulkaan deva, ik heb hem al zo lang niet meer 'gezien'. Ik ga naar de vulkaan. Ik voel veel spanning, het is er heel anders. Als ik de deva vind zie ik dat hij veel groter is dan anders en ik krijg geen contact met hem. 'Komt er een uitbarsting'? vraag ik me af. Er verschijnt een beeld in me; een Indonesische man en een vettige, grijzige substantie die in een deel van de vulkaanruimte gegoten is. Het is of er een gat in mijn schildklier of keelchakra ontstaat waaruit veel spanning en diep verdriet tevoorschijn komt. Ik vermoed dat de man die ik zie de vulkaan weer aan het corrumperen is en onder zijn macht wil brengen. Ik voel hoe de deva zich uit schaamte voor mij helemaal heeft teruggetrokken en ik sta in zijn vulkaan in een lege ruimte. 'Geef me mijn vriend terug!' schreeuw ik tegen de man maar het beeld is al verdwenen. Schuchter maar ook gevaarlijk verschijnt de deva. 'Je bent mijn vriend!' roep ik tegen hem waarop zijn gevaarlijkheidsenergie inzakt en we elkaar vinden in een omhelzing. Toch altijd vreemd, in een hug met een vuurwezen te zijn. 'Wat kan ik voor je doen?' vraag ik. 'Kom vaker langs' zegt hij. 'Verbrand dat' zeg ik terwijl ik op de grijze kledder wijs. Met kracht doet hij dat, waarop het als een enorm hoge zwarte zuil van rook verdwijnt. Ik voel me weer verbonden met hem en besef dat ik hem meer aandacht moet en wil schenken. Waarschijnlijk is zijn ethiek nog wankel en voelt hij zich nog kwetsbaar nadat hij zo lang met mensen met negatieve intenties verbonden is geweest. Het lijkt wel of ik de enige ben die positief met hem omgaat, althans, de enige mens.

Vis
Een tijdje later zit ik weer bij Mira. Ik zie geen naga's bij haar. Dan zie ik achter haar Sri Dewi zoals ik de bronnymf ben gaan noemen, ze is boos, ze staat zijwaarts en met gekruiste armen. En helaas, ik weet waarom. Twee weken geleden is haar vis doodgegaan door afgevallen blad en zuurstofgebrek in de vijver. We vonden de vis gestorven toen we thuiskwamen van onze vakantie. Ik was er behoorlijk ondersteboven van. Ik sein deelneming en verslagenheid naar de bronnymf. Meteen verandert haar houding, ze is weer bereid tot contact en om Mira te beschermen. Ik ben heel blij en mijn blijdschap stimuleert haar. Ze draait zich naar Mira en spreidt beschermend haar armen om haar uit. Ik voel dat het weer goed zit. Later koop ik een nieuwe koi voor haar.

Als het op een keer weer niet echt lekker gaat, zit ik opnieuw bij Mira en roep de bronnymf er bij. Tot mijn verbazing komt ze met op de rug gebonden handen en een prop in haar mond getaped. Ik bevrijd haar en meteen neemt ze me mee naar haar vijver op Bali. Ik zie een zwarte energetische vervuiling de vijver opkruipen en ik zie geen naga's. Met een bliksem reinig ik het water en ga op zoek naar de naga's. Ik kom terecht bij een ernstig lijdend varken dat op wrede wijze langzaam wordt geslacht. De naga's zitten met hun staarten aan het varken vergroeid. In paniek schieten hun halzen en koppen in de lucht. Ik haal de ziel uit het varken zodat het niet langer hoeft te lijden, meteen verdwijnt het opgelucht. De naga's vallen uitgeput neer op de grond. Ik zie dat de man met de bril de boosdoener is. 'Laat iedereen met rust!' gebied ik hem. Hij lacht spottend. Ik richt lichtkracht op hem. Hij geeft een gil en vliegt achteruit alsof hij een grote elektrische schok heeft gekregen. 'In naam van het licht, laat je kracht varen!' roep ik eisend en ik prik mijn zwaard op zijn 3e oog waardoor een lichtflits zijn hoofd inschiet. Scheel en verdwaasd valt hij en blijft tollend zitten. Ik geef de naga's opdracht hem te bewaken. Zal ik nog naar de vulkaandeva gaan? vraag ik me af. Nee, ik voel dat de vulkaandeva ongestoord is, ik voel vrede en kalmte bij hem vandaan komen. Mira slaapt nu rustig in.

Hierna gaat het alleen maar beter. Natuurlijk zijn er legio mogelijkheden waarom een jong kind heftige angsten kan hebben. En uiteraard heb ik vele wegen bewandeld, ook reguliere, om oplossingen te vinden. Ik vind het belangrijk deze ervaringen te vertellen om aan te geven dat er (mede-)oorzaken kunnen zijn waar een gemiddeld westers mens niet snel aan denkt. De Balinese mannen hebben om de een of andere reden invloed op mij willen hebben, mogelijk vanwege mijn geboortedatum. Op de een of andere manier bleek ik immuun voor hun vloek maar die bleef bij mij aanwezig om toe te slaan. De geboorte van Mira activeerde de vloek om via haar mij te treffen. Niets is immers kwetsbaarder dan een moeder met een kind. Ik ken hun doel niet, wellicht willen zij via mijn geest mee liften. Achteraf ben ik er heel blij om, het heeft me heel veel geleerd en me een heel bijzondere vriend opgeleverd, een heuse vulkaandeva. En een grillige beschermster voor Mira, de bronnymf.

Dryaden leren kennen

Op een avond in Mira's kamer geeft Iegdries me stokjes van diverse boomsoorten. Ik moet nu voelen welke dryade er bij hoort. De dryaden tonen zich zoals ik ze eerder heb gezien; als prachtige, vaak wulpse vrouwen met als op de wind bewegende, bollende gewaden. Universeel, want ik zie ze blank, maar ook Afrikaans, Chinees en noem maar op. Ik zie alleen vrouwelijke dryaden, ze stralen een soort machtigheid uit. Ik zie de paardenkastanje dryade, een grote, volle, zeer aanwezige vrouw, met lang krullend haar. De linde is ook groot en vol maar met steiler en wat lichter haar. De eik dryade zie ik als een oudere vrouw, met natuurlijk gezag, ze heeft niet zo veel kleur maar straalt praktische wijsheid en kennis uit. Bij kleinere bomen zie ik minder opvallende vrouwen zoals bij de els of haagbeuk. Dan laat Iegdries me kennismaken met de hazelaar dryade; een prettige, wat jongere vrouw, aangenaam gezelschap, zowel opgewekt als bescheiden, fris, bewegelijk en toch ook een beetje verstild. Mooi bruin golvend haar, groenige jurk. Dan trekt hij me een enorm hazelaarbos in, we vallen een poos door een groene tunnel van hazelaren met heerlijk zacht en lichtend groen blad. De tunnel eindigt in een soort nest van hazelaartakken en -blad en ik merk dat Iegdries ontroerd is en hoe graag hij me deelgenoot wil maken van het zingen van de bomen en planten. Een prachtig geluid. De bomen en planten zijn allemaal welwillend en liefdevol, ook eerbiedig naar ons. 'Daarom zijn de faunen en Pan met fluiten bezig' legt Iegdries uit, 'Ze antwoorden de natuur, en Pan, die alle bomen en struiken kent, heeft een eindeloos-tonige fluit'. Aangezien ik op dat moment flink hoofdpijn en nekpijn heb, laat Iegdries me voelen hoe de planten me kunnen helpen. 'De planten zoemen, dat is heilzaam, hun klank maar ook hun trilling' vertelt hij. Hij laat een heermoes in mijn rug en nek plaatsnemen, ik voel hoe deze plant zoemt en hoe hij zijn volmaaktheid en kristalstructuur op mijn wervels overdraagt. Ik laat dit gebeuren en probeer het zo goed mogelijk te ervaren. Opeens verschijnt er een bilzekruidzaaddoos waarvan de 'deksel' mijn schedel gaat helen, en de zwarte zaadjes mijn hersenen. Een heel andere trilling, die ik minder goed kan voelen, maar ook dit is zeer heilzaam. Hierna weet ik dat ik bij bepaalde hoofdpijnaanvallen baat kan vinden bij hyosciamus, het homeopathische bilzekruid. Iegdries is tijdens de val door de hazelaars jonger geworden, en hij is erg gericht op mij, om me te laten ervaren. Nu komt hij aan met een melkachtig sap, ik moet er een weldadig bad in nemen, kopje onder. Ik kom er niet achter van welke plant het gemaakt is maar ik vermoed dat het van zijn onafscheidelijke maretakbessen afkomstig is. Ik moet mijn haar losdoen en helemaal opgaan in het witte melksap, waardoor nog meer spanning en pijn wegtrekt, een heerlijk gevoel. Hierna zit ik niet veel meer bij Mira als ze in slaap valt, het is niet meer nodig.

Een dier in de voorouderlijnen

Voorouderlijnen (zie verklarende woorden) zie ik aangehecht in de nek van mensen en dieren. Links de moederlijn, rechts de vaderlijn. In deze lijnen zit familie informatie. Dat kan variëren van onverwerkte trauma's, boodschappen van voorouders, familiekwaliteiten, vitaliteit en steun of het tegendeel daarvan. Tijdens een afstandbehandeling bekijk ik de voorouderlijnen van Lena en voel een sterke, drukkende energie uit de linkerlijn komen. Het voelt als een vervelend gezoem in mijn handen, alsof er stroom op staat. Als ik bekijk wat het effect daarvan is op Lena, zie ik dat het een uiterend effect heeft op haar weefsels, ze gaan verdrogen en verschrompelen. Vanuit mijn diamant (van heer Hsi, zie verklarende woorden) laat ik lichtenergie de lijn inlopen. Door de tegendruk verandert het negatieve in spiraaltjes die snel uitdoven. Ik ga de lijn in, waar ik passeer herstelt hij zich. Dan kom ik bij een afscherming waarachter een T-splitsing is. Daar voelt het donker en heftig, boos en gewelddadig. Ik koppel de lijn daar los. Ik krijg het woord; 'volksgericht'. Ik zie mensen in haveloze kleding met vermolmde planken als slaghout dreigend op een hutje afkomen. Het voelt heel reëel en ik voel de angst die dit oproept bij de bewoners van het hutje. Er woont een gezin waarvan de vader al gevlucht is. Er is in ieder geval nog een moeder, een jong meisje en een kortpotig lichtbruin hondje dat als eerste door de oprukkende menigte op de rug geslagen wordt. Het voelt of het brandstichting en moord gaat worden. Voordat het gaat escaleren laat ik er licht op schijnen waardoor de hele situatie oplost. Maar ik voel dat het jonge meisje dat dit heeft meegemaakt een heling nodig heeft.

Zodra ik dat doe wordt ze opgenomen in het licht. Ik voel dat het via de voorouderlijn doorgegeven trauma een combinatie was van doodsangst maar ook een doodswens als vlucht; was ik ook maar dood dan hoef ik dit allemaal niet meer mee te maken. Ik check de lijn, het meisje, verjaagd, vermoedelijk mishandeld en getuige van geweld en moord, was de doorgeefster van dit trauma, achter en voor deze gebeurtenis is de lijn nu schoon en ik kan de lijn beetpakken zonder de nare zindering. Ik weet opeens dat het hondje geïncarneerd is in Jonas, de kat van Lena. Het hondje dient zich ineens aan, hij heeft smerige brandwonden op rug en flanken. Ik leg mijn handen op de wonden en dan floep gaat hij meteen omhoog het licht in. De lijn voelt nu dikker en zachter en is oké. Dan bekijk ik Lena's andere lijn waar ik niet veel aan hoef te doen. Samen voelen de voorouderlijnen nu steunend, voedend en goedkeurend. Nu stem ik me af op Jonas, de kat en spontaan zie ik het lichtbruine hondje weer met zijn ruige vacht en rafelige rattenstaartje. Hij had een nogal platte kop en een zwart wipneusje. De kat en de hond vallen nu helemaal samen. Het hondetrauma stijgt als snippers op uit het kattelichaam. Ik zie Jonas zich nu tevreden uitrekken en geeuwen. Deze heling geeft aan dat dieren en mensen elkaar al levenslang kunnen kennen. En dat dieren in andere diersoorten kunnen incarneren.

Tartarus

Ik doe weer een heling voor Lena. Ze heeft ernstige chronische klachten die onder andere door de ziekte van Lyme veroorzaakt zijn. Bij haar neem ik regelmatig een pester waar. Deze keer zie ik de pester echter niet. 'Check de poezen' hoor ik mijn innerlijke stem, en ik ga me afstemmen op haar beide katten. Ik zie ze als kemphanen tegenover elkaar staan terwijl er een massieve zwarte bal van woede tussen hen in ligt. Ik zet de poezen in freeze (zet het beeld dus stil) en wil de woedebal chödten (zie verklarende woorden). Zodra ik dat ga doen verandert de bal in de pester. Deze gluiperd heeft me eerder eens laten weten dat hij Ashkarot heet. Pesterig laat hij zien hoe hij beide katten gemeen aan de staarten trekt. De

beide katten van Lena hebben inderdaad ook lichamelijke klachten. 'Wat wil je nù weer' vraag ik vermoeid. 'Pesten, pesten, pesten...' gniffelt hij. 'Wat heb je nodig?' vraag ik. 'De warmte van hun bloed' antwoordt hij. Ik krijg de indruk dat hij letterlijk het bloed van de katten opslurpt en ze daardoor ontvankelijk maakt voor allerlei gezondheidsongemak. 'Ik zuig ze leeg' laat hij weten. O nee, bedenk ik, maakt hij die katten nu ook al ziek. Waarom gaat hij niet weg?
Kennelijk hoort hij mijn gedachte. Hij wordt flatgebouw groot en zegt dreigend en dreunend; 'Ooit heeft ze me geroepen, nu maak ik het af'. 'Dan heb je haar verkeerd begrepen' zeg ik dreigend terug terwijl ik ook tot flatgebouwformaat groei en helemaal vergeet dat ik hem eigenlijk aan het chödten ben. En ik ga tegen hem te keer, dat hij een idioot is dat hij denkt geroepen te zijn om dit werk te doen, geen mens zou het in zijn hoofd halen om hem te roepen om zichzelf schade toe te brengen. Dat hij een sukkel is en beter moet nadenken en zijn huiswerk maar beter moet maken om zich te herinneren waarom zij hem ooit geroepen heeft. Dat hij maar terug in de tijd moet gaan om dat eerst maar eens uit te zoeken en dat hij een stomkop is. Hij kijkt me even verbluft aan en verdwijnt dan snel. Ik besef dat hij nu terug in de tijd is gegaan om inderdaad te kijken wat en hoe. Ik moet er voor zorgen dat die tijdpoort gesloten wordt. Ik vraag me af wie ik daarvoor te hulp kan vragen; 'mijn' engel. De engel is meteen ter plekke, links van mij en, uitleg is niet nodig, met een lichtstaf wijst hij naar de plek waar Ashkarot verdwenen is. 'Geseald', verzegeld, is het woord dat ik er bij krijg. Ik bedank de engel en check de poezen, ze voelen nu rustig. Helaas laat deze Ashkarot zich niet definitief in oude tijden opsluiten, hij duikt nog geregeld op. Al kom ik er wel achter dat hij dat in de kern met een liefdevolle bedoeling doet. Met het huis-tuin-en-keuken-bewustzijn kun je je dat echter erg moeilijk realiseren omdat je dan slechts zijn hinder ervaart.

Tijdens een volgende heling richt ik me opnieuw op Lena's katten. Zodra ik energetisch naar ze ga kijken, laten ze zien dat ze erge ruzie hebben, ze krabben en blazen naar elkaar. Eerst richt ik me op Jonas, de oudste. Ik merk dat hij de baas wil zijn, hij wil graag naar buiten (dat mogen ze niet in verband met de drukke autoweg vlakbij). Toch is hij ook wel vergevingsgezind naar zijn broer Joringel want hij wil toch ook wel met hem spelen. Jonas blijkt behoorlijk hanig. En hij wil een eigen plek waar Joringel niet komt, het liefst hoog zoals op een hele hoge kruk met groot zacht kussen. Hij voelt een beetje koninklijk, statig. Joringel moet zich aan zijn regels houden en niet andersom. Dan ga ik Joringel invoelen. Hij is heel onrustig in zijn kop. Hij is nogal verward en voelt zich de zondebok. Het is of een deel van zijn bewustzijn op slot zit. Ook voelt hij zich opgejaagd en het is alsof hij geen fijne plek heeft. Door dit alles is hij flink geïrriteerd. Hij wil naar buiten kunnen kijken. Ik merk dat hij heel gevoelig is, dat hij energieën waarneemt in het huis waar hij last van heeft. Hij brengt me op het idee om Lena's huis en de energie ervan te checken. De energie in het huis voelt enorm zuigend, spiervertragend, als drijfzand. Het voelt of het je bij je buik grijpt en ik zie Joringel er zelfs van kokhalzen. En ineens zie ik een boosaardige kabouter, zwartig, met felle, intelligente, zwarte kraalogen. Hij wil niet dat hij opgemerkt wordt. Zodra hij merkt dat ik hem waarneem gooit hij zware voorwerpen naar mijn hoofd. Joringel is de gevoeligste van beide katten en ik zie dat hij regelmatig aanvaringen met de kabouter heeft waarbij deze telkens opnieuw harde dingen naar zijn kop smijt. Als ik contact met hem maak geeft de kabouter aan dat er eerst zo'n mooi grondje was, en dat dat allemaal weg is door de huizenbouw. Hij is heel erg boos. Die boosheid pikt Joringel ook op. Ik voel dat de kabouter verlangt naar keien, pijpenstrootjesgras, woelmuizen, dennenappels, Vlaamse gaaien, waterpoeltjes. Een echt 'natuur'wezen dus. Joringel is wat kalmer nu ik dit allemaal heb opgemerkt, wil niet meer de gebeten hond zijn en wil meer recht van overpad van Jonas in de woonkamer.

De volgende keer verdiep ik me verder in het huis en de katten. Jonas vindt dat Joringel weg moet want hij wordt gek van diens gestuiter. Dat put hem uit. Ik vertel hem dat ik hem als de meerdere van Joringel erken maar dat hij wel moet proberen rekening te houden met hem want Joringel heeft tenslotte ook rechten. Jonas zegt dat hij het wel prettig zal vinden als beide een afgebakend terrein in de kamer hebben. Joringel is ook nu erg hyper, en vertelt dat hij dat niet kan helpen. Het lijkt een neurologische reactie op de energie in huis. Ik voel in waar hij dan zo'n last van heeft. De energie, de spanning bouwt zich op en wordt heel hoog, het ontploft dan bijna in hem. Ik hoor trouwens ook een heel hoog geluid, een heel irriterend soort elektrisch geluid. Joringel kan niet anders dan ontladen via zijn onrust. Hij kan zich noch verdedigen tegen de kabouter, noch tegen de energie. De kabouter heeft het nog steeds op hem gemunt, gooit toch nog aldoor harde dingen tegen zijn kop. Het is een patroon geworden. De kabouter heeft een zwarte omhulling, zwarte muts en zwarte ogen. Ik zie zijn gebalde spieren en als hij brult van woede is zijn halve gestalte een brullende muil waar energetische rommel uitkomt. Ik begrijp dat hij een vertegenwoordiger is van natuurwezens die nu verjaagd zijn. 'Waar zijn die nu?' vraag ik. 'Weg' weet hij niet, 'verspreid'. Hij laat me het beeld zien dat hij tegenover een bulldozer staat ten tijde van de aanleg van de wijk en zijn woede tegen het ding uitbrult, hij knapt bijna van woede. De chauffeur zie ik dan naar zijn hoofd en borst grijpen. De energetische woede wordt fysiek gevoeld. Zijn gebrul maakt mensen en dieren ziek. Hij heeft zoveel boosheid en pijn over het verwoeste grondje, er is nauwelijks een stukje open grond meer, alleen maar tegels en huis. Eindelijk wordt hij rustiger en tot mijn verbazing mag ik zijn handje vastpakken. 'Wat wil je?' vraag ik. Hij voelt nu dof en leeg, alsof hij wil sterven en ophouden te bestaan. Hij gaat al demonstratief liggen om te sterven. 'Stop' zeg ik, 'zeg nou wat je wilt' maar hij lost op en is weg. Ik vraag me af of natuurwezens kunnen sterven. Toen hij ging liggen kwam Joringel erbij kijken, nu de kabouter weg is voel ik bij hem de helderheid terugkomen in zijn kop. Joringel blijft verbaasd zitten, alsof hij aan het beseffen is dat er voor hem iets belangrijks is gebeurd. Het voelt in hem nu opgelucht en bevrijd. Na enig besef is hij zo blij dat hij daar overenthousiast van wordt, hij moet duidelijk nog evenwicht vinden. Ik ga de grond onder het huis invoelen. Ik zie er een enorme moddergolf. Maar de energie is snel aan het switchen, krachtig naar links, dan weer krachtig naar rechts, alsof magnetische polen voortdurend omdraaien. Het maakt me moe in mijn ogen en de klieren in mijn hoofd reageren er niet lekker op. Dus zet ik de diamant van heer Hsi aan. De energie gaat er meteen heen en ik ben weer helder. Het lijkt of er onder de grond een botsing is, het drukt tegen elkaar, vandaar de onrust en veranderlijkheid. Er zijn grote wringende krachten maar ik kan er niet achter komen wat het is, het lijkt alsof er twee waterlopen op elkaar botsen.

Ik krijg de indruk dat hier geen huizen hadden mogen staan. Ik besef nu waarom die kabouter zo sterk is, dat hij dingen op de kat kan gooien en dat enorme harde brullen, hij haalt die energie uit deze grondkracht. Hij is hoofd van het grondje. Dit is energie die perst, zo maakt de kabouter harde dingen, hij perst met deze energie energie op elkaar en dan wordt het hard. Ik zie dat men vroeger ook keien op deze plek legde om ze op te laden. Die werden dan heel zwaar en massief, ze blokkeerden verandering. Deze energie gaat verandering tegen. Wat is blijft. Ik zie dat de keien op hoekpunten van akkers werden gelegd en bij de toegang van huizen opdat deze niet onteigend of leeggeroofd konden worden. De kabouter wil duidelijk zijn geheim niet prijsgeven, daarom deed hij of hij stierf, maar hij is niet dood, hij verstopt zich. Want als ik de grond in ga om te onderzoeken zie ik hem naar me kijken. Er lijkt wel deeg van de grond gekneed te worden, voortdurend inkrimpen, uitdijen. Ik vraag de kabouter hoe hij heet. Ik krijg een boos; 'O Zo'! te horen. 'Heet je echt zo?' vraag ik. 'Kan me niet schelen, zoek het maar uit, je komt er toch niet achter' zegt hij vijandig. 'Dat hoef ik ook echt niet te weten als je dat niet wilt' zeg ik sussend, maar dan zegt hij; 'tartaar'. Ik denk aan de kneedenergie en denk aan biefstuk tartaar en zijn donkere uiterlijk met bijna Mongoolse ogen en dus tartaar. 'Ik gedij hier goed', zegt hij, 'mensen niet'. Dan geeft hij aan dat hij 'Tartarus' heet. Bij googelen blijkt: 'Tartaros' de onderwereld te zijn, het ergste deel ervan zelfs, maar ook een stofwisselingsprobleem, veroorzaakt door vasthouden van afvalstoffen. Zouden Lena en haar katten daar aan lijden?

Een tijd later stem ik me opnieuw af op Lena en haar katten. Ik zie de poezen tegen over elkaar zitten en zet ze in een glorieus lichtveld. Ze worden er opgetogen van. Bij beide komt wat zwartigheid uit hun lichaam dat meteen verdwijnt in het lichtveld. Ik ga op zoek naar Tartarus. Hij zit onder de grond en schrikt enorm van mij omdat ik dat glorieveld van licht bij me heb, hij wil het afweren maar ik stel hem gerust en vertel dat ik niets zal doen wat hij niet wil, en ik laat hem met rust. Ik wil de aarde energie in de grond vinden. Ik ga dieper de grond in en zie dat de grond zwart is. Er vormt zich een wezen dat zwarte klauwen naar me uitslaat, het blaast en gromt. Ik zie hordes pikzwarte modderachtige wezens. Ik laat het glorieveld uitbreiden, de wezens wijken. Midden in de wijkende zwarte kluwen zie ik een kind, gebakerd in een stralend witte doek. Het voelt als een heilig kind, maar het is machteloos, want ingebakerd. Ik pak het op en doe de doek af. Zodra ik dat gedaan heb verandert het in een jonge vrouw die goudachtig licht uitstraalt. Ze wordt steeds groter. Met haar armen maakt ze gebaren waardoor de grond om haar heen haar sfeer krijgt, gevoel en levendheid en haar gehoorzaamt. Ze is inmiddels zo groot dat ze ook boven de grond uitsteekt. Ze maakt spiraalvormige lichtcirkels die tegen elkaar indraaien. Niet alleen in het huis van Lena en de katten maar ook daar omheen. Dan zakt ze terug de grond in. Nu maakt ze met meer armkracht, door te zwaaien, plattere lichtcirkels die heel krachtig en stuwend zijn. Maar toch harmonieus. Tartarus staat eerst vol afgrijzen te kijken en wil vluchten. Maar de cirkels raken hem. Er is geen enkele bedoeling hem te veranderen, hij merkt dat hij mag blijven wie hij is, daar is hij erg blij om. Toch voel ik dat hij streken blijft houden, hij is niet van nature alleen maar positief. Het is maar net hoe zijn pet staat. Ik vind het best, als hij de katten maar met rust laat. Ik check alles, de aardevrouw, de katten, Lena. Tot slot zet ik het glorieveld nog even stevig neer als afsluiting en als beklijving.

Als ik een paar dagen later even contact met hem maak geeft Tartarus aan dat hij een eigen plekje in de tuin wil, zodat er vanzelf aandacht op hem gericht wordt als Lena naar haar tuin kijkt. Lena is van plan een plekje voor hem te reserveren maar ze weet niet precies welk plekje het geschiktste is. Bovendien worden haar planten steeds mooier en ze gaat er van uit dat Tartarus het niet meer nodig vindt om 'herdacht' te worden met een eigen plekje.

Tartarus pest opnieuw

Een jaar later vraagt Lena me om met Jonas en Joringel te spreken want Jonas maakt haar 's nachts opnieuw wakker, een teken dat hij slecht in zijn vel zit. Ze wil weten waarom de katten zo slecht eten en of er iets is dat hen hindert of kan helpen. Op afstand maak ik contact. Jonas laat zich als eerste zien. Ik zie hem van opzij, zittend en sip. 'Ik verveel me. Sinds Muis er niet meer is is het leven niet leuk meer'. Muis is Lena's konijn dat een paar weken daarvoor overleden is. Muis zat in een hok in de kamer en Jonas keek daar graag naar. 'Jonas, herinner je je vroegere levens en je goddelijke afkomst?' vraag ik om hem af te leiden. 'Ik wil iets te doen hebben', antwoordt hij. 'Lena wil graag met jullie spelen', antwoord ik. 'Saaaaai', zegt hij ongeïnteresseerd, 'ik bedoel iets anders, krachtmeting, matten. Ja, wel voor het leuk hoor. Als ik met Joringel ga matten komt er oorlog. Dat is de bedoeling niet'. Ik voel dat hij zijn frustratie op iemand wil botvieren, met korte agressieve tikken of stompen. Hij is bozig. 'Ik wil een èchte muis, geen

pluis aan een touwtje, dat is geen uitdaging', zegt hij. 'En Joringel dan, is het niet leuk met hem?' vraag ik. 'Die is anders dan ik, dat is geen partij. Die is bangig, durft niets terug te doen'. 'Ja, maar om mee te spelen dan?'
'Alleen jònge katten spelen', zegt hij minachtend. 'Wat doen oudere katten dan?' vraag ik. 'Soezen, kuieren, de buurt verkennen, de baas spelen, vlaggen'. 'Maar dat doe jij toch allemaal, waarom verveel je je dan, het lijkt wel of je depressief bent, hoe komt dat zo, zo was je vroeger niet?' zeg ik. 'Ja, ik ben boos, heb nergens zin in, blèèè, het eten is vies, ik voel me opgesloten'. 'Waar zit dat gevoel?' vraag ik. 'In mijn maag' zegt hij. Ik voel in op zijn maag;
Meteen word ik een woedende energie ingetrokken en ik herken het bijna direct, het is Tartarus. Scheldend en tierend zwaait hij met zijn armen en zijn zwarte ogen schieten vuur. 'Ik dacht dat het beter zou worden, helemaal niet!' roept hij woedend. Hij smijt met dennenappels. 'Een stukje natuur, stenen, mos, dennenappels, niets van dat alles! Mijn grond is dood en blijft dood, niemand denkt meer aan mij. Ik heb woord gehouden, jullie niet. Nu zit ik in die rotkat want er is geen plek voor mij'. 'Waarom zit je in die kat?' vraag ik. 'Ik zou ze geen kwaad meer doen maar ik bèn kwaad, om te zorgen dat ik ze niets aandoe ben ik maar in één van hen gaan zitten, wat een ellende zeg! Je kunt geen kant op. Ik wil grond, open grond, diepte!' In een ingeving vraag ik; 'Zullen we een bak bosgrond voor je meenemen en dat in de tuin doen?'
'Jaa, levende grond' juicht hij, 'grond met energie, vitaliteit en grondbeestjes, kiempjes en humus, met leven, ja, dat wil ik! En een steen, een grote kei met pissebedden en een tak met elfenbankjes en zwammen'. 'Moet er een plant op?' vraag ik. 'Een varen' zegt hij direct. 'Blijf je dan uit Jonas en ga je in dat grondje wonen?' vraag ik. 'Goed', antwoordt hij. Ik voel dat hij steeds kalmer wordt en zijn fanatisme kwijt raakt. Terug naar Jonas. Hij is een heel andere kat nu, nog wel macho maar goed gehumeurd. Op dikke leeuwenpoten komt hij naar me toe en geeft me met zijn massieve kop een knal van een kopje. 'Verveel je je nog?' vraag ik. 'Nee, ik voel me weer kiplekker', zegt hij tevreden.

Een maand later maak ik tijdens een verloren uurtje als ik in mijn eigen tuin zit, contact met Jonas. Even kijken hoe het met hem gaat. Zodra ik me afstem komt hij op stevige poten verheugd naar me toe en geeft me een kopstoot van een kopje. 'Ben je er weer?' zegt hij blij. Ik merk dat hij nog prima in zijn vel zit. Er blijkt een nieuwe orde te zijn, Jonas is de koning boven de grond, Tartarus is de koning onder de grond. Hij laat zich bovengronds niet meer zien. Jonas is trots op zijn herwonnen blijheid en positie en gaat spinnend liggen, poten onder zich gevouwen. Lena vroeg me hoe het kan dat de grond volgens Tartarus zo slecht is terwijl haar bloemen in de tuin het zo goed doen. Dat wil ik ook weten van Tartarus en ik ga op zoek naar hem. Hij zit erg diep in grijsvettige grond. Hij is wat mokkig. 'Dag Tartarus, waarom doen de bloemen het zo goed terwijl jij zegt dat de grond slecht is?' vraag ik. 'Dat is mijn domein niet' antwoordt hij en ik begrijp dat hij de zichtbare tuin boven de grond bedoelt. Als ik me afstem op de bloemen neem ik ze, de hele bovenwereld zeg maar, als heel zonnig en stralend waar, ook heel kleurig. 'Ze gedijen op haar aandacht, ze is er erg mee bezig en de toplaag is mooie grond ja, teelaarde', zegt hij, 'maar hier niet hoor, o nee!' Ik begrijp dat hij de diepe laag bedoelt waar hij zelf verblijft. 'Tartarus, er moet nog een andere reden zijn dat de bloemen het zo goed doen', zeg ik. 'Dat is de moederaarde energie, de plaatselijke bodemgodin die jij toen uit de doeken hebt gehaald. Zij is de vruchtbaarheid, de schoonheid en de liefde, zij voedt. Ik schurk me tegen haar aan af en toe'. 'Maar waarom voedt ze jou dan niet en Lena' vraag ik. (Lena heeft nog altijd grote fysieke problemen waardoor ze lichamelijk veel dingen niet meer kan). 'Ik ga over de bodem, het diepere bodemleven en ik ben een tegenkracht. Juist omdat de plaatselijke aardegodin zo sterk is, ben ik het ook. Ik kan veel roet in het eten gooien en dat doè ik ook (dat laatste zegt hij fel en uitdagend). Als het bos hier nog was geweest was er niets aan de hand geweest, dan zou ik hooguit wat keet trappen af en toe. Onregelmatigheden in de grondwaterlopen, de wortels van bomen aantasten, de energie laten steigeren. Daarmee maak ik herten schichtig, leuk en natuurlijk gooi ik met dennenappels als een dier me niet zint. Vooral de ekster, die poept op mijn plek. Dan keil ik dennenappels naar zijn hoofd. Maar die tijd is niet meer. Ik put uit het benedenste. Onder de grondwaterlijnen zijn duistere banen, daar verzamelt zich leed en kommer. Ik put met mijn wortel (hij laat zich nu zien als een zwart wezen met één been met een voet met een krulpunt) uit de kracht van leed en kommer en ik ben boos, BOOS'.

'Toen eeuwen geleden hier boze mensen kwamen heb ik goed naar ze gekeken en ik heb hun boosheid leeggehaald, opgeslagen. Ze pestten kleine mensen, keuterboeren, en deden groot en bazig. Ik heb goed naar ze gekeken. Als ik wil kan ik heel hellig zijn, groot, zwart, wreed. Het is niet echt mijn natuur maar als ik getergd wordt dan schroom ik niet om mijn donkerste pak aan te trekken'. 'Waarom ben je dan zo boos?' vraag ik. 'Het gaat vanzelf, Lena's machteloosheid voedt me. Zoals ze haar bloemen voedt met aandacht en blijheid, zo voedt ze mij met wat ze niet meer kan. Ik neem die macht, het wordt me in de schoot geworpen. Hoe minder zij kan, hoe meer ik kan'. 'Tartarus, waarom wordt je dan boos en niet hulpvaardig?' vraag ik. 'Omdat zij zo boos is, ik ben toch de tegenkracht!' roept hij, verbaasd over mijn domheid. 'Waarom is zij boos dan?' vraag ik. 'Omdat ze niks meer kan' zegt hij. 'En waarom kan ze dan niks meer?' vraag ik. 'Omdat ze haar boosheid niet ziet, ze gebruikt hem niet, maar ik wel, ik pik hem over van haar'. 'Wat voor boosheid heeft ze?' vraag ik. 'Ze is heel krachtig weet je, en heel sterk'. 'Hoe zit het met haar kracht?' vraag ik. 'Ze is woedend op haar moeder en ze vindt haar vader te slap. Ze heeft het voor hem willen opnemen maar ze kreeg er van langs. Ze was zo verontwaardigd, ze vrat zichzelf op, uitte zich niet meer, en hopla, toen stroomde het uit haar, samen met haar kracht. En daarom kan ik nu zo goed brullen'. Hij spert zijn mond zo wijd open dat zijn hele hoofd uit proportie raakt en brult. 'Tartarus, kun jij leven zonder haar boosheid?' vraag ik. 'Ja, maar dan ben ik wel veel kleiner en onbetekenender'. 'Vrediger?' vraag ik. Hij peinst, 'Ja toch ook'. 'Hoe ben je dan nog meer?' vraag ik. 'Gewoontjes, scharrelig, dan zoek ik mijn kostje en doe ik mijn ding. Eentoniger'. 'En hoe zit het nou met je grond?' vraag ik. 'Wrevel, wrevel, wrevel' moppert hij, 'door de grond word ik me bewust van mijn wrevel en ik ontdekte dat Lena boosheid lekte. Slechte grond, veel boosheid, en voilà, daar ben ik. Toen kon ik de poezen pesten haha. Ik had zoveel kracht dat ik Joringel puin naar zijn hoofd kon slingeren. Maar dàt heb ik niet meer gedaan hoor', zegt hij dan. 'Wil je wel goeie grond?' vraag ik. 'Ja', antwoordt hij. 'Maar wij kunnen op die diepte niet komen', zeg ik. 'Dat hindert niet, ik trek de vitaliteit naar beneden'. 'Waarom doe je dat met die teelaarde dan niet?'

'Omdat het niet voor mij bestemd is. Ze luisteren niet naar me, ik doe er niet toe, dàt denkt ze. Zo lekt ze zichzelf weg. Daarom lijk ik op haar', zegt hij. 'Hoe kan ze zichzelf weer terugkrijgen?' vraag ik. 'Voelen dat ze boos is, heel boos, heel BOOS', zegt hij. 'En als ze dat nou niet kan?' vraag ik. 'Dan moet ze zich over iets heel boos maken, iets dat haar raakt'. 'Goed, dan is ze boos, en dan, wat kan ze daarmee om haar kracht te hervinden, hervoelen?' vraag ik. Hij kijkt me niet begrijpend aan. 'Nou, als ze dat voelt dan weet ze wat kracht is hoor' zegt hij. 'Waar zit die kracht dan?' vraag ik. 'In gebalde vuisten' zegt hij. 'Dat bedoel ik niet helemaal, hoe voelt ze het en hoe houdt ze het vast?' vraag ik. 'Ze houdt het vast door te weten; dat wil ik niet meer, dit pik ik niet meer, ik ben waardevol!'

'Maar moet ze niet aanvaarden dan?' vraag ik. 'Nee, en zeker niet berusten. Boosheid geeft moed om door te gaan, juist niet stoppen met zoeken, dan blijft ze zoek. De boosheid geeft haar kracht om te bestaan, om te zijn, om te voelen dat ze bestaat, dat zìj bestaat en màg bestaan, zelfs moèt bestaan. Zij zij zij zij en zij alleen, daar gaat het om' zegt hij strijdvaardig. 'Heb je nog een tip over haar gezondheid en het feit dat ze niet eten kan door haar verstoorde insuline afgifte?' vraag ik. 'Ik eet geestelijk, kan zij ook doen' zegt hij, 'De essentie uit haar voeding halen, zonder het te eten'. 'Hoe doet ze dat?' vraag ik. 'Tja, gewoon, alsof ze de eikel of de appel zomaar in zich opneemt, alsof het voedsel in haar naar binnen smelt. Alsof ze het in zich opzuigt met haar handen of haar hart. Eraan ruiken is ook goed, heel intens en lang. Want zij is het niet gewend. Bij mij gebeurt dat in een flits maar zij moet dat nog oefenen. Net zoals zij aandacht geeft aan de bloemen en de poezen zo moet ze zich voorstellen dat het voedsel aandacht geeft aan haar, dat het tegen haar praat en zijn essenties aan haar schenkt. Met kijken, ruiken en voelen en waarnemen tot zich nemen'. 'Goed Tartarus, voor nu bedank ik je' zeg ik. Hij laat zich nu zien met een houtig dennenappel lijfje. Ik zie niet of hij nu één of twee benen heeft en hij zakt snel naar een diepte van ongeveer een meter of drie a vier. Hij is nu nauwelijks groter dan een muis, kleiner dan een rat. Hij heeft kennelijk al erg veel van Lena's boosheid afgestaan.

Tartarus laat een combinatie zien van eigen wrevel, dat hoort bij zijn type. De boosheid put hij uit de slechte mensen van lang geleden, de boosheid over de grond die verpest is door de bouw van het huizenblok, en de boosheid die kennelijk ook in Lena zelf zit. Een wirwar dus. Belangrijk is dat Lena zich bewust gaat worden van verdrongen boosheid over het feit dat ze de relatie tussen haar ouders als ongelijkwaardig heeft ervaren en dat ze weer contact kan maken met die boosheid en daar de kracht van gaat ontdekken. Ik heb inmiddels vaker meegemaakt dat gezondheid van mensen en natuurwezens soms erg verweven is geraakt. En dat er heel veel dingen meespelen, niet alleen fysieke dingen maar zeker ook emotionele en zelfs heel oude thema's en conflicten. Ik begrijp dat Tartarus bedoelt dat de boosheid over haar ouders stamt uit de heel vroege jeugd van Lena. Het is niet zo dat de problemen van Lena en haar katten alleen maar veroorzaakt worden door Tartarus. Maar het feit dat Tartarus zo'n invloed kreeg op de situatie is omdat hij verwantschap heeft met al aanwezige thematiek. Het is een synchronistisch geheel.

Psychometrie

Een collega brengt me op het idee. Hij ziet in mijn praktijk mijn grote Balinese gong in de houten stander staan en suggereert om me daar eens mee te verbinden. Nadat ik me er op afgestemd heb, kan ik voelen dat de bespelers van zo'n gong, tijdens de gamelan, tijdens ceremonies, opgenomen worden in de klanken, als in een soort trance. Ik voel dat de makers van de houten stander met het drakenmotief, een beetje bang zijn voor dat wat ze uitbeelden, er diep ontzag voor hebben. Alvorens het te maken doen ze gebeden. Daar is een pandit (hindoe hogepriester) bij, in het wit, die aan het sprenkelen is en die een soort helderheid, bijna eigendunk heeft, over de werelden waar die draken in leven, vanuit zijn kennis en ervaring. Hij heeft er controle over. Ik zie dat de houten draken met hun schubben bijna levend worden tijdens mijn afstemming. 'Dat klopt' zegt de collega, 'die pandit heeft er levenskracht in gestopt'. Ik merk dat de houten draken opleven als ik op de gong sla, alsof ze dan van slaapstand in waakstand komen. Ik realiseer me opgetogen dat wanneer je bewust contact maakt met voorwerpen er een voorheen ongekende wereld voor je open gaat.

Toverstok

Op Mira's kamer laat ik heer Hsi de toverstok zien die ik zelf gemaakt heb. Omwonden met gekleurd lint en een Swarovski kristal in de punt. Mira wilde zo graag een echte toverstok dat ik er maar eentje in elkaar gefabriekt heb. Maar hoe maak je daar eigenlijk een èchte toverstok van. Ik vraag om raad. Heer Hsi laadt hem op vanuit zijn diamant. Hij laat mij dat ook doen. Vanuit mijn buik laat ik er een witte gedachtedraak in gaan, daarna een witte zwaan. Ik wil er echter ook dryade energie in en ga naar het woud van Iegdries. Iegdries is op een open plek bezig met wat potten. Hij bekijkt de stok, legt hem in het gras en trekt er een magische cirkel omheen waar hij symbolen omheen maakt. Dan zie ik een vingergroot mannetje naar de stok lopen. Hij heeft een eikelnap hoofddeksel en is bastig als een eikenboom. Een echt eikwezentje. Hij wil in de toverstok plaatsnemen hoewel het catalpa hout is. Ik onderzoek of ik contact kan maken met de dryade van de catalpaboom. De stok is van een knotcatalpa. Maar ik krijg een echte catalpa te zien, een grote met prachtige bloemen. Er komt een net zo klein vrouwelijk wezentje aan. Samen met het eikmannetje gaat ze de stok binnen. Iegdries laat een levenswaterdruppel op de kristallen punt vallen, er komt meteen veel groen licht af en ik heb de ingeving dat dit vriendelijkheid bevordert. 'Je moet de stok een naam geven' zegt Iegdries. Dat is lastig. Ik vraag een grote, witte dryadenvrouw, ik vermoed de catalpa dryade, naar een naam als ze vloeiende, witte, vriendelijke energie de stok in brengt. En dan komen twee namen binnen: het eikmannetje heet Akaaba en het catalpavrouwtje heet Hakeeba. Ik bedank iedereen, laat de stok nog aan Hsi zien die zegt dat ik er voorlopig veel energie van mijn diamant in moet stoppen.

Excarnerende stenen

Ida, mijn vriendin en collega, komt langs met stenen die ze recent in Portugal heeft gevonden. Op een plek waar de zwaartekracht omgekeerd is. Er is een stukje weg waar auto's vanzelf bergopwaarts rijden. De stenen voelen heel erg zwaar maar toch harmonieus. Het is of ze uit een gesteentelaag komen die klaar is. Ik voel heel veel wijsheid in ze, alsof ze tot volmaaktheid zijn geëvolueerd. Maar toch in een slapende of meditatieve staat verkeren. Door er contact mee te maken lijkt het of de laag gaat ontwaken, energie komt als antennetjes langzaam maar zeker overeind. Ik voel dat deze steenlaag wil excarneren, naar een volgende dimensie wil vertrekken, uit de stof, het is klaar hier. Daarom is de zwaartekracht omgekeerd. Zodra het steenbewustzijn zal zijn geëxcarneerd zal de steenlaag gaan eroderen. Ik ga alvast mee naar waar het gesteente heen zal gaan. En kom in een wereld met gouden koepels en gebouwen. Het is of het gesteente zich aanbiedt aan het Hoogste, met alle opgedane ervaringen. Ter beoordeling. Dan zie ik het gesteente vloeibaar worden, als lava maar niet heet. De pasta begint zichzelf te mengen en zweeft het heelal in. Daar vormt het een planeetje, grijzig, een piepklein planeetje, als een voetbalveld in omtrek. Het blijkt toch geen planeet te worden maar een bal die met een gigantische snelheid het heelal inschiet. Mijn indruk is dat het naar een andere planeet reist waar het opnieuw een ervaringscyclus binnen zal gaan. Indrukwekkend om mee te mogen beleven.

Mijn tuin

In een opwelling pak ik een steen uit mijn verzameling en vraag hem me ergens heen te brengen ongeacht waar. Hij brengt me geestelijk naar de punt van onze tuin waar een kwijnende jonge beuk staat. De boom is altijd ziekelijk. Bij dat punt voel ik tot mijn verrassing dat er conflicten in de grond zitten, en boosheid. Verder is de grond energetisch leeg en erg armetierig. Ook wiebelt de grond er, mist stabiliteit. Ik zie dat de grond voortdurend pufjes zware zwarte energie uitstoot. Er zit helemaal geen leven in de plek, laat staan een grondwezen. De steen vertelt me dat hier een grondwezen (zie verklarende woorden) zou moeten zijn voor de verankering van de grond. Er is nu geen verband meer om zo te zeggen, vandaar het rare wrakke gewiebel. Pijlsnel vliegen de steen en ik her en der heen. Eindelijk komen we bij een grauw gebied waar we het grondwezen vinden dat eigenlijk in de tuin hoort. Ik begrijp dat het verdreven is geraakt toen deze nieuwbouwwijk gebouwd is en de grond werd afgegraven waarna scherp zand werd teruggestort. De steen zuigt het wezen in zich op en we keren terug naar de kwijnende beuk. Daar laat de steen het wezen uit zich. Het wezen is grauw, zwak en eigenlijk niet meer dan een spook. Meteen neemt de steen me mee de grond in. Op een gegeven moment komen we bij een ondoordringbare scherpe witte laag, het lijkt op zout. Ik weet niet wat ik er moet maar de steen gaat er doorheen. Na nog een paar lagen komen we in een ruimte waar het vriendelijk, bollend en zacht is. Waarschijnlijk de oorspronkelijke energie van ongerepte aarde, van de moederlijke aardegodin van deze plek. Ik moet van de steen hiervan een armvol pakken en meenemen waarbij er een verbinding intact blijft.

Pijlsnel roetsen we weer terug naar de boom waar de steen de vriendelijke, warme, bewegende energie van de aarde aan het grondwezen hecht. Nu moet ik mijn aandacht daarvan loslaten volgens de steen, want de aarde moet het wezen weer voeden, tot leven wekken. De steen gaat opnieuw de grond in om de ondergrondse opening van de pufjes te onderzoeken. Hij gaat de opening in, er zit een grillige tunnel achter en de steen geeft aan dat hij op zoek is naar bosgrond. Ik ga met hem mee. De tunnel verloopt zeer grillig en eindelijk heb ik de indruk dat we bij bosgrond komen. Ik kan het zelfs ruiken. Even verderop kom ik boven de grond en voel en zie een groot evenwichtig bos. Het maakt niet uit of het door mensen is aangeplant, het is een gezond en levend bos, loof, naald en open plekken. In de grond kan ik het bos op een prettige manier voelen drukken, het is stabiel, heeft een stevig incasseringsvermogen, is rustig en rustgevend, harmonieus. Zandgrond, heel fijn, donker oker van kleur, gevuld met fijne worteltjes en leven. Alles leeft, de bomen, de grond, de dieren die er wonen, waarbij ik vooral indruk krijg van konijnen en vossen. De geur en atmosfeer van het bos zijn heel duidelijk. Prettig en ruimtelijk. De steen neemt de energie van de bosgrond met zich mee de grillige tunnel in tot we weer in de tuin komen. Hoe anders dan de zandgrond hier die scherp, grof en leeg is.

De steen vermengt de bosgrond met de grond in de tuin, zodat alles de sfeer van de bosgrond krijgt. Ik voel hoe bijna uitgehongerd de wortels van de beplanting in de tuin hierop aanhaken. Er is nu bosgrond-energie in de zandige tuingrond. Er is moeder aarde-energie in het grondwezen dat inmiddels in de beukenboom heeft plaatsgenomen en al veel lichter en voller is. Ik voel hoe het wezen de boom voorzichtig aan het inwonen is, beiden zwak, en hoe de vriendelijke aarde-energie steeds sterker wordt en hoger komt. Uiteindelijk stroomt de energie zelfs helemaal buiten de boom als een koepel naar buiten waarbij ook de tuinvijver betrokken wordt. Net of alles in en boven de vijver leeft. Er is inmiddels vanuit de hemel ook veel licht naar beneden gekomen. De steen laat zich langzaam op het licht omhoog stijgen, steeds sneller, we komen tot boven de dampkring waar de kosmische input via een soort draaikolk naar beneden komt. Hemel- en aarde-energie raken elkaar, nu snap ik de werking van 'verankeringspunten', het ontmoeten van de hemel- en de aarde-energie. Het zijn een soort acupunctuurpunten. Ik voel nu een krachtig veld van licht en levendheid. Vanuit de boom en de vijver stroomt alleen maar liefde en heerlijkheid. Weer gaat de steen omhoog, beschrijft met grote snelheid nog een paar figuren boven een veel groter gebied en landt dan tussen de boom en de vijver. Ik voel dat het leven is teruggekeerd in de hele tuin, dat de vijver ook enorm in energie is verlevendigd en liefde uitstraalt. En dat de boom nu echt als een verbindingspunt boven-beneden is. Met het licht is ook de conflict-energie vanaf de buurtuin teruggedrongen. Er ontstaat nog een gevlochten haag van wit licht als begrenzing. Als het klaar is voel ik dat ik het regelmatig nog even moet checken. Een bittere les voor mij is dat ik dat niet meer heb gedaan. Na ondeskundige bemesting van de boom en verwaarlozing van mijn aandacht is de beuk toch gestorven. Gelukkig is het grondwezen naar beneden gezakt de grond in waar nu alleen wat groene planten staan. Maar het is er niet wrak en wiebelig meer.

Zelfzucht opruimen

Tijdens een meditatie hoor ik de stem van mijn geliefde etherische leraar die vertelt dat de meeste mensen zelfzuchtig zijn in hun interesse in anderen. Dat ze niet werkelijk geïnteresseerd zijn in het welzijn van anderen maar dat ze de reactie van de ander nodig hebben voor hun eigen welbevinden. Met als doel te voelen dat je zelf bestaat door het feit dat een ander op je reageert. De kunst is echter om die behoefte opzij te zetten en je werkelijk te interesseren in de ander. Ik vind het een pittige stelling en wil onderzoeken of en in hoeverre deze zelfzucht ook in mij zit. In mijn rozenkwartsen ruimte loop ik naar de zetel aan de muur waar ik mijn leraar aantref. Maar als ik hem nader komt er een enorme schorpioen tussen de zetel en mij dribbelen die mij niet door wil laten. 'Waarom sta je hier, schorpioen?' vraag ik. 'Wie niet zuiver is mag niet naderen' zegt hij, 'ik dood het oude ego, de zelfzucht.'
'Ik verzoek je dan om mijn oude ego en zelfzucht te doden' zeg ik. 'Mijn steek is giftig en pijnlijk, weet je wel wat je verzoekt?' vraagt de schorpioen. 'Nee, dat weet ik niet' zeg ik. 'Wil je van het oude bevrijd worden?'

'Ja'. Met een enorm krachtige zwaai slaat hij zijn staart tegen mijn hoofd. Mijn schedel splijt en ik ga hard neer. Ik ben zo enorm onder de indruk van de kracht en de snelheid van het beest dat ik niet schrik. Ik kom een beetje wankelend overeind. De schorpioen is nu klein, van normale schorpioengrootte en wandelt parmantig weg. Kennelijk heeft hij mijn zelfzucht letterlijk onderuit gehaald en ben ik nu in staat om mijn leraar getransformeerd te naderen en werkelijke interesse in anderen te hebben. De energetische klap is zo hard dat het fysiek nog even nadreunt als een soort gezoem in mijn hoofd.

Zonnestraaltje

Op een middag als ik in het bos loop, tast ik af of de matzwarte draak er is. Afgelopen weken is hij namelijk regelmatig bij me geland. 'Ik ben er heus wel, ook al voel je me niet' laat hij me weten, 'We gaan meteen aan het werk. Wat is het ergste dat je kan overkomen?'
Ik neem hem nu duidelijk waar maar voel me overvallen door zijn vraag. Ik denk na. 'Ik heb een bepaalde wens, als die nooit zou uitkomen' zeg ik dan. 'Ik ken je wens. Wat is nooit?' vraagt hij streng. 'Dat iets niet meer bestaat?' vraag ik. 'Is het dan nog in je gedachten?' vraagt hij. 'Ja' is mijn conclusie. 'Dan is het in het eeuwigdurend Nu, dus kan het niet niét bestaan' zegt hij triomfantelijk en ik begrijp dat de uitkomst van deze wens zich in het Nu bevindt. Ik probeer het te begrijpen, dat eeuwigdurend nu. Ik wil er verder op in gaan maar hij zegt; 'Wil je nog groeien? Dan gaan we op andere zaken over. Waarom ben je op aarde?'

'Om het goddelijke in de schepping te zien en te ervaren', zeg ik, 'Boven de dualiteit uitstijgen en als ik zelf verlicht ben wil ik anderen helpen te verlichten'. Ik weet dat het een hoog doel is maar dat is nou eenmaal mijn streven. 'Mooi, gelukkig heb je het niet over zoiets onzinnigs als gelukkig zijn' antwoordt hij. Maar hij corrigeert zich en zegt dat hij dat wat al te bot heeft gesteld. 'Het doel is in de eenheid komen, het gevolg is gelukkig zijn. Gelukkig zijn is geen doel maar een bijkomstigheid' aldus zijn stelling. 'Ik zal je helpen openrammen om dit te ervaren. Hoe wil je anderen verlichten?' vervolgt hij zijn rechtdoorzee onderricht. 'Ik wil een zonnestraaltje zijn' zeg ik na even nadenken. 'Een zonnestraaltje, waarom niet een zon?' zegt hij een beetje smalend, 'Verhef je tot een zon'. Ik probeer me voor te stellen hoe het is om een zon te zijn maar dat lukt me niet. 'Dat klopt, om de dualiteit te ontstijgen moet je een blokkade opheffen, het ego' zegt hij alsof het heel simpel is en een fluitje van een cent. 'De mens is bekleed met ego. Laat die bekleding los. Dat is de reden dat wij draken vuur spuwen, wij branden die lagen weg. Ik zal nu je ego-lagen weg gaan branden. Ga in het gelukzalig nietvoelen, probeer niet te denken of waar te nemen. Maar vraag je af wie je bent'. Ik probeer zijn suggestie te volgen en niet meer waar te nemen terwijl ik doorwandel. Al vrij snel voel ik me behoorlijk niet lekker, ik voel me duizelig en misselijk en mijn ademhaling gaat niet lekker. Eigenlijk ben ik daardoor nogal verbaasd.

'Verbaasd? Hoezo, denk je dat ik een verzinsel van je ben?' vraagt hij spottend. 'Ehm, ja en nee' erken ik. Meteen krijg ik een flinke haal tegen mijn hoofd. 'Weet je niet meer dat je nooit meer mag twijfelen?' buldert hij zijn terechtwijzing in me. Natuurlijk wil hij me met zijn dreun geen pijn doen al voel ik me energetisch wankelen. Zijn klap is slechts bedoeld om mij door elkaar te rammelen opdat ik me niet door denken en ratio van mijn pad af laat brengen. Ik voel een steek in mijn hart, zowel verdriet als grote vreugde omdat het zo 'echt' voelt en tegelijk zo ongrijpbaar. Ik zou kunnen huilen en lachen tegelijk omdat het zo indrukwekkend is. Smeulen, is de ingeving over wat het drakenvuur met me doet. 'Je hebt taaie lagen om je heen', concludeert de draak. We lopen inmiddels op het drakenpad. Een donkere, stille sparrenlaan. Alle geluid klinkt er gedempt, de grond is verend, de sfeer is plechtig, statig en wat gesloten. Maar vanwege de indrukwekkende hoogte van de donkere sparren en hun vele puntige uitsteeksels, restanten van dode takken, heb ik het 'drakenpad' genoemd. Daar voel ik de draak opeens veranderen. Het is of hij ontspant en toch een diep verdriet voelt, alsof hij nu toelaat dat dat er is. Ik herken het verdriet niet als het mijne, ik voel het zelfs niet in mijzelf maar links naast mij, op het pad, waar de draak zich energetisch bevindt. Het voelt als een diep gemis. 'Zwarte draak, waarom ben je zo verdrietig?' vraag ik voorzichtig. 'Verdriet, verdriet? Wat is verdriet? Verdriet is een illusie!' wappert hij het luchtig weg. Ik vind het vreemd dat hij verdriet heeft, ik vind het niets voor zo'n hoog en krachtig lichtwezen. Maar opeens valt me in wat er gebeurd is. Het verdriet heeft hij van mij losgebrand en doorgeslikt, opgenomen, waarna hij het als het ware liet inzakken in zijn grootte om te transformeren. Dat proces bij hem heb ik gevoeld. 'Zo, nu hebben we wel genoeg gewerkt voor vandaag', bromt hij en hij stijgt snel op. Het gaat bij hem bliksemsnel, tak tak tak, soms bot, al heeft hij humor en hartelijkheid. Het is vaak te veel om allemaal te onthouden en op te schrijven. Maar hoe dan ook, ik ben een stuk schoner gebrand.

Een ander huis spreekt

Ik doe een heling op afstand, ik stel de vrouw, Daisy, op en tast haar af maar krijg maar moeilijk informatie. 'Spreek eerst met het huis', oppert mijn etherische leraar. Ik maak contact met het huis dat ik overigens niet ken. Het huis kreunt en zucht. 'Ben jij Daisy vijandig gezind?' vraag ik want ik heb van Daisy gehoord dat er regelmatig problemen zijn in de elektriciteitsvoorziening en ze voelt koude windvlagen. 'Wat heeft die vrouw een ellende meegebracht en ik zit al zo vol', klaagt het huis (Voorheen heeft er een tragische wetenschapper gewoond en een gezin dat met scheiding- en drugsproblematiek te maken had. Daisy zelf kampt met oneindig veel problemen). Het huis staat te tollen en te zwaaien. Maar ik voel het waaien erom heen en erin, voor mij een teken dat er invloeden of pesters zijn. Dan voel ik kilte, iets griezeligs, het springt zelfs op mijn eigen nek en ik krijg kippenvel. Mijn leraar is verwijtend dat ik me dat heb laten overkomen, 'Zet je diamant aan', zegt hij. Met intentie doe ik dat en met moeite haal ik de invloed van me af. 'Stel het huis op', zegt hij als ik er mee klaar ben. Nu zie ik het huis op allemaal dunne pootjes, trippelend en het spotlacht. Het is of er telkens stoomontsnappingen uit komen met hele enge kille energie, ik hoor het geluid dat er bij vrijkomt. Ik voel me moedeloos, dit huis is tè erg. 'Is er geen genade?' vraag ik. 'Het is moeilijk, maar je krijgt het voor elkaar', beurt mijn leraar me op, dus ik ga door.

Alsof ik naar een stereotiepe horrorfilm kijk komen er allemaal gillende en vliegende idiote duiveltjes en gedrochtjes uit het huis vandaan die rond vliegen in hordes. Ik jaag ze weg. Als de griezels weg zijn zie ik een wezen waarvan ik 'weet' dat het het wezen van het huis is, als een grote ademende grijze bult, ingevouwen. Het voelt zwaar, dof, murw, afwerend. 'Huis', begin ik. 'Laat mij maar doodgaan, schiet mij maar lek', zegt het wezen en het doet een buitengewoon helder oog open. 'Huis ik heb je hulp nodig', zeg ik. Ik zie dat het wezen van het huis eventjes verbaasd is over dit verzoek, maar zich dan weer terugtrekt in nepslaap. Ik bemerk dat het zo lang belaagd en geplaagd is geweest dat het niets meer wil ervaren. Ik besluit moeder aarde om hulp te vragen. Vlak voor het huis ga ik de grond in. Vrijwel meteen voel ik de fijne, krachtige, opbeurende energie van moeder aarde, die nu met mij spiralend omhoog komt. 'Moeder aarde, ontferm u', zeg ik. Dan zie ik onder het huis een zware bel die afgeschermd is en de energie van moeder aarde niet doorlaat. Echter, terwijl ik er naar kijk verkleint de bel, de kracht van moeder aarde is toch sterker. De bel krimpt in tot het uiteindelijk een wittig kiezelsteentje is geworden. Ik vraag me af wat ik daarmee moet doen. Weggooien, op een altaar zetten?

'Eer het', zegt de leraar, 'Dit is het leed van moeder aarde, dit zijn de gevallenen' (ik weet niet precies wat hij daar mee bedoelt). Draag het op aan moeder aarde'. Ik pak het steentje op en wil er een soort begrafenis voor gaan doen maar zodra ik het in mijn handen heb verandert het in een witte duif die opstijgt met een mooie zon achter zich. De fijne en krachtige energie van moeder aarde spiraalt nu verder naar het huiswezen dat mee gaat in de spiralende beweging. Het huis deint en opent zich opzij waar allemaal zwarte energie wordt uitgebraakt. Op het laatst komt er nog wat pruttelend zwart zeepsop uit. Dan ontsnappen een soort nevels uit het wezen omhoog. Daardoor kan het wezen zich nu openen. Het voelt zich nu stukken beter, alsof het weer meedoet. Tot mijn tevredenheid zie ik hoe een nieuw, fris en vriendelijk stofhuis zich om het huiswezen opbouwt. 'Bestendig dit', zegt de leraar. Met krachtige intentie weet ik dat dit het enige, volmaakte, fijne huis is dat er is en kan zijn. Spontaan springen aan alle kanten horizontale vlaggenstokken uit de ramen waar zich vlaggen aan ontrollen, ik hoor zelfs trompetgeschal wat ik nogal overdreven vind maar de betekenis is duidelijk. In deze dimensies uiten symbolen zich vaak nogal nadrukkelijk. 'Voor vandaag heb je genoeg gedaan', zegt de leraar en ik beëindig de heling.

Verder met het huis

Door omstandigheden wordt de energie in het betreffende huis weer zwaar en ondermijnend. Daisy kampt al jaren met tegenslag en heeft ook frustrerende misverstanden en conflicten met diverse instanties. Ik stel het huis opnieuw op, het golft maar ik zie geen invloeden of bijzonderheden. Ik voel sterk dat ik naar binnen moet. Ik zet mijn diamant aan en neem mijn zwaard. In de deuropening zie ik Daisy die mij handenwringend om hulp vraagt. Met het zwaard raak ik het huis aan waarop het dematerialiseert en ik het grijze wezen van het huis te zien krijg, dat nog steeds deint op de energie van moeder aarde. 'Ik heb het zo koud', zegt het. Ik voel de kou nu zelf ook. Met veel overtuigingskracht adviseer ik het wezen van het huis dat het het stoffelijke huis moet binnentreden, dat het echt in de materie moet gaan incarneren omdat er anders invloeden in het materiehuis komen die Daisy en haar zoontje, en het huis zelf ook, kunnen schaden. 'Kan niet', zegt het huis en geeft aan dat er slecht onderhoud is. Ik zie kluwens elektradraden, weggedropen oude kit en pur en vochtige verpulverende bakstenen. 'Doe het toch maar', zeg ik, al voel ik dat het huis bang is dat het materiedeel zal verdwijnen. 'Jij moet hun warme deken zijn'. 'Nou, oké dan', zucht het huis.

Ik moet stevig helpen met mijn eigen kracht en wilskracht. Het wezen wordt steeds transparanter en minder grijs en ik zie hoe het oplost in de stoffelijke muren. Ik check, het huis staat nu stevig en ik bedank het. Ik zie Daisy weer, ze wenkt in de deuropening. Het stormt en ik word naar binnen geblazen, de deuropening is een zwarte tunnel. Ik plof in de woonkamer, de muren zijn allemaal ijle lichtgrijze dunne hele hoge boomstammetjes die met lege spookachtige gezichten in de stammen op ons neerkijken. Ik voel een subtiel kil briesje. Het is spookachtig luguber en niet prettig. Haar zoontje zie ik echter lachen, alsof hij de weg kent in dit spookbos. De boomstammen strekken nevelige armen uit waar ze Daisy, die bij een put op de grond zit, telkens mee aanraken en aftasten. Daar wordt ze nog banger en ellendiger van. Het jongetje zie ik huppelen, met een stok slaat hij af en toe op zo'n tastarm. Ik voel dat hij het als uitdaging en krachtmeting ziet en ook dat hij zijn moeder wil laten zien dat hij dit aankan. 'Wat wil je?' vraag ik één van de muurstammen. 'Aandacht, waardering', zegt de stam en ik voel dat er ook bedoeld wordt; fysieke aandacht zoals reparatie en opknappen. 'Wat heb je nodig?'

'Stabiliteit, ze huilt zo veel dat alle energie en vitaliteit wegstroomt', is het antwoord. Ik begrijp dat wat ik aan het huis toedichtte misschien wel gedeeltelijk bij Daisy zelf blijkt te liggen. 'Alles wat we haar geven stroomt weg, wij kunnen niet haar ruggengraat zijn', zegt het stammetje en ik voel bezorgdheid van de stammen voor Daisy. Zodra ik me dat realiseer voel ik warmte van het huis voor haar. Ik krijg nu ook te zien hoe het huis haar ziet, een bij een put zittende vrouw.

Ze blijft maar tranen storten in de put. 'Ze vindt het heel erg wat haar overkomen is in haar leven maar daarmee voedt ze haar leed', zegt het huis, 'Ze ondermijnt. Ze blijft erbij stilstaan, het gedenken, ze bouwt een monument voor haar leed'. 'Maar wat moet ze dan doen, huis?' vraag ik. 'Aanvaarden', zegt het huis, 'ik ben haar vriend, maar ze is zelf een bodemloze put'. 'Aha', denk ik, 'ik moet maar eens naar oude geloftes gaan zoeken'. De ingeving is dat die in de put te vinden zijn. Ik daal erin af. Op de bodem is een ruimte, ik zie een donkere tafel met een aantal documenten en een vrouw in het zwart. Zeer streng en eisend, als een bok op de haverkist. Met haar wijsvinger stampt ze op de documenten met dicht geperste mond en woedende ogen. 'Daar heeft Daisy zich aan te houden', sist ze. 'Niet meer', zeg ik, ik open mijn handen en vloeibaar wit licht stroomt eruit en verteert alles in de ruimte. 'Daisy is vrij, ontslagen van alle diensten', zeg ik. 'Daar komt niks van in', krijst de zwarte dame. 'Wat wil je?' vraag ik. 'Ze heeft dit te doen, dat is de wet', antwoordt de dame snibbig en snauwerig. 'Wat heb jij nodig?' vraag ik. 'Haar arbeid, ze moet werken, werken, werken'. 'Maar ze kan niet werken, ze is ziek, bovendien is de termijn verstreken', zeg ik. 'Mm', zegt de vrouw maar ze zwijgt. 'De termijn is verstreken, ze is klaar', zeg ik opnieuw. De zwarte vrouw staat met gebalde vuisten. 'Het is klaar', zeg ik nogmaals. Dan lost de vrouw langzaam op in het niets.

Ik check, er liggen geen documenten meer. Als ik bovenkom verdwijnt de put, er is alleen maar vloer. Daisy zit nog steeds verdwaasd op de vloer. Vanuit het huis voel ik dankbaarheid en liefde naar haar stromen. Dan gaan de kruinen van de stammetjes bewegen en ik zie dat ze allemaal vol met mooi groen blad komen te zitten. Opeens wijken de bomen allemaal, de open plek wordt een zonnige kamer. Ik zie Daisy weer huilen maar ze lacht erbij, het is nu opluchting. Ze springt op en gaat spontaan een rondedans doen. Als ik me afvraag of ik nog iets kan doen voel ik dat ik de heling al aan het loslaten ben, dus ik stop. Hoewel de gecompliceerde problemen waar Daisy mee te maken heeft, niet verdwijnen, hebben de gesprekken met het huis wel het effect dat er, helaas tijdelijk, geen dingen meer stuk gaan en Daisy en haar zoontje veel beter kunnen slapen.

Hoofdpijn

Sophia zit aan tafel, we zijn in de rozenkwartsen burcht. Ze gaat voor me staan en we vervloeien. Zo voel ik weer kracht. De laatste paar dagen heb ik weer erg last van hoofdpijn. Dan verschijnt mijn geliefde etherische leraar. 'Stel jezelf op', zegt hij. Uit mijn opgestelde lichaam komt een witte, als Donald Duck snaterende slang tevoorschijn. Hij staat heel hoog rechtop. Ik heb hem kort geleden voor het eerst ontmoet toen ik mijn dierbare nicht, die aan veel ernstiger hoofdpijnen lijdt dan ik, een heling had gegeven. Ik had hem uit haar verwijderd en ben nogal verontrust hem nu in mezelf aan te treffen. 'Wat doe jij hier?' vraag ik. 'Ik heb

hier mijn intrek genomen', snatert hij. 'Het is òf jij, òf je nicht'. 'Helemaal niet', zeg ik, 'je hoort bij geen van tweeën. Wat wil je?'
'Ik wil kost en inwoning'. 'Wat heb je nodig?'. 'Een lekker leventje'. 'En hoe voel je je dan?'
'Heel tevreden', zegt de slang. 'Eet mij maar', zeg ik en ik maak nectar van tevredenheid. Het verschijnt helemaal om me heen zodat de slang zich daar wel doorheen moet eten wil hij weer in mij intrek nemen. 'Ach, what the heck', zegt hij, 'het is eigenlijk wel lekker', en hij begint te eten. Ik krijg de associatie dat hij door de rijstebrijberg heen moet eten om in Luilekkerland te komen. Nu zie ik dat terwijl hij eet hij verandert in steeds meer steeds kleinere slangetjes, tot het uiteindelijk een wriemelende bal rijstebrij is geworden en alles verdwijnt. Maar nu moet ik nog een bondgenoot hebben, peins ik (in de chödtmethode werk je ook met bondgenoten). 'Ik ben je bondgenoot', zegt mijn leraar, terwijl hij onverwacht achter mijn opgestelde zelf vandaan komt. 'Kom maar mee'. We gaan via een tunnel en komen in de lichtwereld. 'Tank hier maar een beetje bij', zegt hij. In deze verrukkelijke sfeer voel ik de hoofdpijn snel afnemen.

Opnieuw hoofdpijn
Met Iegdries loop ik door het bos. De energie daar is vandaag heel vrolijk en liefdevol. Ik heb hoofdpijn vanuit mijn nek. Iegdries laat me mossen zien, zachte kussentjesmossen en ik merk dat ik nu kennis maak met het feit dat planten niet altijd ingenomen hoeven te worden. Als je je met ze verbindt sturen ze al energie. De mossen zijn strelend, steunend en behulpzaam en nemen het ongemak weg. De zachte energie van deze mossen voelt alsof er tastbare sluiers langs me glijden, verzachtend, rustgevend en heel prettig. Een heel bijzondere ervaring.

Hart
Al mijn hele leven heb ik af en toe een jachtig hart, alsof het zenuwachtig trilt in plaats van klopt. Het geeft me geregeld een druk op de borst en soms beneemt het me de adem alsof ik op mijn borst gestompt word. Soms is het meermalen daags en ook 's nachts. Soms is het helemaal weg. De laatste tijd is het behoorlijk toegenomen. Ik merk dat ik me er bezorgd over begin te maken en ik leg het voor aan mijn geliefde etherische leraar. Mijn leraar geeft me goede raad. Het is niet goed dat ik me zorgen maak want; 'Het hart is de verbinding, via het hart komt je werk tot stand. Een brug waar veel mensen over lopen komt ook in trilling'.

De raaf en ik vallen samen
Tijdens een sjamanistische reis ben ik in het heelal en kom bij een lange touwbrug met dwarse latjes. Op het eind staat links bij de pijler waar de brug over het heelal grenst aan grond een lantarentje. Het geeft wel licht maar verlicht de ruimte niet, ik zie nog steeds verder niets. Ik ga de brug over en kom op rotsbodem aan. De zon komt op en ik kan steeds meer zien. Ik loop over een vrij steile kale rotsberg.

In de verte is een berg waar een tempel tegenaan staat. Er verschijnt een Chinese monnik die links naast mij komt lopen. Hij heeft een grijze pij en draagt een lakpapieren parasolletje. We lopen zwijgend door. Het pad wordt nu erg steil, treden zijn in de rots uitgehakt. Dan verschijnt links het kloostercomplex, het bestaat uit drie houten verdiepingen met veranda. Als we aan de zijkant van de onderste veranda aankomen, staat daar op het hoekpunt net zo'n lantarentje als bij de touwbrug. De monnik doet zijn sandalen uit, klopt ze af en zet ze neer in een hoekje en ik zie dat hij sokken heeft met een aparte grote teen erin. Hij wenkt en ik volg hem de veranda op, het is een balkon dat over een enorm diep en ver ravijn uitkijkt, eronder zijn schuine steunbalken. In de verte zijn enorme bergen. Ik ruik een typische hooggebergte geur in de wind. Wat ik van de directe omgeving kan zien is dat de begroeiing stug is, kort-stelige bloemetjes, kort taai gras. De monnik heeft een stenen kommetje met hete thee gehaald en gaat nu in kleermakerszit zitten, ik ga naast hem zitten. Hij maakt absoluut geen haast met theedrinken. Elk idee dat ik heb om iets te doen, te vragen of te ontdekken hier, moet ik laten varen. Want ik moet eerst zitten, alleen maar zitten en me van de omgeving gewaar zijn, aanwezig zijn. Ik besef; geduld is een schone zaak. De monnik neemt de tijd die er voor staat.

Eindelijk is zijn thee op. Met zijn linkerhand haalt hij uit zijn rechtermouw een raaf tevoorschijn. Het is een mooie grote vogel met mooie zwarte veren en snavel. De vogel heeft een nieuwsgierig karakter, hij neemt me heel goed op. Hij heeft ook veel kracht, straalt autoriteit uit! Zijn energie, hij ís, hij straalt gezag uit. De monnik zegt; 'Deze raaf is voor jou, gebruik haar wèl'. Ze is dus een vrouwtje. De raaf heeft een rond zilveren belletje aan haar poot. De monnik laat de raaf van zijn hand los en ze vliegt nu door de vallei. 'Door dat belletje weet ik altijd waar ze is', verklaart hij. Dan staat hij op en gaat naar binnen, ik mag mee. Meteen keert de raaf terug en landt op zijn schouder. Binnen is het aangenaam warm. Links staat een ronde tafel met een ronde voet, heel eenvoudig. Op de tafel ligt een dik boek en een kristallen bol. De raaf gaat op de tafel zitten en gaat zichzelf van diverse afstanden en lichaamsposities in de spiegelende bol bekijken. Ze heeft er duidelijk plezier in. Tegen de muur aan de achterwand staat een natuurstenen trog. In de trog ligt een slang die er precies in past. De monnik pakt een stok. De slang komt uit de trog en wikkelt zich om de stok die een ronde houten knop heeft en heel recht is. Het lijkt een instrument te zijn waarmee de monnik voelt en aftast. Hij houdt zijn hand op de knop en gaat achter in de ruimte een deur door. Hij zoekt waar hij de stok neer kan 'steken'. Daar blijft de stok uit zichzelf rechtop staan. Uit de knop zie ik een soort fonteintje van paarse energie stromen. Dan draait de stok uit zichzelf een kwartslag naar een bepaalde richting. Hierdoor krijgt de monnik de boodschap om daarheen, waar een raam is, te lopen. Ik zie vanaf mijn plek het mooie uitzicht door het raam; blauwe lucht en mooie bergen in de verte. Het is of de knop van de stok een zender en ontvanger is en dat het nu gericht is op iets buiten.

Dan komt de monnik terug, houdt de hand vlak op de knop waarop de slang omhoog kronkelt, langs zijn arm, hals en hoofd en de kop komt nu op de plek van zijn derde oog. De monnik kijkt verwachtingsvol naar mij, alsof hij zeggen wil; hier gaat het nou om. Ik zie de kop van de slang om zich heen kijken, hij neemt waar voor de monnik die mij nu meevoert naar het venster. Ik mag zien hoe hij via de slang ziet; ik zie in de grote vallei energiedraden lopen, in diverse kleuren en afstanden. In mijn jeugd had je van die geometrische kunstwerkjes van draden langs spijkers gespannen, dat lijkt hier wat op. Ik zie in ieder geval paarse, witte, gelige, lichtblauwe lijnen. Op de bergen in de verte zie ik een dubbel beeld. Ik zie zowel de bergen, alsook lichtwezens, heel koninklijk, mannen, vrouwen, jongelingen die iets kleiner zijn, met gewaden en zelfs wagens. Een heel glorierijke wereld, alles is verlicht en vreugdevol. De monnik verstevigt even zijn hand op mijn schouder ten teken dat het nu klaar is. Ik ga weer terug naar de eerste ruimte. Ik wil de raaf 'onderzoeken' maar ze is mijn nieuwsgierigheid voor. Snel legt ze een ei. Ik pak het ei in mijn handen en meteen breekt het open. Er zit een koddig ravenjong in, met vleugelstompjes en bleke prikkerige veerbeginnetjes. Het kuiken is heel guitig en vrolijk en wordt snel volwassener, met zwarte veren. Als ze na korte tijd volwassen is geworden, is ze vrolijk maar ook een krachtige autoriteit. Ze voelt als geconcentreerde kracht. Heel gemakkelijk glijdt ze mijn hart in. Moeder raaf kijkt even en ziet snel dat het goed is waarna ze weer met volle aandacht in de bol gaat turen. Ik voel hoe de raaf in mij groeit en in mijn hele gestalte een grote en machtige raaf wordt. Ik voel hoe met haar onverzettelijkheid in mij tot ontwaken komt. Ze heeft ook geheimzinnigheid als kwaliteit; verborgen, occulte kennis. Het is of er af en toe vlaagjes kennis aanwaaien waardoor mijn veren gaan ritselen en ruisen en dan haalt de raaf, ik, het binnen. Ik bedank moeder raaf en de monnik en keer terug naar het hier en nu.

Bezoek aan een 'echt' huis
Ik denk na over het feit dat ik ook stoffelijk plaatsen bezoek, niet alleen geestelijk, om dingen waar te nemen die men als negatief beschouwt. Even ben ik bezorgd over het feit dat er dingen aan mij kunnen blijven kleven, maar dan bedenk ik; 'Ik ben liefde, alles dat niet liefde is, vindt geen ruimte om aan mij te kleven en alles dat van liefde houdt mag met mij vervloeien tot het klaar is om zijn eigen weg te gaan en mij weer te verlaten.'
Natuurlijk zet ik ook altijd de diamant aan. Aanzetten noem ik het, en ik doe het door met mijn aandacht even bewust naar de diamant in mijn buik te gaan.

Niet alleen in de geest kun je met een huis contact maken, ook ter plekke kun je je in verbinding stellen. Hoewel ik het fijn vind me van te voren even af te stemmen. Samen met Ida bezoek ik het huis van Daisy dat ik geestelijk al had leren kennen. Het is een rijtjeshuis en we gaan alle vertrekken langs. In de kelder vinden we de emotionele rest van een zwerfjongetje dat in de 2e wereldoorlog in spertijd de verlaten huizen binnenbrak op zoek naar proviand. Hij kwam uit een sociaal heel zwak gezin, waarschijnlijk van een schillenboer. Hij heeft volgens onze waarneming drie dagen vastgezeten op deze plek. Hoewel hij hier niet gestorven is, blijkt zijn energie er nog wel aanwezig. Kennelijk is hij toch tijdens de oorlog gestorven. We voelen dat hij nog ergens aan het dolen is en we willen hem naar het licht brengen, definitief overzetten. Door onze aandacht wordt hij naar ons toegetrokken. Hij wil graag dat zijn moeder hem helpt om over te gaan. Zij is de enige met wie hij een emotionele band heeft. Als zijn moeder komt is ze heel boos op hem. Ze pakt hem bij zijn oor en begint boos en verwijtend te kijven waar hij aldoor geweest is en dat hij voor de zoveelste keer niet geluisterd heeft en dat hij opgroeit voor galg en rad enzovoort. Toch vertrekken ze samen wat ik voel als een snelle golvende huivering door mijn lichaam.

Daarna is er rust in de kelder, een totaal ander gevoel. Tijdens een latere visite zal echter blijken dat noch moeder, noch zoontje echt naar het licht zijn gegaan, ze hebben elkaar slechts gevonden en zijn op weg gegaan maar hebben op de een of andere manier het licht niet gevonden. Als ik nu iets dergelijks ontdek let ik er altijd goed op dat de zielen echt aankomen in het licht. In de slaapkamer van Daisy's zoontje is de vloer energetisch golvend wat mij aan vliegdromen doet denken, ik zie hoe hij over bergen scheert. Daisy vraagt het hem later, hij heeft inderdaad vliegdromen, maar hij vliegt dan over de duinen. Op de logeerkamer vinden we een bijzonder vervelende energie. Ik maak er contact mee, waardoor ik het de gelegenheid geef zich te uiten. Eerst voel ik macht en manipulatie. Opeens zie ik de persoon die tot voor kort regelmatig in deze kamer sliep. Een vorig leven van hem ontvouwt zich. Hij is daar een stuurse indiaan voor een tent. De leider is overleden, de stam die in een bedreigde situatie zit en kwetsbaar is, heeft hem als tijdelijk leider aangewezen. In eerste instantie doet hij dat goed maar hij corrumpeert. Gaat stiekem mensen bespelen, tegen elkaar uitspelen en geniet van het effect dat dat heeft zonder dat mensen doorhebben dat het van hem afkomstig is. Er verschijnt een ander leven, waar deze man een stuk van zichzelf in is kwijtgeraakt door zelfafwijzing. Hoewel de persoon in kwestie niet aanwezig is, transformeren we de emotionele lading in de kamer. Het feit dat deze levens zich tonen komt omdat de ongetransformeerde thema's in diens huidige leven nog steeds werkzaam zijn. Bij de wc op zolder ontdekken we ook zware energie, ik zie letterlijk dat er ooit flink naast de pot gepist is en dat iemand zich hier vaak doodongelukkig opgesloten heeft. Er heeft een gezin gewoond van wie de zoon drugsverslaafd was geraakt. Opeens word ik er hard in mijn vinger geprikt. Even schrik ik maar dan realiseer ik me dat de verslaafde jongen zichzelf op deze plek per ongeluk in zijn vinger geprikt moet hebben. Om de energie te zuiveren sprenkelen we Florida water (zie verklarende woorden) in de wc-ruimte. Op de zolder voel ik geïrriteerdheid, een 'moeten' gevoel; het gaat over klusjes waar de oude wetenschapper eigenlijk geen zin in had maar toch vaak heeft moeten doen. De vliering geeft aan te vol gestouwd te zijn.

Per kamer kun je waarnemen of er lading is. Meestal zijn het opgestapelde negatieve emoties die lading veroorzaken. Soms is het een combinatie van emoties, boosheid, straling van zendmasten of elektronica, soms wateraders en soms overledenen die nog niet over zijn. Alles heeft invloed. Vormen kunnen storend zijn, er kan lading op voorwerpen zitten, iets dat lelijk is doet verzwakken, dode planten zijn stoorzenders, foto's kunnen triggeren. Er zijn boeken vol over geschreven. Getraumatiseerde natuurwezens kunnen de boel behoorlijk op stelten zetten. Als je hen liefde, erkenning en genezing geeft, polen ze meestal om en worden helpers. Zet van te voren je diamant aan, door er even bewust contact mee te maken, om zware of storende energieën zo snel mogelijk af te voeren. Ontstoren doe je met liefde, en zonder oordeel. Dat houdt je transparant. Het is afhankelijk van de emotionele gesteldheid (en het karma) van de bewoners of de energie schoonblijft, of dat zich nieuwe lading vormt. Als er bv door heftige emoties opnieuw zware lading is ontstaan, fungeert dit vaak niet alleen als stoorzender maar ook als magneet voor nieuwe storende energieën. Energetisch kan het dan zo weer een groeiende warboel worden. Ook visite kan een hoop energetische troep bij zich hebben.

Toevallige visite

Deze keer stem ik me af op ons eigen huis om het energetisch zijn reinigingsbeurt te geven. In de gang ontdek ik een energie van iets zoekends, wil het er nu in of uit?
Ik krijg het beeld van een oude man, groot en een beetje krom. Op klompen, met zeer hel blauwe ogen, een grove cementachtige huid. Hij lijkt me een beetje dement. Hij voelt niet als een visser (we wonen in een vissersdorp), eerder een landarbeider. Ik krijg te weten dat hier zijn 'boeltje' heeft gestaan voordat het moderne huis gebouwd is. Ik zie een klein huis, kleine schuurtjes, tuintje, een paar geiten. De man is verward. Hij lijkt me dement gestorven. 'Wie zoek je?' vraag ik. 'Sientje', antwoordt hij. Ik begrijp dat Sientje zijn vrouw is. Sientje verschijnt onmiddellijk, om hem op te halen. Een praktisch en geduldig type. Ze is tenger, draagt een gehaakte wollen zwarte omslagdoek. Ze neemt hem bij de hand. Wat bozig rukt hij zich los, keert om want 'zijn spullen liggen nog in de schuur'. Ik zet ze in licht, nu kan hij zijn gereedschappen laten voor wat ze zijn en met zijn vrouw naar het licht gaan.

De onderwereld

Als ik helingen doe, kan het zijn dat ik in een duistere wereld verzeild raak, ik noem het voor het gemak de 'onderwereld'. Daar is het angstaanjagend, mistig, kil en het stormt er vaak. Ik kom er meestal alleen terecht als ik zieledelen (zie verklarende woorden) op moet halen. De klussen lijken luguberder dan elders, maar toch is het er fascinerend. Deze maal ga ik via een diepe put. Als ik onderaan in de put kom is het open, er is geen bodem of grond. Het is er ondoorzichtig grijs en het stormt enorm. Er vliegen botten langs. Maar ik ben hier niet voor niets terecht gekomen, er ligt werk op me te wachten. Ineens verschijnt met dreunende hoefslag een paard voor me dat me zal brengen. Dit paard is echter wel heel erg dood, het is half skelet en half verrot vlees. Niet echt aangenaam om daar op plaats te nemen dus met intentie verander ik het in een levend paard; het wordt wit en heeft geschulpt tuig. Ik bestijg het en zie dat ik op een heel smal pad ben, een richel tussen twee afgronden waar kille mist uit opstijgt en hier en daar een bottige hand. In de verte zie ik een donker kasteel waar ik kennelijk moet zijn. Het heeft een vaandel met schuine strepen in geel en rood. De ophaalbrug wordt neergelaten, het traliehek wordt opgehaald en ik kom op de binnenplaats. Langs de muren staan zwarte harnassen als bewakers. Dan hoor ik galmende zware voetstappen en van de trap binnen in het kasteel daalt de bewoner af, de 'baas'; een in een donker harnas gestoken lijkachtig wezen. Ik weet dat in het kasteel gillende schimmen zijn die ik bevrijden moet.

De 'baas' zwaait zijn arm als toestemming. Meteen lost het kasteel op en tientallen schimmen, sommigen wit, sommigen grijs, moeders met kinderen, groepjes mensen, allemaal alleen maar zichtbaar als schim, stijgen op. Het kasteel is inmiddels helemaal vergaan en waar het gestaan heeft is het nu licht. Maar onder de grond is nog wat. Opeens weet ik dat 'ik' daar nog moet zijn. Ik vind een luik in de grond en doe het open. Een jong meisje stapt kordaat omhoog. Niet boos maar ze vindt wel dat het lang geduurd heeft; 'Had je niet eerder kunnen komen?' laat ze me weten als ze langs me loopt. Ze is een zeer zelfbewust persoontje, heel aanwezig in uitstraling. In continue wisselwerking want ik voel hoe ze mij betrekt bij haar waarneming en proces. Ze is bescheiden onbescheiden. Zodra ze boven is, wil ze even van de nieuwe sfeer proeven; frisse lucht, ruimte, licht, door zich dansend te bewegen. Ze is zeer gevend en open en geeft me een witte bloem, een soort margriet. Dan draait ze zich bliksemsnel zijwaarts. Laat met haar linkerhand een uil opvliegen en zij en de uil verdwijnen in het niets. Alleen dwarrelt er nog één veer naar beneden.

Ik pak de uilenveer en meteen schiet ik weg en zie mezelf als jonge indiaanse in suède jurk die met diezelfde veer contact maakt met andere dimensies: de doden, de energieën van de natuur. Ze doet dat heel puur en onbevangen, vol vertrouwen en vanzelfsprekendheid maar niet naïef. Ze is jong maar al helemaal vertrouwd met de dood en het leven. Ik voel hoe liefdevol ze is. Ongemerkt geeft ze haar steun en vrolijkheid aan hen die het nodig hebben. Ze is vriendelijk en zuiver. Zij is de indiaanse in haar jonge jaren, opgeleid door grootvader en die als oude vrouw ook al op mijn pad gekomen is. Ooit was ik haar. Ik val samen met haar en ervaar daardoor tijdloosheid, alsof ik precies de juiste schakel ben in de grootsheid van de schepping en de natuur. Als ik weer uit dat gevoel kom ben ik weer op de voormalige binnenplaats van het kasteel. Is het klaar hier? Nee, ik zie dat de baas, de zwarte harnassen zijn achter hem gaan staan, nog naar mij wijst. Hij wil kennelijk nog iets. Ik kijk waar hij naar wijst; ik blijk een lange zwarte dolk met ronde bloemen op het handvat in mijn handen te hebben. Snel grijpt de man mijn dolk, doorsteekt zichzelf er mee en op dat moment verdwijnen hij en zijn kornuiten in een winddraaikolk die met veel kracht langdurig blijft waaien. Uiteindelijk sterft de wind weg. Alles is weg. Het is goed. Ik draai me om en ga het smalle pad weer terug met aan weerszijden de kille mist waar bottenhanden uitsteken. Ik strooi licht over beide afgronden waardoor de mist optrekt en de skeletten er als in een horrorfilm uit klimmen en aan de wandel gaan, hier en daar omvallend of uit elkaar vallend wat er nogal komisch uitziet. De zielen stijgen zelf als mist op. Sommigen gaan het pad af naar de verte. Een aantal skeletten blijft leeg, zielloos, achter. Het pad begint omhoog te lopen en verandert in een bergkam. Ineens ben ik de onderwereld uit en bevind ik me in een gebergte. Ik weet dat ik daar een grot zal vinden. Ik neem afscheid van het paard en ga de grot in. Daar stijg ik op en kom uit de put.

Een flinke tijd later heb ik de volgende ervaring als ik een heling doe voor Louise, ik kom in een onderwereldachtige plaats. Louise is een vrouw die zich staande moet houden in zeer moeilijke omstandigheden ondanks chronische vermoeidheid. Regelmatig is ze bang dat ze het niet meer vol zal houden en dreigt dan in een depressie terecht te komen. Ik zie Louise verstrikt vastzitten in elastieken draden als een vlieg in een spinnenweb. Ik voel in op de elastieken. Er komt honend gelach uit, een nare, onsympathieke, verbeten energie. Als ik de draden stukmaak dreigt Louise in een diepe duisternis te vallen. Alsof de duisternis haar claimt en niet meer wil laten gaan. Oud contract, is de ingeving, dus besluit ik Louise na te springen de diepte in om op zoek te gaan naar dat contract. Terwijl we vallen besef ik na enige tijd dat ik heerlijk in de ruimte zweef. Oeps, ik ben haar kwijtgeraakt. Gauw ga ik op zoek. 'Gelukkig' hoor ik haar gillen, ik ga er op af. Diep, diep in het duistere vind ik haar in een kleine kerker. Dan verschijnt een zwarte rijzige gestalte die resoluut zijn zwaard voor zich op de grond plant. Het gezicht onzichtbaar in de zwarte cape met capuchon. 'Ik laat haar niet gaan', zegt hij met hooghartig gezag. 'Ik dàcht het wel', zeg ik, even beslist. 'Ze heeft zich uitgeleverd aan mij', lacht hij en wordt groter en breder en duivelachtig, 'Ik heb haar gespaard'. 'Je hebt haar helemaal niet gespaard, ze zit hier!' zeg ik verontwaardigd. 'Ik hou haar, ze is verrukkelijk', zegt hij. Hij wijst naar mij, met een bottige vinger, hij is nu de Dood, een skelet met een zeis. 'Als ik jou was zou ik hier maar weggaan', zegt hij dreigend. 'Jij bent de dood niet, de dood is mild', zeg ik nuffig. 'O dacht je dat?' zegt hij spottend en hij ademt lang uit en het is vreselijk koud en griezelig en ik krijg overal kippenvel. 'Ik ga, maar ik neem haar mee', zeg ik koppig. 'Hahahaha', lacht de dood, 'hier heb je haar', en door de tralies trekt hij een hand van Louise's arm af en smakt die naar mij. 'Louise, hou nog even vol!' roep ik om de dood heen door de tralies en met intentie zet ik haar hand weer aan haar arm. 'Goed', zeg ik, 'neem mij maar en laat haar los', en ik ga de kooi in. De dood wordt woedend, 'Wat denk jij wel, dàt is de bedoeling niet!'

'Jawel, dat gaat prima', zeg ik, 'ik zal je vermaken'. Ik laat me zien in mijn mooiste verschijning en ik ga voor de dood dansen. Al mijn schoonheid, compassie en blijdschap stop ik in de dans, zo bereik ik hem. 'Goed dan', zegt hij even later en hij opent de traliedeur om Louise vrij te laten, 'maar blijf nog even dansen'. Dat doe ik. Hoog in mijn neus krijg ik een geur van stoffigheid. Ik voel hoe ik de dood kan bespelen door hem oprecht mijn warmte en interesse aan te bieden, ik streel hem, pak zijn hand en draai rondjes om hem heen. Ten slotte vlij ik me in zijn armen waarop alles verdwijnt in zacht wapperend licht. 'Dit is de mooiste nectar', hoor ik de dood nog verheerlijkt zeggen. Ik realiseer me dat dit wezen, dat ik bij Louise waarneem, zich aan mij laat kennen via mijn eigen idioom en ervaring, omdat ik het ben die nu met hem communiceert. 'Nektar', zegt hij en we weten beide precies wat daar mee bedoeld wordt. Het volgende moment sta ik op een weidse, vreemd verlichte vlakte. Louise ligt dood naast me op de grond. De stofgeur doet lichamelijk pijn in mijn neus en hoofd en ik roep de engel te hulp die ik eerder bij Louise heb ontmoet. Ik wil invoelen wat er met haar aan de hand is. 'Het is me te veel geworden' is de ingeving en dan voel ik niets meer, het niets meer van Louise.

De engel staat afzijdig. Dan tilt hij haar op en houdt haar bij de oksels omhoog terwijl ze dood voorover hangt. Ik voel hoe de engel zijn liefde in haar lichaam straalt waardoor er via haar rug warmte binnen komt. Maar de dode stof-adem krijg ik niet weg, ook niet uit mijn eigen neus. Ik spring Louise's longen binnen en kom in een Egyptische sfeer. In een grote ruimte zit een machtig heerser een document te schrijven. Aha, het contract, bedenk ik. In de ruimte waait een kille tocht. 'Hier heb je haar gevangen gezet', constateer ik. 'Ze heeft het zelf gewild', zegt de heerser. 'Nu niet meer', zeg ik. 'Ze heeft getekend', zegt hij. Ik moet hoesten van de dode stof-adem die nog in mijn luchtwegen zit. 'Het wordt nù ontkracht!' zeg ik en ik pak het document met rood lakstempel en verfrommel het in mijn rechterhand. Maar het brandt een gat in mijn hand en vliegt weg als een prop. Wel verdorie. Met kracht haal ik het terug en besef dat ik het eerst moet lezen. In de lucht vouwt het zich open. Ik kan het niet lezen of weten wat er staat maar ik merk dat er een hele akelige sfeer vanaf komt. Snel richt ik er licht op. Het document vat langzaam vlam met het geluid van een kalme soldeervlam en valt dan als stroperig vloeibaar vuur op de grond. Ik pak het vuur in mijn hand om het mee te nemen naar Louise. Ik laat de man achter want niet hij is het probleem, het is het contract in Louise zelf. Dan sta ik weer voor haar met de stroperige vlam in mijn hand. Louise gaat gillen als ze het ziet, zo schreeuwt ze de dode stof-adem uit haar longen en is meteen tot leven gewekt.

'Dat, dat is het', roept ze angstig wijzend, 'dat is wat me in zijn macht heeft'. 'Ontkracht het maar', zeg ik kalmerend. 'Hoe?' bibbert ze. 'Jij bent de heler', zeg ik, 'jij bent de magiër, als je dit tot stand hebt kunnen brengen, heb je ook de kracht om het te breken'. Ze realiseert het zich. 'Simsalabim', zegt ze aarzelend en ik schiet ontzettend in de lach. 'Zo niet', gier ik van de lach, 'met je kràcht, je intentie'. 'O ja', zegt ze een beetje hulpeloos. Ze kijkt nog even vragend naar mij, maar het is niet aan mij hoe ze het gaat aanpakken. Dan ineens, hop, pakt ze de vlam en eet hem op. Ze schrikt van zichzelf, bang dat hij haar nu van binnen zal verteren. 'Nu volhouden!' roep ik, 'Verteer hem, transformeer hem, voel je kracht, jij bent de bestuurder!'

Dan voel ik een enorme ontspanning komen en opluchting bij de engel die zijn adem zelfs had ingehouden. Ze heeft het gered. Met ons drieën maken we een vreugdedansje, dan bedanken we de engel en ik stel Louise weer op. Ze staat met de voeten op de grond en ik zie geen elastieken meer, ze voelt vrolijk en fysiek warm. De heling is klaar, maar ik moet erna wel mijn neus snuiten om de laatste resten dode stof eruit te blazen. Dat stof blijft overigens nog zeker twee dagen in mijn neus hangen.

Zieledelen

Het sjamanisme zegt dat je stukken ziel kunt kwijtraken, door trauma's. Die afsplitsingen verblijven in 'het traumagebied', en ik vind ze geregeld in een soort onderwereld, een soort hel. Een oord waar het trauma eeuwig lijkt te zijn aangezien tijd daar niet bestaat. Zowel in de onderwereld als in andere delen van de visioenenwereld komt het voor dat zielen of schimmen naar het licht gaan. Volgens mij hoeft het niet altijd zo te zijn dat 'complete mensen' dan vast zitten en naar het licht gaan, ik zie het eerder als afsplitsingen, stukjes geheugen die verdrongen en niet verwerkt zijn, die nu uit het trauma mogen loskomen. Als ze verwerking en transformatie ondergaan kunnen ze weer geïntegreerd worden. Sjamanen zeggen dat je zeven generaties alle kanten op, helpt, als je stukken ziel terughaalt. Je helpt je voorouders, je nageslacht, en jezelf, nu en in eerdere incarnaties en zelfs volgende incarnaties. En anderen kunnen zo weer stukjes van jouw afgesplitste zieledelen bevrijden en naar het licht van integratie brengen. Een afgesplitst zieledeel is een gedesintegreerd stukje Zelf. Het is er nog wel, maar het verkeert in paniek, angst of ontzetting, schuldgevoel of nietswaardigheid of wat dan ook. Door trauma is het afgesplitst geraakt van het geheel, blijft hangen in de emotie, is als het ware uit de tijd geraakt. Het wijst zich af, of een ander, of een situatie. Deze afgesplitste delen kunnen heel veel problemen opleveren. Op het gebied van de psyche, denk aan angsten, faalangst, irritaties, dwanggedachtes, hardheid, afkeer, kortom elk gedrag of emotie waar je maar geen controle op lijkt te krijgen. Maar ook fysieke ziektes kunnen hiermee te maken hebben. Deze afgesplitste delen zijn er immers nog steeds, al is het onbewust. Ze fungeren als stoorzender en zorgen er voor dat hun thema's zich telkens herhalen totdat ze gezien en gevoeld durven worden. Pas dan kan het verwerkingsproces beginnen. Aanvaard in liefde, zoals 'mijn' engel zou zeggen. De man in de onderwereld doorsteekt zichzelf met mijn dolk. Hij neemt op deze wijze afstand van een oud stuk karakter, waarschijnlijk iets militairs, gezien zijn harnas en de vele zielen in het kasteel. Iedereen is vaak levenslang verbonden met een aantal andere zielen. Als je incarneert kom je deze mensen weer tegen, als bloedverwant of als zielsverwant. Deze keer heb ik hem geholpen, met mijn dolk. Volgende keer zal hij mij weer helpen. (Een deel van) Louise zat vast in de onderwereld, werd zelfs bewaakt. Dankzij onderhandeling en liefde kon dat afgesplitste deel bevrijd worden waardoor ze zich krachtiger kan manifesteren in haar huidige bestaan.

Zelfafwijzing die ziekte werd

Via via heeft Lola contact met mij gezocht. Haar geliefde kat Lili heeft een inoperabele snelgroeiende tumor in zijn hoofd. Lili is haar alles, hun band is exceptioneel diep, of ik met hem wil praten. Via zijn foto maak ik contact met Lili en hij geeft aan dat zijn neus voelt of het bot met een klauwhamer gespleten wordt. Naderhand test ik een aantal homeopathische middelen voor hem en maak me zorgen om zijn conditie. Tijdens mijn dagelijkse boswandeling zit ik nog erg over hem in. Hij heeft zo'n helder en liefdevol bewustzijn. Ik vraag Lili of ik nog iets voor hem kan doen of dat hij toch wil sterven. Ik merk dat hij erg bezig is met zijn lichaam en dat ik hem nu niet moet storen. Ik besluit de tumor aan te spreken. 'Tumor, zou je willen vertrekken uit Lili?' vraag ik beleefd. 'Dat hangt er van af wat ik er voor krijg', antwoordt de tumor. 'Wat wil je krijgen dan?' vraag ik een beetje verbaasd. 'Een eerbetoon', zegt hij; 'Dit is de tumor die Suleiman op de knieën kreeg'. En hij laat me een soort plaquette zien met deze tekst en een beeldje van een lugubere zwarte vogelklauw die een bolletje vastgrijpt.
'Waarom wil je dat Suleiman op de knieën gaat?' vraag ik en ik realiseer me dat Lili kennelijk ooit Suleiman heeft geheten. 'Het is hem naar zijn hoofd gestegen, hij kan zich wel voor zijn kop slaan, hij kreeg kapsones', foetert de tumor nu. En opeens besef ik; deze tumor is een oud, afgesplitst, niet geaccepteerd deel van Suleiman zelf. Meteen daarop krijg ik het beeld van een poema-achtig dier, of een leeuw zonder manen, misschien zelfs een caracal; Suleiman in een leven waarin 'het' hem naar zijn hoofd is gestegen waarna hij zich voor zijn kop had willen slaan. Ik voel dat Suleiman een belofte heeft gebroken of een afspraak teniet heeft gedaan en daar naderhand heel veel schuldgevoel over heeft gekregen. Ik vind het niet relevant de precieze oorzaak te achterhalen.
Ik ga naar het hoger bewustzijn van Suleiman en vertel hem; 'Alles is vergeven, jij

bent vergeven, vergeef jezelf, jij bent volmaakt'. Ook de tumor is meegekomen naar Suleiman's hoger bewustzijn en er ontstaat zo veel liefde en zo veel zachtheid, dat het indrukwekkend is. Ik ben zo in vervoering dat ik over de bospaden lijk te zweven. De tumor verzacht en verandert in een witte nevel en stijgt, via mijn hart, vol liefde en vrede weg. Ook het hoger bewustzijn van Suleiman raakt heel erg ontroerd en vervalt in vrede en overgave. Het eerbetoonbeeldje van de vogelklauw verandert; het wordt een koesterende hand die vol liefde het bolletje op de palm draagt. Ik voel hoe Suleiman verantwoording aflegt voor zijn daad en daar tegelijk vergeving aan schenkt. 'Suleiman, kun je je zelf totaal accepteren en liefhebben?' vraag ik. Plechtig zegt hij; 'Ik leer van mijn fouten, ik hoef er niet meer voor te boeten'. 'Dat vind ik wijs van je', zeg ik bewonderend.

Dan zie ik hem weer als de lijdende kat Lili. Hij is zwak en fluistert; 'Het is goed zo. Ik ben volmaakt in mijn onvolmaaktheid. Ik wil sterven in haar armen'. Hij laat het beeld zien dat hij bij Lola op schoot ligt, zijn voorpootjes naast elkaar. Heel erg vredig, heel erg mooi, zie ik hem wegzakken. Of het de slaap of de dood is maakt niet meer uit. Het is bijzonder ontroerend en indrukwekkend. Dit grote stuk van zelfafwijzing is nu eindelijk geheeld. 's Avonds laat loop ik nog een rondje door het bos en maak contact met Suleiman. Ik zie zijn hoger bewustzijn erg hard lachen. Ik twijfel aan mijn waarneming en verbreek het contact. Voor het inslapen ga ik nog even naar mijn burcht. Tot mijn verbazing zit Suleiman aan tafel tegenover Sophia en ook nu is hij bijna onstuitbaar aan het lachen. Ik weet niet wat ik er van denken moet. Maar dan legt Sophia uit dat ik niet aan mezelf hoef te twijfelen: Suleiman is zo opgelucht door het samenvallen van het oude stuk schuldgevoel en de vergeving waarbij de tumor in vrede is opgegaan dat hij die spanning alleen maar kan loslaten door zo bevrijdend te lachen.

Ik blijf een week geconcentreerd met Lili bezig, waarbij ik me enorm bezorgd en vol twijfels voel over zijn lichamelijke conditie. Als ik me met Lili verbind lijkt hij zo zorgeloos; 'Ik word weer beter, het is niets'. Toch besluit Lola op een gegeven moment de dierenarts te ontbieden om Lili 'in te laten slapen'. Hij kan niet meer eten en haast niet meer ademen. Ze kan het niet meer aanzien. Een zeer ingrijpende en emotionele beslissing voor ons allemaal. Achteraf zou Lili misschien meer tijd nodig hebben gehad voor een lichamelijke ommekeer maar dan nog zou het gedurende een periode een lijdensweg geweest zijn. Zijn geestelijke heling is het belangrijkste geweest.

Papa Zeewolf
Op een middag in het bos neem ik een reusachtige pekachtige zwarte gestalte waar. Het is een wezen uit de grond onder het huis van Hazel. Het voelt brutaal, zeer zelfbewust en boosaardig. Hazel heeft mijn hulp ingeroepen voor een aantal problemen. Zo heeft ze veel lichamelijke klachten en tijdens mijn wandeling maak

ik een begin met schouwen waarbij ik dit wezen onder haar huis ontdek. Later die middag ga ik in meditatie om Hazel een heling te geven. Zodra ik begin komt de zwarte gestalte weer te voorschijn. De aanblik van het wezen doet mijn concentratie verslappen. Mijn etherische leraar en ik kijken naar het wezen terwijl het meters op en neer deint met een slurpend, modderig geluid. Het beweegt zo sterk dat ik er een beetje draaierig van word. We zetten het beeld stil en gaan onder Hazel's huis kijken. Dikke zwarte golven rollen af en aan, het lijkt een strand. Het wezen blijkt oude verstoorde zee-energie te zijn. Ik zie dat het wezen in huis spullen zoekt, pakt en meeneemt. Het lijkt bewust op zoek te gaan naar wat het hebben wil. 'Stop, wat wil je?' roep ik het toe. 'Levens', zegt het en ik frons om dit alarmerende antwoord. 'Hoe voel je je dan als je die krijgt?' vraag ik. 'Machtig', is zijn antwoord. Ik stort nectar van macht uit in de zwarte golven onder het huis. Het wezen lijkt nog groter te worden. Het is of hij aandachtig aan het proeven is. Dan wordt het waterig groengrijs en het wezen verandert in een mannelijke zeemeermin, met een zeer dikke staart en het lijf en gezicht die lijken op het astrologische schilderij van Johfra: 'Vissen'. 'Zò wil ik het hebben (als de groengrijze zee die hij laat zien), maar zo ìs het niet!' roept hij boos. 'Snap je nou waarom ik levens wil, ik ga dood in deze bagger. Eens was ik machtig. Nu voed ik me met spullen waar het leven aan kleeft omdat het emotionele waarde heeft, herinneringen. Zo krijg ik leven van de levenden via hun herinneringen en hun dierbaarheid'. (Hazel vertelt hierop dat er inderdaad af en toe op raadselachtige wijze spullen verdwijnen. Soms komen ze veel later even raadselachtig dan weer tevoorschijn.)

'Wil je terug naar het water?' vraag ik hem. 'Ik zwem in het bewustzijn van de levenden, maar dat is uiteindelijk geen plek voor mij. Ik wil levend water, bewegend water, breng me naar de zee'. 'In wat wil je vervoerd worden?' vraag ik. 'In een kruik (natuurlijk geen warmwaterkruik). Als het maar een bolle buik heeft', zegt het wezen, 'met groot verschil tussen nauw en wijd, in die verhouding voel ik mij voor korte tijd het beste'. Hij laat me zien dat er een zeester op de bodem van de kruik ligt. 'Als jullie dat niet hebben is een takje blaaswier of een schelp ook goed', zegt hij. 'Waar wil je heen?'
'Naar Noordwijk'. Ik voel dat het contact wat gaat 'verwateren' en ik ga Hazel's huis nog even in en stel dan Hazel en haar man op. Bij hen verschijnt een zeemeeuw, met een oranje snavel. 'Papa Zeewolf komt er aan', krijst de meeuw als aankondiging aan de zee in Noordwijk. 'Geef alle leven terug dat je genomen hebt', gebied ik papa Zeewolf. 'Dat kan nog niet, pas als ik ga', antwoordt hij en hij verbreekt het contact. Sindsdien heb ik periodiek contact met hem en wachten we op een moment waarop hij definitief naar zee kan gaan. Opmerkelijk is dat Hazel's huis gebouwd is op een plek waar ooit oude zeekreken waren die tijdens vloed vol stroomden. En regelmatig voelt ze het huis deinen en zwaaien.

De bergdeva

Een sympathieke oude heer, Guus, komt regelmatig op visite met zijn kristallenverzameling Als hij een nieuw exemplaar heeft, wil hij me daarmee kennis laten maken. Deze maal neemt hij een bergkristal mee die vlak onder de punt is afgezaagd. Ik voel de steen in; ze blijkt pijn te lijden omdat de zaagsnede zo dicht onder haar punt is. Ze ervaart dat als 'in het vlees'. Ze stoot wolkige witte energiepufjes uit, doffig, ziek. Ik voel erg veel verdriet bij haar en wil contact maken met het moedergesteente. In plaats daarvan kom ik terecht bij de berg waar ze uit komt. Ik krijg het woord; Berendina, Bernina. Ik weet dat de Bernina een berg is in Zwitserland. Tot mijn verbazing laat de deva van de berg zich nu zien; een vrouwelijk wezen, inderdaad zo groot als een berg, met een krans van lichtbruine en wittige bloemetjes in het vlasblonde, lange haar. Sterke armen, een enorm krachtig wezen maar met zo'n verdriet, immens. Waar is ze zo verdrietig om?
We zoeken de Bernina op in de atlas, het is een hele bergketen, en zetten het kristal op de kaart. Zo kan ik gaan invoelen. Ik zie de gedrongen plantengroei van het hooggebergte, vooral de gele biggenkruid bloemetjes.

Ik zie druppels langs een grillig gevormde ijsrand van een gletsjer druppelen. Dit beeld laat ik een tijdje duren, misschien zit hier een heling in, maar nee. Het verdriet en de pijn worden niet minder. Dan ga ik van bovenaf de berg bekijken om op een andere manier naar heling van het verdriet op zoek te gaan. Zodra ik dat doe, zie ik zwarte vogels; alpenkraaien. Verwonderd zie ik dat ze de bergwand inspecteren op wonden en schade. Als ze dat vinden merk ik dat de deva via de vogels spanning en verdriet kwijt kan, de vogels horen haar aan en 'vliegen het er uit'. Ze ontladen haar. Even later zie ik de deva vuisten maken en ze drukt haar gekromde armen naar opzij, dit veroorzaakt een lawine. Ik zie de rotsblokken naar beneden tuimelen en uiteindelijk op begroeide groene grond terecht komen; een grazig grasveld. Aha: gras; ik haal het afgezaagde kristal van de kaart af en zet het op het gras van de tuin waar we zitten omdat het heerlijk weer is. Ik krijg het beeld dat er een stuk bergkam is afgeschraapt en bedekt is met asfalt en gebouwtjes. De natuurlijke begroeiing is verwijderd. Ik kan me voorstellen dat de deva dat als heel pijnlijk ervaart. Ik ben diep onder de indruk van het feit dat ik de bergdeva zo sterk voel, maar nog meer omdat ze zo veel pijn en verdriet heeft. Na een uurtje haal ik de afgezaagde steen van het gras. Wat een verschil; rust, inkeer, stilte. Fijne energie is diep ingetrokken tot haar kern, ze is losgekoppeld van zowel het moedergesteente als van de bergdeva, en het is goed. Ik voel ook een trots, een fierheid in haar, dat heeft ze van de bergdeva ontvangen. Maar ik merk ook dat er tijd nodig is eer deze stilte en rust zodanig is 'ingetrokken' dat dit kristal heilzaam is en geneeswerk kan gaan doen.

Een Lemurische steen

Vriend Luc is op visite en heeft een 'Lemurisch zaadkristal' bij zich, een soort bergkristal. Men zegt, vertelt hij, dat de horizontale richeltjes in deze stenen er in Lemurische tijden in gelaserd zijn, of ik er iets bij kan voelen. Ik neem de steen in mijn handen en stem me op hem af. De volgende beelden dienen zich aan; de sfeer van midden Amerika, een zwartharige mannelijke priester, die met zijn laatste krachtsinspanningen, het voelt of hij stervende is, alle informatie die in hem is, in deze steen inbrengt. Dit speelt zich af in een weelderig oerwoud, met steile rotsen, houtige lianen. In een grot zijn nog vier à vijf andere mensen bezig dit soort stenen te delven of te bewerken. Waarom is de priester stervende, vraag ik me af. Maar dan gaat het beeld op zwart. Ik moet een laag dieper voelen om er in door te dringen. Daarna voel ik het grote verdriet van deze priester, maar ook het grote verdriet van de gehele Lemurische gemeenschap. Mijn ingeving is dat pas wanneer je dit collectieve verdriet en deze traumatiek aanziet en transformeert je in de Lemurische herinnering kunt komen. Het is of het hele volk collectief op zwart is gegaan, uitgeblokt is geraakt. Ook de priester kan nauwelijks nog bij zijn informatie. Het lijkt me dat vele mensen die nu geïncarneerd zijn, de oude Lemuriërs zeg maar, niet bij hun volledige potentiaal kunnen omdat het collectief nog 'op zwart staat' door het trauma van toen. Ik wil invoelen wat het trauma dan is, wat is er gebeurd dat zo'n impact heeft gehad. Ik stem me nog dieper af en zodra ik door het zwart heen kan breken, zie ik een weelderig landschap met een gemeenschap met veel lichtheid, vrolijkheid, speelsheid en kleur. Ik hoor zuivere hoge klanken, ik zie 'sirenen', vrouwen, zeemeermin-achtig, die op bewuste locaties, uitstekende rotspunten, grassige kommen, diverse hoogtes, allemaal met hun stem zuivere klanken en tonen uitstoten en door de samenzang van die klanken meehelpen bij creaties en harmonie van gebieden en dergelijke. De hele gemeenschap functioneert vanuit een collectief bewustzijn. Men haalt informatie en vitaliteit uit de aarde. Ik zie een stuk of drie hogepriesters die het bewustzijn van de hele groep reguleren, liefdevol en licht. Volgende beeld; ik zie een dofgroenig reptielachtig wezen. Dit is een strak, streng wezen dat niet open staat voor gevoelens van anderen, laat staan er rekening mee houdt. Hij spreidt een glibberige, slijmerige energie af hoewel zijn huid droog is. Ik zie dat meerdere van dit soort wezens de krachtplekken waar de sirenen zitten, innemen en er zwarte wielen opzetten en de krachtbronnen zo dichtdraaien. De drie hogepriesters worden overmeesterd en de aarde kan haar informatie en energie niet meer aan de bevolking doorgeven. De bevolking als collectief verliest daardoor de input en 'gaat op zwart', verliest het contact met de bron, de informatie, zowel met zichzelf als met de aarde. Ik ga als vertegenwoordiger van de aarde naar het reptielwezen om mijn 'erfdeel' terug te eisen. Het reptielwezen staat rechtop met een lange staf, er achter steeds breder wordende rijen van dezelfde reptielwezens. In de verte staat een groot rond ruimteschip. Het reptielwezen buigt zijn kop in erkenning als ik voor hem sta. Als ik invoel wat ze nodig hadden van de aarde dan is dat informatie en vitaliteit. Door de wielen kon de aarde dat niet meer aan de natuur en mensen geven, het werd daarentegen afgetapt en ondergronds kwam het in het reptielenschip terecht. Zonder woorden geef ik aan dat ik de informatie en vitaliteit van de aarde terug wil voor de aardlingen en ik draai de wielen open. De reptielen erkennen nu dat dat inderdaad moet gebeuren, ze draaien zich om en gaan hun ruimteschip in. Daarin zie ik een zeer groot zwart ruitvormig kristal. Het schip verheft zich en ik zie hoe alle reptielen via het zwarte kristal verdwijnen en tot slot verdwijnt het hele schip via het kristal uit deze dimensie. Ik voel nu dat zij en ik, en de Lemuriërs, elkaar in respect en vriendschap groeten. Op de plekken waar de reptielen zich hebben opgehouden voelt het nog heel zwaar en moeitevol. Nu de wielen op aarde weer opengezet zijn stromen daar hoge rechte fonteinen van vreugde uit. Door de vreugde die vrij komt lost de laatste rest zwaarte van de reptielen op. Ik begrijp dat de Lemurische zaadkristalstenen mensen die het Lemurische trauma in zich dragen waardoor ze 'op zwart staan' en niet bij hun volledige potentiaal kunnen, helpen om door het trauma heen te gaan naar de herinneringen van daarvoor en weer aan te haken op de kennis van het collectief. Aangezien in andere dimensies de tijd niet als zodanig bestaat, kunnen er helingen gedaan worden in wat rationeel gezien het verleden is. Ik heb me nooit zo bezig gehouden met Lemurië, maar door deze beelden stel ik mijn ideeën daarover bij.

Metaalsteen

Guus, de oude stenenliefhebber, heeft nieuwe stenen ter beoordeling meegebracht. Alle stenen hebben hun verhaal, maar vooral de pyrieten vind ik interessant. Ze zijn heel anders dan de stenen kristallen die allemaal hun eigen karakter en bewustzijn hebben. Hoewel pyriet ook een kristal is bevat het veel ijzer. Ik neem een pyriet in mijn hand en voel een heel kalmerende werking. De pyriet heeft het vermogen je naar een rustpunt te brengen. Zijn energie is omlaag gericht. Hij helpt je inkeren, dieper gaan, zelfs de aarde in. In de aarde voel ik een focuspunt, een soort kernpunt van kracht. Daar is een zware, gonzende, diepe klank of resonans. Als een soort energetische locatie van de 'wortel' van de pyriet. De ingeving is dat je met dat punt de steen opdrachten kunt laten uitvoeren. De pyriet verlangzaamt en verdiept de ademhaling en brengt de gedachten in de geest tot rust. Ik krijg kobolden diep onder de aarde te zien die na hun arbeid blij worden van de gedolven pyrieten. Ze nemen de energie tot zich en ontvangen zo weer energie en vreugde. De pyriet zal erg goed werken bij alles dat chaotisch of te snel is. Ik moet meteen denken aan adhd en slapeloosheid. Maar ook aan epilepsie door chaotische of verkeerd opspringende hersengolven, onrust, paniek, malende gedachten, te snelle schildklier, onrust, taai slijm in de longen en dergelijke. En heel goed om mee te mediteren. Als bv bij stress je energie te hoog is, haalt hij je naar beneden. Ik ben zo enthousiast dat ik mijn eigen pyriet ga invoelen, ja ook, dezelfde sensaties! Verlangzaming van de ademhaling, hij haalt je uit je denken, is sterk grondend.

Drakenbloedboom

Gedurende het ziekteproces van mijn leermeester, de heer Apollo, vraag ik tijdens de dagelijkse boswandeling aan Iegdries of hij nog een tip heeft voor hem. Apollo heeft heftige pijn onder andere in zijn handen. 'Waar denk je zelf aan?' vraagt Iegdries terug. Ik denk aan duivelsklauw. 'De duivelsklauw, what's in a name', lacht hij prijzend, en de plant past ook uitstekend bij hem, je hebt mij dus helemaal niet nodig. Maar denk ook eens aan de drakenbloedboom. Deze boom groeit aan de voet van de Teide, de vulkaan op Tenerife, duizenden jaren oud. Voel hem in'. Ik ken de boom niet maar als ik me op hem instel voel ik een heel compacte energie. 'Inderdaad', bevestigt Iegdries, 'hij lekt geen energie weg'. Ik voel ook dat hij tamelijk stoïcijns is, ook al staat hij onder een vulkaan. 'Wat zegt dat dan voor Apollo?' vraag ik. 'Als het einde komt, aanvaard het met een glimlach, en waardig', antwoordt Iegdries. 'Gaat hij dood dan?' vraag ik geschrokken.

'Niet nu, maar toen', zegt Iegdries raadselachtig. 'Onder een vulkaan staan houdt risico's in. Apollo had een missie. In deze boom zit grote kracht. De kracht van 'Ik Ben die Ik Ben'. Je moet teleurstellingen kunnen incasseren. Als je zelfverwijt voelt of spijt, zit je niet in de kracht van Ik Ben die Ik Ben. Hij heeft zijn best gedaan, meer kun je niet, hem valt niets te verwijten, dat moet hij dan ook niet naar zichzelf doen. Het doet inderdaad pijn om te zien dat de mensheid nog zo veel slechts in zich draagt maar het heeft helemaal geen zin dat zelf voor hen uit te werken, dat is ook de bedoeling niet. Hij wist dat zijn missie zou kunnen mislukken. Dat moet je kunnen incasseren op waardige en stoïcijnse wijze. Zonder het op jezelf te betrekken. Als je dat niet kunt moet je niet onder een vulkaan gaan wonen. Projecteer de Ik Ben die Ik Ben kracht van deze boom naar hem'.

Niet alle reptielen zijn slecht, marteling in een zeer ver verleden

Ooit heb ik gehoord van de zogenaamde 'reptilians' oftewel de reptielen. In de volksmond zouden dit zeer kwaadaardige buitenaardsen geweest zijn. Bij de Lemurische steen zag ik inderdaad reptielachtige wezens en hoe zij onze planeet aarde gingen exploiteren. Maar niet alle reptielen waren slecht. Het zal blijken dat velen zuiver en hoogstaand waren. Ik ga een heling doen voor de heer Apollo want de pijn is na een verbetering opnieuw ondragelijk. In deze heling kom ik er achter wat zijn missie was. Als ik Apollo opstel zie ik hem trillend van angst, zijn handen uitgestoken. Hij ziet er uit als een reptiel; groenig, kleine armen of voorpoten met een vreemde klauw, maar hij is kleiner dan ikzelf. Zonder woorden roept hij om hulp. Hij is bezig te verbrokkelen, uit elkaar te vallen. Iegdries staat links van me en bekijkt het vol kalmte. Als ik Apollo's klauwhanden wil pakken voor troost en heling vallen ze uit elkaar. 'Aanvaard het in liefde zeker hè?' vraag ik onzeker aan Iegdries. 'Inderdaad', zegt hij en hij wijst naar de polsstompen. Ik voel in en zie dan een heel groot licht plein. Apollo is hier, hij is een reusachtig op de achterpoten staand dinosaurus-achtig wezen, met een staart waar hij op steunt en kleine armen. Hij gilt van angst. Er zijn vele mensen die hem met touwen overal hebben vastgebonden en er aan trekken, zoals in Gullivers reizen. Hoewel het wezen heel sterk is, is de overmacht te groot, te meer omdat de mensen kracht wordt gegeven door een donkere priester (in wie ik tot mijn verrassing iemand herken waarvan ik weet dat Apollo daar ook in dit leven een groot conflict mee heeft). Ik voel een intelligent sadisme in de priester met het donkere gewaad. Ik zie hoe de dinosaurus smeekt om genade. De priester is echter onvermurwbaar. Er arriveren twee kolossen, grote mannen met stierenkoppen en horens. Ze hebben een soort tangen op lange stokken bij zich. De priester is heel sluw, hij heeft iets van de dino gedaan willen krijgen wat die geweigerd heeft. Uit kille wraak moet hij nu gemarteld worden. De twee stieren trekken de klauwen van de dino met de tangen naar beneden en drukken die in twee bakken met een vreselijke vloeistof. De dino gilt, de mensen moeten de touwen flink aanspannen. Het vlees weekt door de vloeistof af van de botten. De stieren laten de klauwen weer uit de vloeistof komen, er zit niet veel vlees meer aan. De dino is ziek en misselijk van de pijn. Murw ook, niets kan hem meer schelen als de pijn maar ophoudt. De priester merkt dat hij van de dino niets meer gedaan kan krijgen. Grimmig geeft hij opdracht de klauwen opnieuw in de vloeistof te doen en ze daar in te laten. De dino valt om van de pijn. Met afgevreten klauwen en kapotte onderarmen ligt hij te creperen.

De touwen worden in de grond vastgezet en iedereen vertrekt. Ik voel in; deze dino voelt als het ware als een Christus; o mensheid, wat heb je gedaan. Hoe heeft dit in jullie kunnen varen. Volledig ontgoocheld sterft hij. Ik richt licht op de liggende dino; hij merkt meteen dat ik met hem bezig ben. Tilt zijn kop op, dankbaar dat er een mens is die toch voor het licht werkt. Met licht help ik hem uit zijn geschonden lichaam te treden. Hij voelt diep medelijden met de mensheid en het feit dat er zo veel verdorvenheid bij hen heeft kunnen insluipen. Hij voelt het als een persoonlijke nederlaag dat het zo is afgelopen. Kennelijk was hij hier met de missie om licht te brengen. Hij voelt zich alsof hij gefaald heeft. Hij is heel erg vermoeid, ook nadat hij zijn lichaam heeft afgelegd. Hij betrekt het op zichzelf, het slechte van de mensen, hij voelt zich verantwoordelijk en wil dat uiten via de pijn in zijn eigen (huidige) lichaam, als om te boeten voor het verdorvene van de mensheid. Misschien niet eens zo zeer boeten maar meer het via hemzelf uit laten werken zodat het de mensheid niet langer hoeft te verontreinigen. 'Dat helpt niemand, laat het los', zeg ik hem. 'Het is de weg die de mensheid zelf gekozen heeft. Het is niet jouw verantwoordelijkheid'. Hij voelt nog steeds spijt en laat mijn woorden een tijdje op zich inwerken. En dan is het alsof hij lange handschoenen gaat afstropen. Het trauma dat zich verstoffelijkt heeft. 'Deze pijn hoef ik niet langer mee te nemen', zegt hij ineens resoluut. Ik richt licht op zijn nieuwe handen. Er komen nu allemaal frisse belletjes in de handen, een frisse bruis van enthousiasme en lichtheid. Zo doe ik ook zijn voeten, benen en rug. 'Deze pijn, alle wonden, laat het gaan', zeg ik. En dan is het of het dinolichaam in de grond zakt en niet meer bestaat. De mens Apollo staat nu voor me, een beetje grinnikend strijkt hij over zijn armen, hij voelt veel lichter, hij heeft de pijn losgelaten. 'Is er nog een tip voor hem?' vraag ik Iegdries die heeft staan toekijken. 'De drakenbloedboom', zegt hij. Opeens heb ik de ingeving dat de priester nog uit Apollo's systeem gehaald moet worden. Ik richt licht op de duistere priester. Ik voel grote haat en woede in hem en hij geeft flink tegenkracht. Iegdries werpt een bliksem naar hem maar hij vlucht. Nogmaals richt ik licht op hem. Ik word steeds groter, hij wordt steeds kleiner. 'Wee u, wat u over een ander afroept zal tot u zelve terugkeren!' de woorden rollen vanzelf uit me. Iegdries zendt nog een bliksem die verandert in een draaiende vuurschijf, half spiegel, half afschermer. Ik voel de oprechte woede van Iegdries. De schijf duwt de priester steeds verder naar achteren waar hij uiteindelijk verdwijnt. 'Nù is hij uitgeschakeld', zegt Iegdries eindelijk en inderdaad voel ik een grote opluchting. Gelukkig verlaat de ernstige aandoening vanaf nu gestaag Apollo's stoflichaam.

Krachtplek

Collega Huub geeft een workshop. Hij heeft in zijn tuin een bijzonder medicijnwiel gemaakt, een steencirkel op een leycentrum. Hij laat ons, de deelnemers, voelen wat de plek met ons doet. Ik sta met hem en twee andere deelneemsters in de buitencirkel als de eerste vrijwilliger in het midden mag gaan staan. Tot mijn verbazing zie en hoor ik meteen indianen. Ze zingen hoog. Ik zie twee jonge mannen die zingen en dansen, ze hebben weinig ruimte in de cirkel en keren telkens na een paar passen weer om. En er is een oudere man, de medicijnman of sjamaan. De woorden; hoengpapa k-he t-hoem sala, komen binnen. Deze medicijnman staat mij toe dat ik hem vragen stel terwijl ik in de steencirkel sta. Hij vertelt; 'De dansende en zingende jongens fungeren als energiegeleiders, uitvoerders die spanning afvoeren met hun zingen en dansen'. 'Kunnen meisjes dat ook doen?' vraag ik. 'Jawel', antwoordt hij, 'maar jongens zijn simpeler, instinctiever'. Zij voeren uit zonder vragen te stellen, ze kunnen acuut spanning en lading afvoeren. Meisjes, kijk maar, je doet het zelf nu ook, gaan meteen vragen stellen, in contact, gaan een interactie aan, willen het verhaal weten, dat leidt soms te veel af waardoor dat wat er bliksemsnel gedaan moet worden er bij inschiet. Ze gaan een verbinding aan zodat het niet snel genoeg schoon en opgeruimd is om voortgang te garanderen'. Als de tweede deelneemster in het midden van de cirkel gaat staan komt er één jonge indiaan naar voren die wild hoog zingend snel rond gaat rennen. Op een nauwelijks zichtbaar teken van de leider stopt hij ook weer even plotseling. 'Wij', hij wijst op zichzelf en op mij, 'zijn de brug tussen stof en geest'. Ik antwoord hem dat ik eigenlijk niet geloof in rituelen. 'De ritualist ook niet', zegt hij, zichzelf met ritualist bedoelend, 'wij doen energetisch werk (omdat wij zien en weten), maar de mensen hebben een symbool nodig om het te snappen'. Hij heeft een kleine grijze veer die hij even boven het hoofd van de deelneemster zwaait. 'Die veer doet niets', verklaart hij, 'hièr gebeurt het', en hij wijst op zijn hoofd, zijn intentie. 'De veer is alleen maar een symbool voor het feit dat ze verbonden wordt met de kosmos'. Hij heeft ook een ratel; een zak met touw er omheen aan een stok. Daar zitten allemaal stukjes hout en steentjes aan vast die rammelen als je de stok heen en weer beweegt.

Die wijst hij naar haar buik, dat is voor de aardebinding. Hij geeft aan dankbaar en tevreden te zijn dat wij, moderne mensen, en Huub als cursusleider, dit soort rituelen weer herstellen. Het is goed voor moeder aarde. Het is wat zij ook hebben gedaan, een tikje anders, maar met hetzelfde doel en intentie. De mens weer in verbinding brengen met hemel en aarde. Het gaat er bij de mens niet alleen om om in de gemeenschap met andere mensen te zijn, maar zeker zo belangrijk is zijn relatie met de planeet, de natuur en de hemel. Ik zie de medicijnman duidelijk, hij draagt een soort mantel en een veer in zijn handen. Als ikzelf aan de beurt ben om in de binnencirkel plaats te nemen, zie ik de oude sjamaan veranderen, het is of zijn haren witte veren worden en hij wordt woest en ik voel zijn enorme kracht. Ik sta bij een totempaal en er zijn nu vele indiaanse dansers die rondom me zijn en op me toe dansen en zich dansend weer verwijderen, herhalend. Ik zie vanuit de aarde een fijne witte getwijnde draad komen die door mij heen naar de kosmos gaat en ik ervaar de subtiele en zachte krachten van de natuur. Als ik de cirkel weer uitstap voel ik me opgetogen en opgeladen.

Tegenstander

Tijdens helingen kun je vreemde dingen meemaken. Als ik opnieuw Lena behandel word ik geholpen door mijn etherische leraar. Als ik al een aantal transformaties heb toegepast krijg ik twee beelden van Lena te zien; een vitale prettige jonge vrouw en Lena zoals ik haar in de stof ken in haar door ziekte grauwe hoedanigheid. 'Maak de beelden gelijk aan elkaar', draagt de leraar me op. Ik zet Lena in helend licht, maar ze kan het niet opnemen. Ik straal licht door haar gezonde zelf heen maar daardoor komt er alleen maar vervuiling tevoorschijn. 'Geef een bedoeling mee aan het licht', onderwijst mijn leraar. 'Ik ben genezen', programmeer ik. 'Nee', verbetert hij, 'dat gelooft ze niet, je moet een ompoling maken'. Wat is haar ongezondste overtuiging?'
'Dat ze ziek wordt van gezond voedsel', zeg ik. 'Juist', zegt hij, 'dus ontkoppel ziekte van voedsel'. Maak voedsel als geheel neutraal'. Ik zie haar eten. Haar lichaam gaat er echter van schudden, het voedsel verteert helemaal niet. Het blijft het voedsel zoals dat op haar bord ligt en loopt vast in haar lichaam. 'Werk met kracht', roept de leraar, 'straal helend licht.'
'Verteer!' roept hij dan. Lena schudt, trilt, stoomt en rookt. Dan zakt het hele

lichaam ineen en er staat een ijzige, slanke en minzaam glimlachende gestalte, mannelijk, met een lang smal gezicht en een puntige naar beneden gerichte kin. 'Nee maar, u hebt me tòch gevonden', zegt hij spottend en hij slaat de handen ineen. 'Wat een onaangename verrassing'. (Wie is dìt nu weer, vraag ik me af). 'Ach, ik zie dat u een jongedame hebt meegebracht'.

Ik voel zijn blik op me rusten alsof hij in de stof aanwezig is, taxerend, hooghartig. 'Wel, wel, en u gaat haar wat kunstjes leren?'
De etherische leraar en ik houden ons stil. 'Kom, zeg eens wat, ik heb geen eeuwen de tijd', zegt hij korzelig (ik denk, dat heeft hij wèl). De figuur zegt niets maar ik voel dat hij weet wat ik denk. 'En, gaan we nog een vorkje prikken?' vraagt hij getergd, en in een reflex neemt hij zijn lange dunne muizenstaart in de handen om er wat aan te gaan plukken, realiseert zich dan dat hij dat doet en vraagt fel; 'Nog nooit een staart gezien? Nou, komt er nog wat van?' Hij wordt steeds bozer en verandert naar een zwart duivelachtig gedrocht met korte kromme poten, klauwvoeten en horens en een soort spies in zijn handen, staand in pek. 'Pak je zwaard', zegt mijn leraar rustig tegen mij. Dan is het of de leraar een mantel hoog de lucht in gooit, of zijn het zijn vleugels? Hij heeft wapperende gewaden achter zich en hij richt een spies op de duivel. Ik concentreer me. Dan zie ik de zwarte substantie en even later ook de duivel via een vortex een kristallen bol in gezogen worden die mijn leraar in zijn linkerhand houdt. Als alles er in zit zegt hij tegen mij; 'Rust even'. Ik weet dat de bol loodzwaar is. Mijn leraar kijkt me triomfantelijk aan. 'Wat doen we hier nu mee?' vraagt hij mij onderwijzend. 'In het museum zetten?' zeg ik niet-begrijpend, waarop hij in lachen uitbarst. 'Moet hij terug naar de hel?' vraag ik. 'We gaan het hem vragen', antwoordt hij. 'Wel, gedrocht, waar wil je heen? Wil je door het vuur van loutering, naar het licht voor vrijheid of terug naar de hel naar je kompanen?'

'Ik wil door het vuur', wordt er vanuit de bol gezegd. 'Goed', zegt mijn leraar, en hij smijt de bol met kracht weg. Er ontstaat een opening waarachter ik vlammen zie. Zodra de bol er door is verdwijnt de opening weer. 'Die zit daar wel even goed', zegt hij. 'Bouw Lena weer op. Zet die beide beelden nu op elkaar'. Ik doe het en zie hoe beide beelden, het grauwe en het gezonde, op elkaar vastzuigen. Ze wordt tot de Lena zoals ze is in de stof maar ze is lichtender, fierder en zachter. 'Neem afstand en besprenkel haar met licht', zegt de leraar. Als ik dat gedaan heb kan ik de heling beëindigen.

Ziek
Op een nacht word ik ziek, ik heb koorts, alles doet pijn en ik heb een paniek brengend stikgevoel omdat mijn keel en neus vacuüm trekken als ik slik. Ik vraag mijn engel om hulp, hij is er meteen, vol liefde. De keelpijn is als bij toverslag een heel stuk minder. 'Dat is je overtuiging', verklaart hij. 'Verander je overtuiging zo,

dat de rest van de ziekte en het stikken ook verdwijnt. Je hebt het enorm koud, ga uit bed en haal warme spullen. Het doen van deze moeite helpt je je overtuiging om te polen'. Hoewel ik bekaf en beroerd ben voldoe ik aan zijn suggestie. 'Je hebt na al die helingen onvoldoende op jezelf gelet', vertelt hij verder. 'Vooral de ijskoude rillingen zijn een teken dat je nu het negatieve van anderen aan het transformeren bent. Zorg dat je dat voortaan na elke heling doet'. Hij geeft me de raad dat ik na elke heling water met gemberpoeder kan drinken. Gelukkig slaap ik nu vrij snel in. De ochtend er na, ik heb nog wat koorts, vraag ik Iegdries om raad. Hij heeft driekleurige viooltjes voor me bij zich en straalt die ijle, vrolijke en verzachtende plantjes naar mijn slijmvliezen. Snel voel ik me beter worden.

Mie

Tijdens een meditatie kom ik bij een bron met een fontein. Spontaan ga ik in het water staan. Ik laat me een tijdje beklateren voor ik er verkwikt weer uit stap. Ik heb een staf die me leidt naar een planken deur van een erg armoedige hut. De deur wordt opengedaan door een vriendelijke heksachtige vrouw. Ik weet opeens dat ze Mie heet. Binnen is het klein en erg vol, vooral met dor eikenblad. Er zijn heel veel spullen uit de natuur. En ik zie wezens, natuurwezens, die rustig zitten te wachten wat de vrouw gaat doen. De vrouw zegt; 'Dat mijn toekomstig zelf mij nog eens een bezoekje komt brengen, meid, wat ben je ver afgegleden'. Ik vraag haar mij te laten zien wat zij weet en kan en ze legt een aantal indrukken in me. Ze leefde in het bos, communicerend met natuurwezens en elementaalwezens. Ze ging vaak naar een meertje en haalde er met haar handen een glibberige, kronkelige, zuigende waterenergie uit. Ze kon die in haar handen meenemen maar het was handiger om het ergens in te doen. Ze gebruikte deze energie ondermeer bij zieken. Ik zie hoe de watergeest zich door het lichaam van een zieke kronkelde en dan reinigend werk deed. Mie at niet veel, had dat ook niet nodig. Ik zie wat bosaardbeien, bladeren, eieren. Ze had kippen in een rommelig bouwsel achter de hut maar daar verdwenen altijd wel een paar van door de vossen wat ze gewoon liet gebeuren. In de hut was een slaapplek, een tafel, wat kastachtige staketsels en een soort kookplek. Op tafel had ze in ieder geval een houten kom met eikels. Die eikels gebruikte ze om mensen vitaliteit en doorzettingsvermogen te geven, ze werden dan fysiek veel taaier. En de eikels gaven een soort slimheid in communicatie. De mensen waren erg onderdanig, misschien waren het wel horigen. Als hoger geplaatsten iets van ze wilden, konden ze dankzij Mie's eikels beter voor hun rechten opkomen. Bij de kookplaats maakte ze vaak rook, in de rook was een rookwezen die haar dingen liet zien en waardoor ze dingen te weten kwam. Ze ging vaak het bos in, ook 's nachts en was totaal niet bang omdat ze de wezens zag en met haar hand kwaadwillende energieën wegduwde.

Stenenveld

Een flinke tijd later, tijdens een reis naar Frankrijk (waar ik eerder een cursus deed en de holle eik bezocht), bezoeken we een Keltisch stenenveld, er is een sterk verweerde dolmen en het ligt er vol met bij elkaar gelegde wittige stenen. Ik maak contact met een aantal grotere stenen. Eentje is driehoekig van vorm en noemt zich de 'kleine zuster'. Wat deze steen me laat zien lijkt op wat Mie met de waterenergie deed. Ze straalt een soort 'Maria gevoel' uit; troost voor lijdenden. Ik voel dat men in de Keltische tijd zijn verdriet en zorgen bij deze steen neerlegde. Vooral zorgen over zieke kinderen. Ik merk dat er een soort waterfee bij deze steen is. Ze staat boven op de steen. Ze vertelt dat ze zieke kinderen, oude vrouwen en zelfs zieke honden laafde. Met water. De steen nu is helemaal bemost. De waterfee laat weten dat ze in het lichaam van de zieke ging dansen, zodat er een 'verstopping' losbarstte die zich in het hartchakra bevond. Zo kon de ziekte het lichaam verlaten. Ze danste de ziekte er uit. Dat gebeurde bij volle maan. Ze zorgde voor een open hartchakra, dat hield de genezing in. Ze laat zien dat ze als een soort draaikolk in een lichaam aan het dansen is. Verder laat ze weten dat men in de Keltische cultuur vechtende honden als zieke honden zag. Die brachten de gemeenschap in gevaar. Zij haalde met haar waterdans de agressie uit de honden. De kleine zuster lijkt me een kalme wachter. Er is een subtiel bewustzijnsverschil tussen de kleine zuster steen en de waterfee. Men ving het water van het mos op bij maneschijn. Ik vraag; 'Was er toen al mos op deze steen?' 'Mos is er altijd geweest', antwoordt de waterfee. De kleine zuster steen ligt trouwens vlak bij een waterader. Vandaar dat er honderden jaren geleden kennelijk ook al mos op de steen zat. Dan wijst de steen naar een ander punt. Door het struikgewas loop ik er heen en vind bemoste keien die mooi neergelegd lijken te zijn. Ik voel er heel veel liefde, ik weet opeens, dit is een graf. Onwillekeurig vraag ik me af, ligt hier een mummie? Recent is in deze streek namelijk een Keltische mummie gevonden. 'Je zult verrast zijn', geeft de plek als antwoord. Ik vraag me af of men de mummie hier tijdens opgravingen zou kunnen vinden maar meteen stijgt er schrik op uit het graf; 'Laat het intact!' is de dringende boodschap. Ik voel en krijg te weten dat de persoon in dit graf, of diens intentie, al bijna geheel is opgegaan in de omgeving en de bron van liefde is voor deze plaats. Hij of zij geeft nog een boodschap: 'Liefde is de bindende factor van de tijden. Zonder liefde valt de tijd uit elkaar'.

Het bos

Weer thuis onderga ik het bos tijdens mijn dagelijkse wandelingen met mijn hond Ayesha en ben dankbaar voor dit stuk groen zo dicht bij mijn huis. Ik voel de goddelijkheid er in. Ik wandel in god, realiseer ik me regelmatig. Er is echter een stukje bos dat altijd onprettig voelt, er ligt veel afval en rommel dat er door jeugd moedwillig telkens wordt achtergelaten. Ook is er veel schade door baldadigheid. Voor ik het pad in sla dat in dat stukje bos voert, denk ik aan de woorden van

Iegdries, die hij kortgeleden uitsprak; 'Wie in de bron staat zal nooit zijn trilling verliezen'. Met die intentie ga ik het perceel in. Gek, ik voel de schade in het bos wel, maar ik voel ook dat de goddelijkheid op deze plek net zo sterk is als in de rest van het bos. Dat kan natuurlijk ook niet anders, alles is immers doorstraald met god, dat kan namelijk nergens niet het geval zijn, gezien het alomtegenwoordige aspect van het goddelijke. Toch voel ik de schade wel degelijk, als een laag om de goddelijkheid heen. Vanuit mijn gelukzaligheid geef ik zachtheid aan de schade. Het bos IS, dat heeft niets nodig, al merkt het mij wel op. Een paar dagen later, als ik weer in het bos ben, merk ik dat er een gnoom met me meeloopt, een mager wezentje dat mij in mijn loop precies nadoet. Ik laat hem even begaan en als ik het gevoel heb dat hij aan mij gewend is vraag ik naar zijn naam. Hij vertelt dat hij Pausibel heet. 'Heet je niet; Plausibel?' vraag ik, maar hij antwoordt een tikje wrevelig dat hij toch echt Pausibel heeft gezegd. 'Hoe zit het met gnomen, hebben jullie ook een partner?' vraag ik. Hij begrijpt het niet helemaal maar dan vertelt hij opgetogen; 'Ja, we zijn verliefd op het bos en dat is er altijd'. 'Zijn er geen vrouwen bij jullie?' vraag ik. 'Jawel', zegt hij, 'dat zijn onze maatjes'. 'En hoe ontstaan er dan kinderen?' wil ik weten. 'Eerst komt er een lichtpuntje, vaak een paar. Dat ontstaat door de energie in het bos, een energie van vreugdebotsingen. Dan komen er lichtjes, dat worden de jongen, de kinderen, die zijn nog samen. En daarna worden we ouder. We kunnen heel oud worden, 1000 jaar is niets. En als het bos weggaat, verdwijnen we weer, worden we opgenomen in het grote geheel. Nu zijn er heel veel van ons in dat grote geheel omdat er zo veel bos weg is. Daarom bemoeien we ons nu meer met mensen, omdat er minder bos is'. Nu vindt hij dat hij genoeg met mij gesproken heeft en hij huppelt weg.
Mijn etherische leraar heeft me eens verteld dat de vogels zijn boodschappers zijn. In de vroege zomer, als ik mijn dagelijkse wandeling maak in het bos, zijn er werkelijk tientallen vogeltjes op de takken naast en voor me. Al twinkelerend vliegen ze met me mee. Het is prachtig en indrukwekkend. Ik vraag mijn leraar die meewandelt; 'Wat betekent het dat deze vogels zo dicht bij me durven zijn?' 'Dat betekent niets meer en niets minder dan dat het bos je goed gezind is, ze voelen je goedheid, ze zien je hart', is het antwoord. Het maakt dat ik me nog gelukkiger en vervulder voel, los en toch verbonden. 'Ervaar het bos en voel het bewust', suggereert de leraar. Ik ga mijn hart in om van daaruit het bos waar te nemen en meteen zie ik een wirwar van lichtjes en voel een enorme vitaliteit en vreugde. Ik heb altijd gedacht dat dit een nogal kwijnend bos was omdat er veel dood hout ligt en staat maar ik heb me vreselijk vergist. Ik voel helemaal waarom Pausibel zo verliefd is op het bos. Pausibel vangt mijn gedachte op want ik krijg een vriendschappelijk kneepje in mijn keelchakra waardoor ik wel een grote glimlach moèt krijgen.

Als ik begin juli mijn dagelijkse boswandeling maak, merk ik dat het er anders is. Het bos is veel meer intens groen. Het voelt als geheel zichzelf, sterk, zelfbewust en heerlijk. Opeens ontdek ik hoe dat komt: De eiken, die door de rupsen helemaal kaal waren geweest, hebben massaal weer blad gekregen, frisgroen als in de lente maar er is zomerse zonnekracht. Nu ik het groen van het bos heel intens in me opneem, merk ik dat de eik een heel andere uitstraling heeft dan de beuk en andere bosbomen; de eik voelt machtig, dominant, waardig en wijs maar ook ontwapenend, hartelijk en in voor een grap.
Steeds vaker ruik ik subtiele bloemengeuren in het bos, soms citrusachtig, soms heel bloemig. Feeën, volgens Iegdries, mijn druïde gids. Als het een kruidige geur is gaat het volgens hem om mannelijke natuurwezens.

Veerkracht en vernieuwing

Aan het eind van de zomer wil ik tijdens de dagelijkse wandeling een heling doen. Het heeft gestormd en het bos ligt bezaaid met dood hout, afgewaaide takken en hier en daar een omgevallen boom. Mijn etherische leraar vraagt me zoals gewoonlijk weer mijn tred te verlangzamen en het bos te voelen. Tot mijn verbazing lijkt de energie van het bos helemaal niet rouwig om de schade, integendeel, het is of het met gretigheid en enthousiasme aan het herstel wil beginnen. 'Stel nu Sandor maar op', zegt mijn leraar dan. Sandor is een man die na een operatiefout veel zenuwpijn heeft. Als ik dat al wandelend doe, merk ik dat ik deze keer niet goed weet hoe te beginnen. 'Wat bepaalt genezing?' vraagt de leraar me. 'Jeetje, dat is een moeilijke vraag', besef ik. 'Je hebt het net in het bos waargenomen', zegt hij. Ik onderzoek wat ik heb waargenomen; veerkracht en vernieuwing. 'Inderdaad', zegt mijn leraar. 'Veerkracht en vernieuwing als reactie, dat bepaalt genezing. Veerkracht en vernieuwing zijn beide aspecten van vreugde. Ik heb je ooit geleerd hoe je vreugde kunt zijn. Is er vreugde in het gekwelde lichaam van Sandor?'
Ik voel Sandor's lichaam in en merk weerstand op, moeitevolheid, wilskracht, 'balen', boosheid, teleurstelling. Geen vreugde. Dan leef ik me in tot ik vreugde ben. Inmiddels ben ik bij de zandkuil gekomen. Blij verrast zie ik, voor het eerst dat jaar, weer vele libellen rondvliegen in de kuil. Ik heb immers grote affiniteit met libellen. Ik sta vol vreugde te genieten in de kuil. Ik vraag me af of het nu zien van die libellen ook nog iets kan toevoegen aan de heling maar ik vind het uiteindelijk toch te ver gezocht en loop weer verder, me afvragend hoe ik toch vreugde in Sandor's gewonde lichaam kan krijgen. Opeens verschijnt voor mijn geestesoog een stil hangende libelle. 'Je hebt mijn hulp gevraagd?' vraagt hij. Ik voel zijn zelfbewustzijn, gelijkmatigheid en bijna spottende uitstraling. En hoe ontzettend prettig het voelt dat hij zijn vleugels zo snel beweegt dat je het niet ziet, dat het alleen maar gonst. 'Ik kan de resonantie van het lichaam verhogen', zegt hij, 'als jij er dan maar vreugde in stopt. De zenuwen volgen de vreugde'. Ik voel hoe de libelle het gewonde lichaamsdeel ingaat en zijn gonzen erin

overbrengt. Dit geef ik tijd. Op een gegeven moment neemt de libelle andere posities in. Met een andere hoek heeft het gonzen een subtiel ander effect. Het gonzen is heel plezierig om waar te nemen.

Een paar wandelingen later kijk ik weer naar Sandor. De pijn door de beschadigde zenuwen is niet minder geworden, eerder verergerd. De huid wordt er zelfs ruwer. In het bos vraag ik hoe dat kan. Het antwoord is; Sandor voelt zich zelf verwond, hij heeft geen hoop meer. Ik straal genezing naar hem met de boodschap dat er toekomst is. Sandor's lichaam pakt de boodschap op, ik zie hem zich oprichten, 'Toekomst?, Waar?, Wie?' En hij kijkt reikhalzend om zich heen. 'Geloof in vooruitgang!' motiveer ik hem. Ik roep de libel er bij. 'Hij moet zèlf libel zijn', zegt de libel quasi ongeïnteresseerd. 'Hoe dan?' vraag ik. 'Je eigen gang gaan, niet zo met anderen bezig zijn, doen waar je zin in hebt, laconiek je gemak er van nemen', is zijn antwoord. 'Mag ik nog wat van je frequentie?' vraag ik. De libel gaat sterk trillen met zijn vleugels. Het trilt zo sterk dat ik er een beetje zeeziek van word. Hoe meer hij de frequentie verhoogt hoe meer de libel in een ander bewustzijn komt, alsof zijn geest opstijgt naar andere dimensies. Hij laat me weten dat hij drie frequenties heeft in drie niveaulagen: Het opstarten is zwaar en maakt misselijk, het is de motor, doet aanslingeren, zowel het weefsel als het gemoed. De tweede frequentie is sneller en soepeler zoemend, het houdt het aangeslingerde stabiel. De derde frequentie is als een raket die door een barrière schiet, een sprong door de dimensie. Het geeft helend licht in het weefsel en plotse helderheid in de geest, voorbij het denken. Tevreden komt de libel weer terug, 'kicken hè?' zegt hij. 'Muziek is goed voor hem om de drie niveaus te ervaren', vervolgt hij. 'Heb je nog een tip voor zijn lichaam?' vraag ik. 'Neuriën en zoemklanken er door heen laten gaan, vooral de zzzzzzzz', zegt hij terwijl hij vertrekt. Ik bedank hem. Later bevestigt Sandor dat hij erg perfectionistisch is en zijn werkzaamheden wellicht te veel vanuit een gevoel van moeten en plicht doet.

De mieren

Bij het betreden van het bos barst mijn leraar in lachen uit als ik hem vertel dat ik van mijn partner de opdracht heb gekregen met de mieren te praten die over ons aanrecht lopen. Maar vooruit, ik maak contact met de mieren in de keuken. Meteen dient zich een koningin-achtig wezen aan op het aanrecht. Ik vind haar wat zurig overkomen. Dat voelt ze en beledigd vraagt ze waarom ik dat vind. Ik vertel dat ik de indruk heb dat ze een beetje geïrriteerd lijkt. 'Ja, vind je het gek?' antwoordt ze, 'Die man strooit alleen maar vijandigheid over ons uit. Wij zijn daar voor ons voedsel, ondertussen houden we het schoon. We willen wel weg, maar voor wat hoort wat'. Ik vind dat nogal vreemd, het is toch gewoon een verzoekje om uit de keuken weg te gaan? 'Dat komt', zegt ze, 'als je het alleen met intentie doet, vergeet je het binnen een week weer en dan zitten we er weer. Doe je het met een tegenprestatie dan beklijft het'. Ze geeft aan honing te willen hebben, ik stel me een jampotdeksel voor met honing gevuld onder een stenen bloempotje, onder de vijgenboom. Ik beloof het daar neer te zetten. Terugkomend op haar waarneming van vijandigheid vertel ik over dochter Mira; 'Mira heeft zelfs een mierenkussensloop en -overtrek dus we bewijzen mieren alle eer'. De koningin is even erg verbaasd en dan erg verrukt en het is weer koek en ei. Ze laat zien hoe ze in een soort rolstoeltje wuifjes aan het geven is en met de 'gewone mieren' het huis uit rolt.

Een paar dagen later vraag ik de mierenkoningin om nu echt van het aanrecht te vertrekken, ik had honing neergezet. Maar er zaten nog steeds mieren op het aanrecht. Deze maal belooft ze dat ze haar volk in 2 dagen weg zal laten gaan. Maar ik mag niet vergeten de honing af en toe bij te vullen. Na dit gesprek zijn de mieren weggebleven. Uiteraard vul ik de honing af en toe aan.

Zeenab

Onder begeleiding van vriend en collega Paul onderneem ik een innerlijke reis en kom in Egypte. Daar verloren warmte komt weer bij me terug. Ik zie mezelf in een palmentuin met een hoge muur er om heen. Opeens zie ik een zandkleurige baviaan naar me kijken. Een rustige aap, een vrouwtje. Ik voel me sterk tot haar aangetrokken. De aap gaat naar een klein palmboompje in de woestijn, er is een grote terracottapot met lange hals. Met haar rechter voet en handen haalt ze er een boekrol uit. Voor mijn gevoel zitten er drie boekrollen in de pot. 'De aap kan je helpen, ze heeft oude kennis, je kan haar oproepen', suggereert Paul. Als hij dat zegt krijg ik een sterk gevoel van trillen en gespannen verwachting in mijn lichaam. Alsof dit inderdaad heel erg belangrijk voor me is. Het volgende moment ben ik een stuk later in de tijd. Ik zie een mager apenarmpje met een apenhandje, en dan zie ik mummiewindselen en in het handje zie ik een cartouche, in ieder geval met een scarabee, de rest kan ik niet zien. Ik weet opeens dat de aap Zeenab heet. Als ik weer teruggekeerd ben uit de reis zegt Paul, 'Jij kent die aap'. Tot mijn verbazing word ik emotioneel, want inderdaad, ik ken die aap, ik weet het plotseling zeker, dit was mijn aap die ik zelf heb gemummificeerd toen ze gestorven was. Haar dood heeft me veel verdriet gedaan. Een paar dagen later valt er nog meer op zijn plek; vanuit een innerlijk zeker weten besef ik dat mijn huidige hond Ayesha Zeenab is geweest.

Het dierenveld

'Ga mee', zegt mijn etherische leraar, die 'inbreekt' als ik al een tijd een heling aan het doen ben voor Timo, een tienjarige jongen. Verbaasd volg ik hem, we vliegen het licht in. Ik weet dat er vele zielen mee omhoog gaan maar ik zie ze niet. Heel lang bewegen we ons door de lichtvelden. Af en toe komt mijn denken er tussen en vraag ik wat de bedoeling is omdat ik tenslotte een heling aan het doen ben maar mijn leraar stelt me gerust, ik moet gewoon in het licht blijven dat overigens

heerlijk is, want hij wil me wat laten zien. Het duurt heel lang en plotseling hangen we boven een lichtveld, een soort heerlijke weide met kinderen en allemaal jonge dieren.
Vooral leeuwe- en tijgerwelpjes zie ik. Maar echt alle dieren zijn er, honden, katten, boerderijdieren, wilde dieren, vogels en slangen die niet jong zijn trouwens. De kinderen en dieren ravotten naar hartelust met elkaar. Er is stralend licht, de horizon is dichtbij en ziet er wolkachtig uit, het is er blij en speels en vrolijk. Er zijn bescheiden lieve vrouwelijke gestalten die een oogje in het zeil houden. Ik zie struiken met ijle takken waar een soort snoepjes aan groeien, ik weet dat er volop limonade is. Het lijkt de kindersfeer te zijn. 'Hier worden vaak levenslange banden met dieren gesmeed', zegt de leraar, 'krachtdieren, totemdieren, huisdieren, dieren waar je interesse in of affiniteit mee hebt'. Het is er verrukkelijk en mooi en speels maar toch ordelijk door de bijna onmerkbare vrouwelijke begeleiders en verzorgers. Ik besef dat de dieren die de kinderen hier leren kennen in hun latere levens zullen opduiken als geliefd huisdier, maar ook als dier in de natuur waar ze grote interesse in of bewondering voor zullen hebben. Zowel als soort, als als individu. Of als krachtdieren; geestelijke beschermers en reisgenoten. 'Zo, schrijf maar op', zegt hij, 'daarna stellen we Timo weer op'. 'Hij zou dierenoppasser kunnen worden, bij de katachtigen', zegt de leraar even later peinzend. Ik bemerk inderdaad Timo's bewondering voor de katachtigen, hun vrijheid en eigengereidheid, hij heeft er zeker affiniteit mee. Zou hij inderdaad oppasser kunnen zijn? Maar dan zie ik hem met witte sportschoenen. Kennelijk gaat hij eerst door de sportfase, daarna zien we wel verder.

Gnomen en kobolden

Onder mijn huis zijn dwergen, zij hakken met houwelen en zijn altijd ijverig en hard aan het werk. Ik noem ze dwergen maar ik denk dat het kobolden zijn. Ze zijn vrij stevig en zijn altijd in de grond. Pausibel in het bos is denk ik een gnoom. Hij is veel slanker, dunnig zelfs, en hij leeft voor een deel op de grond hoewel zijn 'huis' of slaapplek onder de grond is. Toen Ida eens op visite was nam ze spontaan een kobold waar in mijn kamer. Ze dacht dat het een trol was omdat hij nogal breed was. Maar trollen zijn enorm, groter dan mensen, misschien is het één van de kobolden onder mijn huis die ik dwergen noem. Aan de andere kant, deze wezens laten zich aan iedereen weer in andere vorm zien. Vorm zegt niet zo veel. Ida hoorde van hem dat hij 'Dro' heet. Ze sprak met hem en hij vond het leuk om als blijk van waardering een houtige kronkelwortel te krijgen die ik in mijn praktijkkamer zou leggen. De dag erna vraag ik Ayesha me te helpen zo'n wortel in het bos te zoeken. Dat vindt ze leuk. Daar moet ik ineens aan Pausibel denken. Hij is er meteen. 'Wil jij meehelpen een kronkelwortel te vinden?' vraag ik hem ook. Dat wil hij wel doen al heeft hij wel bezwaren om dat samen met een hond te doen, liever doet hij het alleen. 'Waarom die wortel?' vraagt hij en ik leg hem uit dat het voor een kobold is. Ik voel hem betrekken, hij vindt het een beetje een eng idee, maar toch is hij vol ontzag. 'Zijn hier geen kobolden dan?' vraag ik. 'Jawel, maar daar ga ik niet zo vaak mee om. Ik ben maar af en toe in de grond, en niet zo diep, meestal de laag er boven'. 'En mensen, ben je daar bang voor?' wil ik weten. 'Voor de meesten wel'. Dan vind ik een kronkeltak. Als ik hem opraap bijt Ayesha hem meteen speels stuk. Ik leg dat voor aan haar hoger zelf; 'O, mocht dat niet?' zegt haar langpootmug-achtige hoger zelf laconiek. Ik beloof Pausibel volgende keer een plastic zak bij me te hebben zodat Ayesh de wortel niet kan stukmaken. Ik voel weer een enorm machtige uitstraling bij de bomen en vraag me af hoe Pausibel dat waarneemt. Hij voelt ook ontzag en respect voor de bomen. 'Ik ben een gnoom, geen boomgeest', legt hij uit, 'dus ik ga niet zo heel intensief met ze om'. 'Wat doen gnomen eigenlijk?' vraag ik. 'Wij werken met de energie van het bos, het weer, seizoenen, herstel, uitwisselen van nieuwtjes, energielijnen leggen, waarschuwen bij gevaar, opletten waar het niet goed gaat', somt hij op. 'O, je bent een soort boodschapper', concludeer ik. 'Ja', zegt hij, 'ik verzamel nieuws en energie van iedereen en geef dat door. Zo staat het hele bos in verbinding'. 'Maar wat doen kabouters dan?' vraag ik. 'Die zijn meer op één plek. Ik reis door het hele bos. Kabouters hebben een zwaardere energie dan gnomen', antwoordt hij. 'Zijn er ook wel eens gnomen of kabouters bij kinderen?' vraag ik. 'ja, dat zijn vaak een soort gnomen', vertelt hij. 'Ken je Mira?' vraag ik. 'Een beetje', zegt hij, 'ze is druk maar schattig'. En hij richt zich op tot hij haar na kan doen. Kwebbelkwebbelkwebbelwebbel doet hij met zijn handje. 'Ze praat zo veel, daarom let ze niet op (als ze hier wandelt) maar toch voelt ze alles', zegt hij. En hij laat zich een beetje vallen zoals Mira wel eens met veel drama doet als ze moe is geworden tijdens zo'n lange boswandeling. 'Dat komt door haar beenstand', leg ik uit. 'Kunnen gnomen ook op de gezondheid werken? Kun je haar beenstand herstellen?'

'Oef, dat is moeilijk', zegt Pausibel. 'Wil je dat wel, ze zweeft zo leuk'. Hij laat me zien hoe hij haar waarneemt, wat hoger dan haar lichaam, kennelijk is die verkeerde voetstand een teken van gevoeligheid voor dit soort sferen maar natuurlijk ook van een niet zo goede aardebinding. Ik denk na. 'Nou dan hoeft het niet, maar kan ze er later geen last van krijgen?' Meteen laat Pausibel zien hoe er een lichtlijn door Mira's benen loopt die bij de binnenkant van de knie een rood puntje laat zien, ja irritatie, slijtage. 'Ze zwaaien wel een beetje uit hè?' zegt hij voorzichtig glimlachend, over de onderbenen van Mira. 'Dan moet er toch maar wat aan gedaan worden'. En meteen laat hij zien dat er een rechte lichtlijn door haar benen gaat, vanaf de heupen, waardoor de onderbenen met een rukje recht komen te staan. Maar nu zien we dat de enkels en voetstand niet goed aansluiten. Hij maakt een lichtlijntje door het lengtemidden van de voeten en eentje van enkel naar enkel en de voeten draaien goed. Hij glimlacht voldaan. 'Ik zal op haar letten', belooft hij een tijdje later nogal onverwacht. 'Dankjewel, dat is lief van je', zeg ik.

Mist

Het is inmiddels herfst geworden en ik maak mijn dagelijkse wandeling. Het is prachtig, dichte nevel over de velden, heldere lucht boven me, een zon vlak boven de lage mist. 'Ervaar de mist'. Daar is mijn leraar die mij deze 'opdracht' geeft. Ik vind de mist geheimzinnig, bij vlagen kil en merk dat de bomen minder uitstraling hebben. 'De mist brengt tijden met elkaar in verbinding, het bos gaat in inkeer, elk schepsel in het bos trekt de tentakels in, daarom voel je minder bij de bomen. Vergelijk het met matroesjka poppetjes, de tijden vallen in elkaar, het past (ik zie het als kubussen die met telkens een kleiner maatje in elkaar passen). Er komt een rust. Het bos verandert van actief Zijn naar passief Zijn. Je zult Pausibel vandaag niet tegenkomen, hij is in inkeer en ervaart de mist'. Hij vervolgt; 'De mens leeft in de lucht, in denkbeelden. Het water van de mist vertroebelt het denkbeeld, de opvatting, en biedt de mogelijkheid de ideeën vanuit het hart in te voelen. Is het wel zo wat ik altijd denk? In mist kun je makkelijker informatie of beelden opvangen van vervlogen tijden, of uit de andere werkelijkheid, zelfs de toekomst. Dat geldt voor de plaats waar de mist is en voor degene die er in is. Die krijgt wellicht beelden uit de prille jeugd, droombeelden of uit de toekomst'. Al dromend en herinnerend vervolg ik mijn wandeling.

Energie en toxinen

Ik heb na energetisch werk met één van mijn studenten de dag ervoor, zware rechtszijdige hoofdpijn overgehouden die nog steeds niet weg is. In het bos vraagt de leraar; 'Je bent zeker bang dat je wat overgenomen hebt, nietwaar?'
Ik beaam dat. 'Is dat zo?' vraagt hij onderwijzend. Ik weet het niet. 'Nee, niet overgenomen, je hebt wel getransformeerd, maar omdat je zo moe was, zijn er toxinen in je systeem blijven hangen. Er is heel veel troep losgekomen bij de studente die je behandeld hebt. Slaap goed en drink een glas heet water met een druppel citroenolie, pepermuntolie of gemberolie', is zijn advies. Nadien koop ik een pot gesuikerde gemberbolletjes en gembercapsules die ik geregeld gebruik en waar ik me echt opgepept door voel.

Neptunus

Alles is stijf bevroren als ik het bos inga. Niet alleen het pad en de grond zijn wit besneeuwd, ook de bomen zijn wit van rijp en sneeuw. Mijn etherische leraar wacht me op en neemt me mee naar een 'poort' die hij opent. Erachter is het heel licht en er is een sterke stroming, het is vloeibaar en tegelijk ook weer niet. De stroming maakt bewegingen als van omklappende golven. Opeens verschijnt de zeegod Neptunus. 'Ik heb gehoord dat je met zeemeerminnen hebt gewerkt', zegt hij. 'Hoewel je door een bos loopt, wil ik je om een gunst vragen'. Ik ben even vereerd als verbaasd. 'Ik heers over al het water, vooral het zoute water', vervolgt hij. 'Je hebt al kennis gemaakt met diverse van mijn onderdanen. Ook heb je een aantal verdrinkingen meegemaakt, waaronder door haaien. Hoewel zij niet je grote liefde zijn, zet je je toch in voor bescherming van deze dieren, dat waardeer ik zeer. Ik wil je vragen een heling te geven aan mijn haaien. Alle haaien, de kleine, de grote rovers en de planktoneters'. Uiteraard voldoe ik graag aan zijn verzoek en ik stel het haaienveld op. Het klotst, is zwart en vol grote gaten waar rottende stukken vlees bij dobberen. Ik concludeer dat het inderdaad niet best gesteld is met het haaidom. Met kracht straal ik helend licht op het veld. Het is ondertussen donker geworden en omdat het bos zo wit is, is het net of ik over de zeebodem door een woud van wit koraal loop. Opeens zie ik bij het veld vele jonge haaien verschijnen, er breekt licht door en ik voel dat dit te maken heeft met vernieuwing en nieuwe vitaliteit. Ik ga door met werken aan het veld. Er verschijnt een grote walvishaai, enorm en met kenmerkende vlekken. Hij heeft een zeer kalme, langzame en reusachtige uitstraling. Ik schrik ervan. 'Wees niet bang voor me, wij zijn je dankbaar. Onze soort is niet talrijk meer', zegt hij. 'Zij zijn gewaardeerde adviseurs van mij', vertelt Neptunus. Kalm en reusachtig zwemt de walvishaai met me mee door het duister in het witte bos. Ineens arriveert een vertegenwoordiger van de grote rovers. Ik krijg kippenvel van hem, want ik blijf ze eng vinden. Deze haai laat weten dat het haaienveld enorm te lijden heeft door de mens. Telkens maar weer gedood worden en weer gedood worden en weer gedood worden vanuit onverschilligheid, vaak zelfs spot en minachting, het verminken, dumpen en vermoorden van deze schitterende dieren om een vinnetje doet de ingeschapen kwaliteiten van volmaaktheid van de haaiensoorten degenereren. De balans is zoekgeraakt. Uitwassen zijn het gevolg. De vis kan niet meer goed bij het oer potentieel van zijn soort-blauwdruk komen. Het is zelfs of de blauwdruk beschadigd raakt. Zo wordt de haai onvoorspelbaar en onberekenbaar. Daarnaast vertelt hij over de gevaarlijke haaien; 'Ja, wij zijn monsters, omdat we uitstekende jagers zijn. Maar in het collectief van de mensheid staan wij slecht bekend, onterecht, ook dit doet afbreuk aan ons. (ik begrijp dat haaien hierdoor niet langer 'edele' monsters zijn, zoals ze bedoeld zijn, maar scheefgetrokken, misschien wel wrede monsters, verworden monsters). Het is heel helend dat jij onze ingeschapen kwaliteiten erkent en bewondert'. Ik voel dat deze haai als soort slinks is, geniepig bijna. Zeer individualistisch. 'Kunnen dieren geniepig zijn?' vraag ik aan mijn leraar. 'Voel maar', zegt hij. Ik voel dan hoe haaien elkaar op de hoogte houden van hun jachtpartijen, sterke verhalen vertellen en dat deze communicatie ze scherp houdt, ze aanscherpt. Ze verbeteren hun technieken. Nog onzichtbaarder opduiken, nog sneller en onvermoeder je prooi pakken. Het blijkt dus helemaal geen geniepigheid te zijn maar trots en triomf. Intelligentie, heel zelfbewust. Vooral met tonijnen en marlijnen is er een grote onderlinge uitdaging. Wie is deze keer het snelst en het succesvolst? Dit wordt gezien en beleefd als wedstrijd, er is geen angst of pijn. Alleen het vervolmaken van de jachttechnieken en de ontsnapping of ontwijkingtechnieken waar beide soorten grote voldoening uit halen. Ook voel ik bij de haai een enorme woestheid en gigantische fysieke kracht en snelheid. De grote walvishaai is nog steeds in de buurt. Hij biedt aan mij in te seinen en te helpen als ik dat wens. 'Hoe spreek ik je aan?' vraag ik. 'Wawahw', zegt hij (met Surinaamse W). Ik bedankt hem. Als ik naar huis ga verzoekt Neptunus me mijn parelsieraden te dragen.

Onder het bos

De sneeuw is weg maar het is nog geen voorjaar. Deze maal in het bos valt de verticaliteit van de bomen boven me op. 'Zo boven, zo onder', zegt mijn etherische leraar, 'Ga met me mee onder de grond'. Ik doe het en zak met hem de grond in. Zo hoog als de bomen zijn, zo diep komen we terecht. Ik zie niet zo veel maar het is er erg licht. En de paden zijn heel recht. 'De oude paden volgen de paden onder de grond, de nieuw aangelegde paden natuurlijk niet', zegt mijn leraar (ik vind het er juist zo recht uitzien). Opeens zie ik een wezentje het pad voor ons met een soort harkje schoon bezemen. Vriendelijk kijkt hij op. Geen kobold, veel ranker, een gnoom. Het is Pausibel! Verguld met onze komst is hij ook naar beneden gekomen om ons ten dienste te staan. Hier en daar hangen veel wortels naar beneden, soms recht en echt, soms zwevend alsof ze in water hangen en groenig. Er kruisen een aantal wat zenuwachtige eekhoorns ons pad. 'Dat zijn de geesten van dode dieren', zegt Pausibel, 'die onderzoeken de plekken om te ontdekken waar ze weer willen incarneren'. Daarna zie ik opeens een zwarte kat. 'Die is in het bos overleden maar wil hier niet weg omdat ze niet bij de mensen wil incarneren. Ze wacht tot ze hier weer geboren kan worden al weet ik niet of dat gaat lukken', legt Pausibel uit. 'Zijn die dieren altijd onder de grond?' vraag ik. 'Niet altijd, maar het is hier ordelijker, sommigen vinden dat prettiger', antwoordt hij. Over de groepsziel van dieren kom ik niets te weten. De kat is trouwens duidelijk geschrokken nu ze opeens ons, twee mensen (mijn etherische leraar en ik), ziet. Ze is erg schuw hoewel dat later wel bijtrekt. Even later komt een slank menselijk wezen ons tegemoet, witte mantel, witte tovenaarshoed. Het gezicht kan ik niet zien. 'Dat is de geest van het bos', vertelt mijn leraar. 'Hij vertegenwoordigt alle levende wezens, bomen, struiken, dieren, vogels, paddestoelen, mensen'. De bosgeest voelt oud en zeer waardig en ik bedank hem dat ik in zijn bos mag lopen en dat hij me hier wil ontmoeten. 'Is dit nu een deva?' vraag ik stilletjes aan mijn leraar. 'Nee, het is een afdaling, een verdichting van een deva', vertelt hij. Dan zie ik achter de bosgeest een indrukwekkende troon van grillig eikenbast, wat ik logisch vind, want de eik is de koning der bomen. De bosgeest gaat op de troon zitten en met een lichte beweging van zijn rechterhand zijn we opeens boven de grond, maar in het astrale gebied. Er zijn eigenlijk geen bomen hier, we zijn in een stralend veld waar energielijnen van prismakleurig licht doorheen stromen.

Opeens komt er als een briesje een rij van een stuk of vijf, zes, zeven elfen langs, heel ijl. Ik zie hoe de bosgeest welwillend naar ze glimlacht. Deze elfen neem ik waar als zeer doorschijnende en sierlijke wezentjes met een vrouwelijke uitstraling.

Ze hebben twee nauwelijks waarneembare ovaalronde gazen vleugels. Vloeiend zweven ze voorbij. De bosgeest verandert trouwens, hij wordt steeds groter en lichtender. Hij zit nog steeds op de troon, al is dat geen massief eiken meer. Opeens gaat hij met beide armen in de lucht en vangt in het kommetje van zijn handen een enorme vlinder, wittig met zwarte randen, een koninginnepage volgens mij. 'Er leven toch helemaal geen koninginnepages meer hier in het bos?' vraag ik de leraar. 'Er zijn hier toch ook open velden en akkertjes', antwoordt hij, 'en dat ze nu niet in de stof zijn wil niet zeggen dat ze er niet horen'. De vlinder is erg groot en geeft mij een gevoel van verwondering en blijdschap over diens schoonheid. 'Weet je waarom je de koninginnepage aangeboden krijgt?' vraagt mijn leraar. 'Het is een eerbetoon omdat je altijd zo vol liefdevolle aandacht in dit bos wandelt. Jij bent de koningin van het bos, de koninginnepage.' Ik vind het een enorme eer en ben er nogal stil van. De bosgeest is ondertussen helemaal een lichtende en grote deva geworden die ik hartelijk dank als ik weer huiswaarts keer, net als de leraar en Pausibel natuurlijk.

Voetstappen

In het bos moet ik mijn tred weer verlangzamen. 'Bewoon het bos', zegt de leraar. 'Het bos bewonen, wat betekent dat?' vraag ik. 'Dat je jezelf geeft aan het bos', verklaart hij. 'Hoe dan?' 'Door je liefde te geven in elke voetstap die je zet'. Ik realiseer me nu dat ik de druk voel van elke stap op de grond. Ik druk mijn liefde daarin uit. Het is of door de tegendruk van de grond een kanaal in mijn hart wordt geopend waardoor ik in een staat van liefde kom die zeer krachtig is. 'Voel wat dat met het bos doet', zegt de leraar. Ik voel hoe het veld van het bos om mij heen erop reageert met een extatische vreugde. 'Lang heeft het bos stappen van liefde moeten ontberen', zegt mijn leraar. Op dat moment begrijp ik waarom mensen de grond kusten waarop Jezus heeft gelopen en de voetstappen van Boeddha afbeelden. 'Druk je essentie uit in elke voetstap, zo geef je jezelf, bewoon zo Moeder Aarde. Deze voetstappen zijn de wortel van universele liefde', zo spreekt hij. Gedurende de hele wandeling ben ik in een staat van ontroering en krachtige liefde. Als ik op het pad kom waar ik laatst de deva van het bos heb ontmoet, zie ik hem weer. Ik voel hoe geraakt hij is door mijn gevende voetstappen en met dankbaarheid en respect zet hij nu een enorme koninginnepage op mijn hoofd als kroon en drukt een kus op mijn voorhoofd.

Schrijven

Mijn keel is kwetsbaar, ik heb aanleg om snel keelpijn en keelontsteking te ontwikkelen. Wat zit daar eigenlijk achter, ik ga voelen en krijg binnen; misschien wil je wel iets heel anders uitdrukken dan wat je normaal doet. Wat dan, ik voel in; 'vreemde' dingen wil ik uitdrukken. Als ik het helder krijg, blijkt dat diverse wezens uit de andere sfeer via mij geschreven willen worden. De boodschap gaat gepaard met een groot gevoel van licht, pressie en enthousiasme. Met dat thema ga ik het bos in. Ik vraag Pausibel wat hij belangrijk vindt voor een boek. Hij richt zich op, glundert en trommelt met zijn vingers op zijn buik.

'Jullie moeten op je voetstappen letten', zegt hij (hij loopt bijna altijd met mij mee en heeft mijn gesprek met de leraar meebeleefd). 'In plaats van te wandelen vertrappen jullie zo vaak. Je hebt geen idee wat je via je voeten allemaal in de bodem uitstort, al je zwaarte, leed, haast, boosheid. Zièn jullie wel het bos waar je in wandelt? Wij kunnen ons nauwelijks oprichten omdat we al die zwaarte verwerken. We willen best kiekeboe met jullie spelen als we weten dat we niet bang hoeven zijn voor jullie. We voelen ons zeer verbonden met jullie kinderen maar vaak zien we agressie in hun baldadigheid. Ze vernielen lukraak en worden niet gecorrigeerd door hun ouders. Dat doet ons pijn. Spelen is oké, maar doe het met respect'. Ik beloof zijn verzoek aan het papier toe te vertrouwen. 'Waarom doen jullie mensen na?' vraag ik. Ik zie hem vaak mijzelf of anderen nadoen in houding en loop. 'We doen ook dieren na', zegt hij. 'Zo snappen we wat ze uitdrukken. Welk gevoel door het lichaam heen spreekt'.

De beer van Louise
Tijdens een heling van Louise wil ik invoelen waarom ze zo lang in haar leven over zich heen heeft laten lopen. Waarom ze heeft laten gebeuren wat er gebeurd is. Ik voel wanhoop maar geen verzet in haar. Van jongs af aan is ze gewend weggemept te worden, ze voelt zich een wegwerpmens. Ik ga op zoek naar haar overtuiging die haar daarin gevangen houdt. Ik voel; 'ik deug niet'. En meteen word ik in een enorm lange witte buis gezogen. Aan het andere eind kom ik terecht in een bestaan waarin zij wel fier en zelfbewust is, het leven naar haar hand kan zetten, zelfvertrouwen heeft. In dat leven heeft ze contact met een beer. Die kende ze waarschijnlijk van jongs af aan en het contact is goed en veilig. Af en toe laat ze andere mensen zien hoe ze met de beer omgaat. Het speelt zich vermoedelijk af in midden of oost Europa. Ik zie een gebied van eindeloze bossen, afgewisseld met dorpjes en platteland. Dan zie ik dat de beer, een jonge berin, op een keer onrustiger is dan anders omdat ze in de buurt medeberen voelt. Er is net wat publiek dat naar de vrouw en de beer aan het kijken is (het is zeker geen berendansen maar een vrijwillig en vermoedelijk telepathisch contact tussen beiden). In het publiek is een man die de beer nogal grof aan het schrikken wil maken, wat ook gebeurt. In blind instinct grijpt de beer een kind dat vooraan staat.

Bloedbad, paniek, volkswoede. Louise en de beer moeten meteen vluchten voor hun leven en worden met stenen nagegooid. Zij vlucht het bos in, het contact met de beer is beschadigd. De beer scharrelt nog wel in de buurt maar innig worden ze niet meer. De vrouw zakt in een put van zelfverwijt, schuldgevoel en zelfverwaarlozing. Ik voel dat ze niet kwaad is op de beer, ze begrijpt dat de beer nou eenmaal zo reageerde. Eigenlijk is de beer de enige op wie ze niet haar negativiteit richt. Somberte versluiert haar hele wezen, haar tijdgevoel valt weg. 'Was ik maar nooit geboren', is haar danmalige hoofdgevoel. In latere levens wil ze grote perfectie nastreven om elke calamiteit uit te sluiten. Krampachtig alles in de hand willen houden, niets meer uit handen willen geven. De traumatische gebeurtenis van de beer die het kind gedood heeft, moet geheeld worden. Zodra ik dat doe, zie ik de ziel van het kind als lichtgestalte opstijgen en ik besef dat deze ziel in meerdere levens van de vrouw een rol zal gaan spelen. Licht breidt zich uit vanaf de plek. Nu richt ik de genezing op de vrouw die sinds de verschrikkelijke gebeurtenis verstoten in het bos leeft. Ik voel haar grote warmte en dankbaarheid, naar de beer, beren in het algemeen, naar het bos. Maar ik realiseer me nu ook dat ik geen kern in haar voel. Ik zoek verder, voel haar grote verdriet om wat er gebeurd is, ze vindt het echt verschrikkelijk voor het kind, voor de beer, voor de mensen. Ik voel dat ze haar kern heeft losgelaten en als hulp, als offer, heeft neergelegd bij het kind en de beer. Ze heeft zichzelf gegeven, maar is zichzelf nu dus wel kwijt. Het verloren stuk breng ik bij haar terug. Dit geeft haar de mogelijkheid om de besturing over haar leven weer op te pakken. Als ik de huidige Louise dit naderhand vertel is ze perplex en enthousiast, de beer is namelijk haar krachtdier dat regelmatig in haar meditaties verschijnt.

De kraai

Alles is met elkaar verbonden. En heeft met elkaar te maken. Het is moeilijk om uit de vele visioenen een chronologische samenhang te formuleren. Vriendin en collega Ria begeleidt een trancereis waarin ik elementen van één van mijn vorige levens tegenkom en één van mijn krachtdieren. Daarna vallen er telkens puzzelstukjes op hun plaats. Ik zie een cowboy, in vol ornaat; leren hoed, leren beenbeschermers. In rengalop gaat hij naar de horizon waar een enorme kudde bizons naar rechts rent met veel hoog opstuivend stof. Naast de kudde rijdt een indiaan, in vol ornaat; grote hoofdtooi en een stok met naast elkaar vastgezette veren. Hij is de begeleider van de kudde. De cowboy rijdt doelbewust naar de indiaan en zijn paard. Deze houdt zijn stok afwerend voor zich uit maar tevergeefs. De cowboy verplettert ze. Hij laat ze dood achter en rijdt dan ook met de kudde mee maar doet de kudde afbuigen naar achteren. Ik besef wat het betekent; door overmacht wordt de richting veranderd. Soms gebeuren er dingen waardoor je gedwongen wordt je levensrichting te veranderen. Het is dan niet anders, je kunt er niets tegen doen. Zodra dit inzicht binnenkomt, verdwijnt de kudde. De vlakte is nu dor en leeg. Er is een groot gevoel van leegte en verlatenheid. 'Wat is hier nodig?' vraagt Ria. Ik krijg spontaan 'Buffalo Calf Woman' te zien. Ik weet dat ze een indiaanse godin is maar ik weet niets over haar. Maar ze verschijnt en ik zie haar als een forse jonge indiaanse vrouw in een witte bontmantel. Ik voel dat ze troost vertegenwoordigt. Ze strooit, alsof ze graan zaait, jonge vogels en weidevogels uit over de vlakte, er verschijnt weer gras met vochtdruppels eraan. Links achter haar zie ik nu drie tipi's, waarschijnlijk van één familie. Er verschijnen meer tipi's, ten teken dat er weer leven mogelijk is. Buffalo Calf Woman komt nu op me af en geeft me een witte ovalen plank. Er ligt een pijp met lange rechte steel op. Ze wijst. Daar zie ik een oude indiaanse man aankomen, het is grootvader! Hij begroet mij door zijn arm om mijn schouder te leggen. We gaan de kant op waar hij vandaan kwam. Hij straalt rust uit, het gevoel weer bij je kern te kunnen komen, niet meer afgeleid te worden door gejaagdheid, onrust en allerlei gedachten. We gaan zitten aan de bovenkant van een heuvel. Nogal diep beneden ons is een meer. Hij pakt de pijp van de plank en stopt die. Hij heeft een leren buidel bij zich. Ik weet opeens dat hij door het roken contact maakt met de wind, met geest. Vanaf het meer komt een grote bruine vogel aangevlogen, een adelaar, die vlak bij ons hoog in een naaldboom gaat zitten. Grootvader zegt niets. Met zijn rust kom ik ook in rust. Hij pakt mijn hand en houdt die vast. Dan weet ik opeens wat ik moet doen met dat plankje, ik breek het doormidden en er komt een verfomfaaide kraai uit gevlogen. De kraai maakt enorm misbaar want hij is beledigd en erg verontwaardigd dat hij zo lang in dat plankje heeft gezeten. Hij fladdert en krast en spuit al zijn verontwaardiging. De indiaan geeft hem alle tijd om zijn gal te spuwen. De grote vogel in de boom blijft ook rustig. Dan steekt de oude man zijn hand uit en de kraai landt er op en wordt rustig. Hij pakt nu mijn hand en zet de kraai erop. De kraai zakt door de poten en zet zijn veren uit, hij is helemaal rustig geworden. Hij is zijn misbaar kwijt, voelt dat er niets meer is om zich druk over te maken. De grote bruine adelaar vliegt naar een lagere tak in een boom tegenover ons en grootvader staat op om weg te gaan. De kraai blijft bij mij. Het is mijn totem die ik ben kwijtgeraakt toen ik als indiaanse verkenner van dichtbij doodgeschoten was en zo boos was geweest dat ik de kraai gedood had. Nu mag ik hem weer ontvangen.

In het bos krijg ik een paar dagen later een herinnering aan mijn leven als de verkenner. Ik zie een aantal jongetjes in uitgelaten vrolijkheid op ongezadelde dravende pony's op de prairie. De energie van deze jongetjes is fijn. Eén van mijn gidsen, oom Warna, die ik ook in de Vikingentijd kende, herken ik als onze krijgskunstleraar: Sluipen, tactiek, strategie, wapens maken en hoe ze te gebruiken. Gedisciplineerd maar afgewisseld met spel. Natuurlijk werd er ook gewoon gewerkt voor het bestaan. Ik ontdek door deze herinnering dat krijgskunst een echte en edele kunst is, waarin eer en adeldom te behalen valt, buit, triomf, kick, kunde maar waar je lang voor moet oefenen en trainen om een zeker niveau te bereiken. Krijger zijn blijkt een levenshouding te zijn waarin eer, edelmoedigheid en moed een grote rol spelen. Toen ik werd doodgeschoten door de blanke voelde ik dat als een enorme afgang en ik schaamde me diep. Ik dacht de onuitgesproken minachting van mijn groep, de afkeuring te voelen, maar achteraf was die er misschien helemaal niet. En bovendien, wat doe je tegen vuurwapens. Door mijn onbeheerste woede was ik 'uit de wet gevallen'.

In de daaropvolgende periode leer ik de kwaliteiten van de kraai steeds beter kennen, hij verschijnt geregeld in mijn meditaties. Zo zie ik tijdens een trancereis wit licht waaruit de rafelige kraai naar me toe komt. Ik verwelkom hem en hij zet zich op mijn hand. Dan gaat hij op mijn schouder zitten. Ik laat het licht van de horizon in me binnen komen. Het licht versterkt de kracht die ik in me voel. Dat is ook de invloed van de kraai. De kraai kan me leiden, helpt me niet afhankelijk te zijn. Hij geeft me zinnige inzichten en versterkt mijn eigenzinnigheid, hij is zelf ook erg zinnig en eigenzinnig. Van de horizon komt nu een tsunami van wit licht die me helemaal overdondert. Ik val en ik stijg op temidden van het witte licht. Een stralend gevoel. Het is een gevoel alsof dit iets heel belangrijks is, iets prachtigs en ultiems. Ik mag het een flinke tijd voelen. Ik ben in een hemel waar een witte zacht bolle wolk van horizon tot horizon tot mijn middel komt en het stralende licht daarboven is. De wolk is liefde en zachtheid en warmte. Het licht is weten en stralendheid. Ik voel hoe deze twee energieën zich mengen in mijn hart waardoor ik een gevoel van vrijheid ervaar. Als ik me afstem op de kraai voel ik me onafhankelijk en krachtig, bereid en voorbereid. Alsof ik weet wat het juiste moment is om mijn doel te bereiken. Het 'gouden weten' is het woord dat ik er bij krijg.

Indiaans boete doen

Om de dood van de verkenner te helen maak ik met vriend en collega Paul een sjamaanse reis. Als ik terugga naar het moment van sterven ben ik overmand door vele gevoelens. Ten eerste dacht ik dat blanken niet in staat waren om ongezien waakzaam te zijn zoals wij indianen. Ik voelde me vernederd zo door een blanke vermoord te zijn. Ik had het niet aan zien komen, het was totaal onverwacht. Ik vond het ook zonde van mijn jonge leven en ik was razend. Ik herbeleef mijn dood; Ik voel een klap, zonder geluid, dat was het geweerschot rechts in mijn hals. Hoewel ik natuurlijk neer moest vallen bleef ik staan en wilde de kolonist aanvliegen. Maar dat is natuurlijk mijn bewustzijn, mijn lichaam ligt neergeschoten op de grond. Ik voel hoe de lucht uit me wegstroomt. In plaats van de kolonist staat daar nu de oude indiaanse die ik ooit zelf was. Ik ben vernietigend woedend en trek plukken haar uit haar hoofd en ruk met mijn handen de kraai die ze bij zich heeft, uit elkaar. Na dit beeld sta ik met schaamte en schuldgevoel over die feiten op de prairie. Tussen staken hangt met touwen vastgezet, een groot zeemleren doek, rechthoekig met wat indiaanse symbolen erop geschilderd. Er verschijnt een raaf en ik zie een witbruin gevlekte pony die ik herken als mijn eigen dier van toen. Ik voel me heel klein, een heel slecht mens, en ik heb het gevoel dat dit nooit meer goed te maken is, dat ik als ziel nooit meer mee zal kunnen tellen.

De oude vrouw kijkt stil, verdrietig, maar zonder oordeel. Ik heb geen idee hoe ik het goed kan maken en ik vraag het de raaf. Eerst moet ik de kraai eer bewijzen.

Naast een grote steen graaf ik een kuil, leg het gehavende lijkje er in en leg er steentjes, kralen en veren omheen. Ik laat het graf open want ik voel dat de invloed van de elementen bij het lichaam moet kunnen komen. Ik wou dat ik het ongedaan kon maken maar dat kan niet. Dan geeft de raaf aan dat ik boete moet doen door weg te gaan naar een meer en drie dagen en nachten moet vasten. Ik moet mijn pony achterlaten en te voet gaan. Op grote afstand vind ik het meer. Ik ga op een zeer grote steen aan de oever zitten en voel me overgeleverd aan de elementen, van warm overdag naar vochtig en koud van de nacht, de insecten, het leven in het water, geesten. Omdat ik daar niet neutraal zit voel ik me ongerust. Daar komt een enorme bizon aan, met dicht donkerbruin krulhaar op kop, schouders en borst. Hij tiert en stampvoet en leest me zeer krachtig de les. Hoe ik me had laten gaan, wat een fout dat geweest was dat ik me zo door mijn emoties had laten leiden. Hij is enorm boos en ik voel me enorm onwaardig. Opnieuw moet ik boete doen. 'Een vogel'. Het duurt even voor ik begrijp wat er met die 'vogel' bedoeld wordt. Het gaat om een vogel met zwart, wit en wat blauw. Hij leeft in de woestijn.

Opeens weet ik het, ik moet hem helpen honing te halen. Ik ga naar de woestijn. Daar zie ik een indrukwekkende cactus met zijtakken. Bovenin hangt een soort zak, het is het bijennest met honing. Ik moet met blote handen over de takken met grote stekels en kleine weerhaakdorentjes klimmen. Met intentie maak ik de bijen duidelijk wat ik van plan ben. Ze vinden het maar matig maar blijven dreigend zoemend wel op afstand. Ik steek mijn linkerhand in de opening en haal er een handvol honing uit. Staand op de takken hou ik mijn hand open en de vogel die een lange snavel heeft zuigt de honing uit mijn handpalm. Daarna kan ik naar beneden en terugkeren. Bij het meer ga ik weer op de steen zitten. De bizon is nu rustig. Ik voel dat hij weet hoe beroerd en schuldig en klein en slecht ik me voel maar dat hij me niet helpen kan. Hij geeft me weer een opdracht; ik ga mee naar zijn kudde. Een koe moet kalven maar ze heeft een indiaanse pijl diep in haar ribben en kan dus niet kalven. Ik ga naar de koe toe en voorzichtig laat ik haar liggen. Ik haal de pijl uit haar lichaam en smeer nog wat van de honing op de wond. Ook doe ik er droog mos op en in en een soort jeneverbessen. Dan kan de koe kalven, dat is best ontroerend want het is dankzij mij. Ik ga weer naar de steen, naar de bizon. Deze keer voel ik een sterke vaderlijke liefde en bescherming van hem afkomen. Hij raadt me aan om het meer in te gaan om het laatste gevoel van zondebesef af te spoelen. Ook dat is ontroerend. Het gevoel van de bizon naar mij is warm en liefdevol. Ik neem afscheid van hem en ga terug naar de prairie. Ik heb de kraai respect betuigd en ik heb boete gedaan. De kraai in het graf is niet meer gehavend, maar nog wel dood.

De indiaanse vrouw heeft een witte doek over haar armen die ze mij geeft. Ik vouw hem open, het blijkt een mantel van een soort fijne vitrage-achtige witte stof. Ik sla hem om. Het is of ik hiermee mijn waardigheid terug heb verdiend. Ze pakt me bij mijn schouder en leidt me naar het kraaiengraf. Daar wandelt de kraai levend het graf uit en gaat op de linkerhand van de vrouw zitten. Zij gooit hem op, hij cirkelt om ons heen en hij landt op mijn rechterhand en wipt op mijn rechterschouder. De oude vrouw glimlacht dankbaar. Ik heb nu een witte mantel en een zwarte kraai op mijn schouder. De kraai voelt heel goed, als een echte vriend. Hij knabbelt af en toe aan mijn oor en haar. Dan vliegt de kraai op en spreidt zijn vleugels. Via mijn 3e oog komt hij in mij binnen. Ik voel inkeer daardoor, rust, stevigheid en waakzaamheid. Ik voel me helemaal vrolijk en licht, in balans, voel me weer (gelijk)waardig, gelouterd en in normale achting. Nadien voel ik me bevrijd van een oud gevoel, namelijk; ik ben een slecht mens.

De zendmast

Met Ida ben ik in het huis van Lena om het te zuiveren van lading. Er hangen wat emotieschillen en we checken de grond. Als we klaar zijn gaan we ons richten op de mast die vlak bij haar huis staat en nog veel drukkende energie veroorzaakt. We nemen waar dat zich bij de mast vele negatieve zwarte wezens verzamelen en zich voortbewegen op de negatieve straling van de mast. Het zijn 'zwarte etters'. De straling in de mast voedt deze wezens, we zien ze springen als vele zwarte vlooien. Ze werken op iedereen in de buurt. Ik voel ze zelf via twee ingangen boven op mijn schedel, beide hersenhelften ingaan. Ida voelt ze als druk in haar hoofd. We voelen ze ook op onze schildklier werken. Ik besef dat ze via de schildklier vitaliteit uit de buurtbewoners weghalen. Bovendien lijken ze het denken te willen beïnvloeden, dom en negatief maken. Het zijn echt parasieten, gemeen. Ook veroorzaken ze kou. Ze proberen nu onze aandacht te verstrooien. Ik vermoed dat de hele buurt hier geestelijke wazigheid van ondervindt. 'Wat willen jullie?' vraag ik. 'Macht', is het antwoord. 'Wat hebben jullie nodig?' 'De wereld'. 'Hoe voelen jullie je dan als je de wereld hebt gekregen?' 'Oppermachtig', antwoorden ze hautain. Ida en ik geven beide nectar met oppermachtigheid.

Ik merk dat ze zeer zelfverzekerd zijn vanwege hun overtuiging dat ze oppermacht hebben. Ze bundelen zich tot een heel groot wezen maar door de nectar beginnen er gaten in dat wezen te vallen. Eerst komen uit die gaten weer de zwarte wezens als kleine vlooien die gretig op de nectar aanvallen. Maar ze worden steeds rustiger en er verdwijnen er al heel wat. Uiteindelijk is er nog een restje dat als watervlooien in de nectar zweeft. Een paar minuten later zijn ze allemaal verdwenen. Ida ziet dan een regenboogkleurige vlinder. Dit is de ompoling van de zwarte wezens. Ikzelf zie het lichtwezen van de mast, masthoog en lichtend, de tegenpool van de negatieve stoffelijke mast. (Negatief niet als elektrisch begrip maar als schadelijk voor levende cellen en organismen). Ik vind het een bijzondere ontdekking dat elk negatief iets een positief tegendeel heeft dat je ook kunt aanspreken en aantrekken. Ik realiseer me dat dit soort apparatuur, de disharmonische straling ervan, mogelijkheden creëert voor negatieve bewustzijnsvormen om binnen te komen en zich hier aan te hechten. Als men zich gericht bezig zou houden om dit soort apparaten in het werk te stellen ten dienste van het hoogste, licht en liefde, en zeker ook gezondheid, dan zouden de positieve tegenpolen er zich aan kunnen hechten. Zo'n positieve elementaal zou met intentie tot activiteit gebracht kunnen worden waardoor het de negatieve bewustzijnsvormen van chaos en ondermijning compenseert. Misschien zijn deze bewustzijnsvormen niet negatief maar wetmatig, als andere kant van de medaille van levenskracht en dood. 'Het is zeer vreugdevol om met jullie te werken', zegt het reusachtige mastlichtwezen en laat weten: 'Ik zal Lena en de buurt bombarderen met lichtkracht'.

Fukushima

Na de tsunami in Japan ben ik erg ongerust. Het onvermijdelijke gebeurt; de kerncentrales ploffen. Vlak voor het moment van de eerste explosie zoek ik contact met de centrales. Ik zie een vlak landschap en aan de horizon, ik weet dat daar zee is, de kerncentrales die op doorbranden staan. Ik zie witte koepels en links een dunne witte schoorsteen. Links en rechts zie ik vager en kleiner, soortgelijke gebouwen. Ik nader zwevend en stuit tegen een onzichtbare muur. Ik zie de straling vanuit het centrum omhoog de hemel in golven. Voorzichtig zweef ik nu dichter bij de centrale. Het is of ik door een kloof van straling zweef, de straling aan weerszijden van mij, net als de gespleten Rode Zee. Nu sta ik voor de koepels, ik voel via de grond hoe ze stampen. Ze geven me het gevoel dat ze bijna stikken, bijna knappen. Het gevoel alsof je je moet laten gaan, dat je geen tegenstand meer kan bieden.

Het is wonderlijk me te realiseren dat ik in een kernreactor ben. Ik besef dat ik dit alleen maar kan doen door me te vereenzelvigen met de reactor, dus door de reactor te zijn. Met al mijn concentratie trek ik de energie in de centrale naar binnen in mezelf, ben ik verlangzaming. Het stampen wordt minder, meer tussenpoosjes. Ik concentreer me op koeling maar die voel ik niet. Ik heb geen idee waar ik koeling vandaan kan halen. Water helpt niet want het kan de kern niet bereiken. Met mijn concentratie geef ik de opdracht aan mezelf, zijnde reactor; afkoeling, rust, tot bedaren komen. Het helpt, maar al snel voel ik een nieuwe opwelling van dreigend ploffen. Weer concentreer ik me; kalmte, inkeer door begrenzing. Ik merk dat ik energetisch mijn ademhaling moet aanpassen. Langzaam en rustig, en de uitademing moet langzaam zijn en als een lange puf. Ik merk dat koeling zoeken van buitenaf niet helpt en ik realiseer me dat ik mijn atomen aan kan spreken. Ik richt me op ze en voel hoe ze gevangen zitten in een ultrasnelle en chaotische beweging. Ik voel er verdriet in om de onvrijwilligheid. Ten einde raad roep ik de plutonium deva aan om te helpen. Het is een waardig wezen. Hij heeft duizenden tentakels die de reactor staven ingaan en daar zo gaan draaien dat de atomen zich er aan kunnen hechten. Het draaien is nodig omdat de atomen zo snel gaan, hij moet die beweging volgen om contact te krijgen. Pas als ze aangehaakt zijn kunnen de tentakels afremmen en remmen zo de beweging van de atomen. Dan hoor ik alleen maar stilte, het is alsof ik het Niets hoor. Mijn voeten en mijn middel voelen vreemd koud. Ik treed uit de reactor en sta er weer buiten. De plutonium deva hangt met zijn ronde kale kop boven de koepel, zijn tentakels in de reactor. Ik voel dat ik hier nu niets meer kan betekenen, de techniek gaat mijn verstand toch ver te boven. Ik verander dan mijn waarneming om te zien of ik aan het getroffen gebied na de aardbeving en verwoestende tsunami nog wat kan doen. Maar ik voel niets, geen verdriet, paniek of wat dan ook. Het is leegte, zelfs geen verslagenheid of verlamming, er is gewoon niets-niemand meer hier, althans nu in deze waarneming. Alles voelt weg, kaal, shock. Ik ga naar mijn burcht. Sophia reikt me een beker aan en ik drink de smaragdgroene vloeistof. Daarmee glijden liefde en ontroering in me binnen en word ik diep in mezelf verankerd. 'Het is goed, er hoeft niets, het is', zegt Sophia. Later realiseer ik me dat ik de plutonium deva heb gevraagd maar niet de uranium deva. Ik doe dat alsnog. De uranium deva is anders, moeilijk aan te duiden. Met hem ga ik naar één van de andere getroffen centrales. Daar aangekomen word ik heel erg zwaar, net of ik niet verder mag. Het is zo zwaar, loodzwaar.

Misschien moet deze centrale een ongeluk krijgen en mag ik er niets tegen doen, vraag ik me af. Maar ik laat me meegaan op de zwaarte. Zo kom ik onder de grond, daar neemt de uranium deva me mee naar onder de centrale. In de grond onder het complex is de snelle beweging in de vorm van het logo waarin radioactiviteit altijd wordt afgebeeld. Deze beweging moet ik eerst helemaal voelen. Dan stijgen de deva en ik langzaam op en komen vanaf de onderkant het reactorvat in. Het is daar ook aan het stampen maar lichter en sneller dan bij de plutoniumreactor, dit is meer trillen. Het voelt toegankelijker. Met de deva concentreer ik me op verlangzaming van de snelle bewegingen van de atomen. Daardoor verminderen energetisch spanning en druk. Ik verzoek de uranium deva hier de boel in koele langzaam-stand te houden en treed weer uit. Niet via de aarde maar via de muur. Hoewel ik nu schel licht zie voelt het wel heel zacht. Ik ga naar de burcht en ben erg moe. Sophia geeft aan dat ik mag gaan slapen. Ik ga even op nulstand en stop. Ik denk dat als heel veel mensen zich afstemmen op dit soort problemen, we de mogelijkheid ontwikkelen om in dit soort situaties invloed uit te oefenen ten goede.

Opnieuw de zendmast

Ruim een jaar later, als ik op verzoek van Lena nog even naar haar katten kijk, komt spontaan de zendmast in het contact naar voren. Toen we de vorige keer bij Lena vertrokken, straalde de mast harmonie uit. Als ik me nu afstem is het of mijn kern verdwijnt. Mijn bewustzijn lijkt alle kanten op te verdwijnen. Het lijkt me het effect van de zendmast, kennelijk is hij weer teruggevallen in de oude energie, waardoor je je eigenheid en concentratie verliest. Hij lijkt een middelpunt afstotende kracht af te geven terwijl juist een middelpuntzoekende energie nodig is voor zelfbesef. Ook voel ik een lichte hoofdpijn in mijn voorhoofd, jukbenen en slapen. Ik maak contact met de zendmast. Zodra ik dat doe gaan mijn hersenen bonzend gonzen, eigenlijk ongeveer waar de schermen (zie verklarende woorden) zijn. De frequentie trilt inderdaad de beelden op de schermen stuk!

Ik zet de diamant aan, word meteen steviger en helderder en het gonzen neemt iets af. De mast is bedekt met honderden zwarte 'vlooien' die dicht om de paal drommen en in zijn energie gekleefd lijken. Ze zijn pesterig als gremlins (gemene wezentjes uit de gelijknamige film), het pesten stemt ze gemeen vrolijk. Ik richt helend licht op ze; één voor één ploppen ze open en krijgen korte dikke vleugeltjes. Het lijken zo een soort hommeltjes. Ze zoemen en gonzen nog wel maar niet meer zigzag heen en weer schietend. Er is meer orde. Ik kan ze nu gaan vragen om een gezondere frequentie aan te nemen. Ik vraag de zendmast deva om deze 'hommeltjes' positief aan te sturen. De zendmastdeva verschijnt als een lange dunne lichtende staak. Hij oogt mat en moedeloos al straalt hij goudwit licht uit. 'Ik ben wel nuttig', hij verontschuldigt zich al van te voren, 'Vele mensen maken gebruik van mij'. Hij zucht gekweld. 'Maar....' vraag ik. 'Tja, ik heb zo mijn keerzijde', zegt hij mismoedig, 'Daar kan ik niks aan doen, zo ben ik geprogrammeerd'. 'Maar ben je je bewust van je schadelijke effect op biologische cellen?' vraag ik. 'Ja zeker', zegt hij schaamtevol. 'Maar dan kun je toch met intentie ompolen tot niet schadelijke uitstraling', concludeer ik. 'Mooi niet, ik heb nu eenmaal mijn puls', schampert hij. 'Wat nou, jij bent toch een goddelijke deva, je kunt het toch proberen!' hou ik vol. De deva aarzelt. 'Toe nou, voor mij', zeur ik en ik richt helend licht op hem. Hij klaart meteen op en wordt welwillend en optimistisch. Ik hoor hem nu een toon neuriën alsof hij een stemvork nadoet. Ik blijf het licht op hem richten. Heel bijzonder, de toon wordt minder hoorbaar maar vermengt zich met liefde en zorgzaamheid. Alle hommels om de mast nemen nu ook de goudwitte kleur aan. Ik zie dat de deva in een soort trance raakt. Ik stuur mijn bedankje naar hem en ga naar de opgestelde katten. In het huis van Lena zie ik het goudwitte licht in golven als een soort zomers gevoel binnenkomen. Ik begrijp dat de zendmast regelmatig even positief geprogrammeerd moet worden.

Storm

De winterstormen zijn zeer heftig dit jaar. Het is ongeveer half zes en al heel donker. Gisteren liep ik met enige angst in het bos, later dan nu, na acht uur in de avond, op mijn hoede voor vallende takken. Iegdries had gezegd, 'Loop ook eens zonder ons, alleen. Ik heb je zo veel over de bomen verteld, maak zelf eens contact met ze'. Ik probeer het, maar de energie in het pikdonkere bos voelt te dreigend, vooral door de storm. In een opwelling maak ik contact met de bosdeva, eigenlijk om hem te vragen me te beschermen tegen vallend hout, maar ook algemeen. Ik vind hem, maar hij merkt me niet op. Hij is verheerlijkt aan het deinen, alsof hij zich laat meebewegen op een prachtig muziekstuk. Ogen gesloten, de armen licht meebewegend. Ik realiseer me dat hij op de storm meebeweegt. Het is bijna dansen. Hij geniet van de kracht van de wind en ik zie hoe hij de wind langs takken en stammen laat gaan en het hout laat draaien. Vol vreugde laat hij de te zwakke takken breken door de wind en kijkt ze met glinsterende ogen na als ze weggeblazen worden. Hij test zijn bos, het hout. Hij geniet er van. Het is voor hem helemaal geen bedreiging, het is opschonen. Als een paard dat geroskamd wordt, dat gebeurt ook niet te zachtzinnig. Hij laat de storm bijna met wellust door het woud gaan. Hij blijft even vrolijk als het hout taai en sterk is, als wanneer het breekt of knapt. Dan ziet hij mij. Ik ben al in een boomloos stuk op weg naar huis. Ik vraag dus geen bescherming meer tegen vallende takken maar wel in zijn algemeenheid in het donker. Met een gulle welwillendheid en een armzwaai zet hij het bos in het licht, althans, laat mij de lichtdimensie van het bos zien. Overweldigend, bijna verblindend wit licht, waarin de stammen als dunne palen vaag zichtbaar zijn. Het is zo plotseling en echt dat ik in een reflex omhoog kijk of de wolken voor de maan zijn weggedreven. Even snel is het beeld verdwenen. Maar ik heb toch een glimp mogen opvangen van de niet-materiële wereld. Geweldig en indrukwekkend. Ik dank de deva en laat hem weer in extase in de brullende storm deinen. De volgende avond als ik Ayesha weer uitlaat, is de storm nog niet gaan liggen. Ik maak opnieuw contact met de bosdeva. 'Is het verantwoord om nog verder te gaan?' 'Ja, dat is het, geen alarm. Alles in orde', is het antwoord. Op een pad waait het opeens ontzettend, ik word bijna zeeziek als ik de boomtop silhouetten boven me heen en weer zie zwaaien en ik schrik. 'Mijn hout is sterk', laat de deva mij geruststellend weten en ik voel dat er zelfs geen sprake van kan zijn dat het niet zo is.

Bosimpressies

Ook deze maal wandel ik 's avonds door het bos. Het is voorjaar. Het is mistig en bezig donker te worden. Ik loop kalm en bijna zonder gedachten over modderige paden. Halverwege vraag ik me af of er in de winter minder natuurgeesten zijn en ik vraag het aan Pausibel. Hij is er meteen. Hij laat zich zoals gewoonlijk meevoeren aan de energie van mijn linkerbeen, althans een kopie daarvan. Net of een copy van mijn been een stukje links voor mij wandelt waar Pausibel zich als een aapje aan klemt. 'Ik ben hier niet zo vaak in de winter', zegt hij. Hij is echter nogal 'leeg', een soort van slaperig. 'Ik ben nu meestal in het lichtbos', verklaart hij. (De lichtsfeer van het bos zoals de bosdeva het tijdens de storm aan me had laten zien). Een beetje beschaamd zegt hij dan; 'Het is hier een beetje pruttig, ik ben liever in het licht. Ik heb niet zo veel te doen, er is minder uitwisseling, minder groei in de winter. Er zijn wel wat plaatsgebonden wezens', vervolgt hij. Opeens zie ik voor mijn geestesoog een helder witte egel zitten. ik weet dat het een egelziel is. 'Egels zijn heel nieuwsgierige dieren', verklaart Pausibel, nu wel helder. 'Zij stelt er groot belang in te weten hoe de condities zijn als ze hier weer terugkomt, vooral of ze hier veilig kan overwinteren'. 'Maar er zijn toch helemaal niet zo veel egels in het bos?' vraag ik. 'Dat had je gedàcht!' zegt Pausibel, plots klaarwakker, 'Vraag maar aan de mensen van de camping'. Op dat moment lopen we namelijk op het terrein van de boscamping. Na een tijdje voel ik hem van de been-energie naar beneden glijden en tegelijk zie ik een paar lichtstipjes in de bomen. 'O, dat zijn wat boswezens, je wordt gadegeslagen, ze willen weten wie er in het donker als alle mensen al weg zijn, nog zo bewust in het bos loopt', zegt hij en vertrekt.

Met andere ogen naar het bos kijken

Als ik bij het boekweitveld loop, zie ik hoe de omringende bomen een sluitstuk zijn van een enorme hoeveelheid onzichtbaar, verborgen leven, net als paddestoelen aan het eind van mycelium. Er staat een boom die mij lijkt waar te nemen maar dan 'voel' ik dat wezens via die boom naar mij kijken. Het bos lijkt wijs en verbonden met eeuwigheid. Ik denk aan een uitspraak van de witte draak; 'Met geestelijke ogen zie je meer dan met stoffelijke ogen' en ik sluit mijn ogen. Meteen is het of de bomen wezens zijn en hun kruinen hun gezichten. Een paar eiken staan mij vrolijk grijnzend aan te kijken. Ik moet ook grinniken en loop verder. Op het varenpad sluit ik opnieuw mijn ogen. Ik zie geen natuurwezens maar ik neem zoveel lol om het bestaan en vreugde waar dat het bijna overweldigend is.

Fluiten

De nacht na volle maan neemt Sophia me mee naar de burcht want het is 'feest'. Ze neemt me via de burcht mee naar een natuurrijk vol vrolijke en feestvierende kleine natuurgeesten, voornamelijk faunen. Het is het 'evenwicht tussen zomer en winter, licht en donker'. Bijzonder vind ik dat het precies de nacht na volle maan is en niet de volle maan nacht zelf. Ineens heb ik zo'n dubbele fluit in mijn handen waar ik op speel, ik produceer een toeterachtig geluid dat klinkt als een kruising tussen doedelzakmuziek en middeleeuwse klarinetmuziek. 'Waarom toch die dubbele blaasinstrumenten (met één mondstuk en twee pijpen)', vraag ik Sophia, want ik heb ze vaker gezien in deze rijken. 'Voel de richting van het geluid', zegt ze. De fluiten staan natuurlijk elk een eigen richting op. Ik weet niet of ik het helemaal begrepen heb, maar de twee richtingen zorgen voor een evenwicht van de scheppende wil. Zodat de wil niet kan ontsporen in al te grote eigengereidheid. Ook heeft het te maken met de krachten van de dualiteit. Pas als je echt in de eenheid van het goddelijke bent, zal je scheppende wil, net als bij engelen, door een enkele fluit gesymboliseerd zijn. En natuurgeesten zijn sterk verbonden met de materie door de natuur waar ze mee verbonden zijn en leven daarom in de duale wereld en blazen op twee fluiten met één mondstuk zoals wel eens op Griekse vazen staat afgebeeld.

De plantenwereld

In het bos ontmoet ik de witte draak. 'Ga mijn hart in', stelt ze voor. Ik doe het en voel meteen hoe gekoesterd ik daar ben, niets hoeft, alles is oké. 'Ga nu in je eigen hart', zegt ze. Ook dat doe ik en ik merk hoe in mijn bewustzijn een drive is, een gretigheid tot groei. 'Ga nu naar Iegdries', draagt ze op. Ik loop op het bospad. Vanuit het in mijn hart zijn vind ik Iegdries moeilijker waar te nemen, het is of hij aldoor aan-uit flitst. Ik vertel hem dat ik met de plantenwereld wil leren helen. 'Goed', zegt hij, 'kom maar'. En voor ik er erg in heb, is het of we van voren met een enorme snelheid verlengd worden zonder dat we ons bewegen en meteen zijn we in een 'wereld'. Het is groen en dampig, op een bepaalde manier vochtig. Ik voel in op deze wereld; er zijn heel veel pulsen, hoge korte, langzame zware, vloeiende, staccato, scherpe, zachte. Overal zijn pulseringen, niet zichtbaar, maar voelbaar. Het is of het hele veld vibreert van leven en energie. 'Neem nu het veld in je op', oppert Iegdries en ineens zuigt het hele veld mijn lichaam in. Heftig! Ik word er zelfs wat misselijk van. 'Nu heb je je verbonden met alle denkbare organismes uit de plantenwereld', verklaart Iegdries plechtig. 'We gaan oefenen, stel Nemea maar op'. Nemea heb ik vandaag aan de telefoon gehad, ze heeft last van beklemmende angsten waardoor haar hart flink tekeer gaat. Ze kan nauwelijks eten en voelt zich erg verward. Al wandelend stel ik haar op. 'Welke plant wil naar voren treden?' vraagt Iegdries. Meteen zie ik de maagdenpalm, de blauwe, en ik voel een enorme druk en naar gevoel in mijn maag. Iegdries zegt dat het haar maag is die ik voel via mijn eigen maag. Ik voel verder in en ontdek dat er iets in Nemea zit dat er uit wil. Het blijkt een jonge man te zijn. Waarschijnlijk een eerder leven waar ze als jonge man in een kleine ruimte was opgesloten, hij is totaal claustrofobisch geraakt en zo gestorven. De jongeman kruipt uit de maag, zijn hart bonkt en hij hoest en braakt van ellende. Het lijkt me dat hij ook gestikt is. 'Welke plant wil voor hem naar voren treden?' vraagt Iegdries mij. Uit gewoonte ga ik naar mijn kennis; nux vomica, colocynthis, ipecacuana, mijmer ik. 'Voel', beveelt Iegdries. Dan voel ik dat de ipecacuana het best past bij de heftigheid en angst die met het kokhalzen en braken te maken heeft. Ik straal het uit naar de jongeman die even ligt bij te komen en daarna oplost. Dan kijk ik weer naar Nemea. 'Welke plant treedt nu naar voren?' vraagt Iegdries. Meteen zie ik een witte lelie. 'Dat klopt', zegt Iegdries. 'Nemea staat in contact met de engel Gabriël. Deze madonnalelie is van hem afkomstig en helpt haar, voel maar'. Ik ruik de verrukkelijke geur van de lelie en voel hoe de lelie haar vrede geeft, ontspanning en ze valt spontaan en gelukkig in slaap. 'Laat haar man maar een bos van deze geurende witte lelies voor haar kopen', raadt Iegdries aan. Toch voel ik in Nemea's hoofd nog spanning, achter haar ogen en in het denken. Spontaan zie ik guichelheil, niet de blauwe maar de oranjerode. En al die kleine bloemetjes aan hun steeltjes drommen samen rond haar hoofd. De bloemetjes keuvelen vrolijk en giechelig met elkaar. Het is een hele vriendelijke, gezellige en lacherige sfeer en ik zie een dikke laag van die bloemetjes rond haar hoofd. 'Dit is om haar focus te verleggen', legt Iegdries uit. 'Nemea is erg geneigd om snel in angst te schieten. Het is nodig dat ze haar gedachten verzet, ze op iets anders richt, dat doet de guichelheil voor haar'. (Grappig is dat de naam 'guichelheil' eigenlijk gekken genezer betekent. Deze plant, anagallis, werd vroeger tegen zenuwziekten ingezet.) 'Nu ze slaapt kun je haar helpen'. Hij laat zien hoe hij het voorhoofdchakra dat naar beneden gericht stond, wat omhoog tilt zodat het meer horizontaal staat. Zo komt ze los uit het 'geworteld zijn' in haar eigen angsten. 'Is er nog een slotplant?' vraag ik. Het antwoord komt direct, weer zie ik de geurende witte lelie. De prachtige bloem zie ik zelfs haar aura schoonstrijken. Nemea blijft rustig en blijmoedig slapen.

Woud van glans en luister

Iegdries wacht me op als ik het bos inkom. Ik verwacht dat hij me weer over bomen laat leren, ik zit echter nogal in mijn hoofd. 'Ik neem je mee naar een prachtige wereld, je zult vergeten dat je in het bos loopt', zegt Iegdries, 'durf je dat?' 'Natuurlijk, graag', zeg ik. En meteen krijg ik een gewaarwording van glans en glinstering. Iegdries rijdt naast me op een mooi wit paard, hij is als een koning, met een mantel. Heel nobel, en heel aanwezig, mannelijk ook. Ikzelf zit rechts van hem, ook op een wit paard. Ik heb een glanzende hemelsblauwe jurk aan. 'We gaan naar het rijk van glans en luister', zegt Iegdries. Ik voel dat hij trots op me is. Er verschijnt een toegang en we komen een enorme ruimte in, vol zuilen. 'Dit is het woud van glans en luister, ik neem je mee als mijn gemalin'. De uil die bij hem hoort is groot, volmaakt en waardig en vliegt met ons mee. Nu zie ik dat achter mij mijn vale rafelige kraaitje ook meegekomen is. 'Mijn uil is een deel van mezelf en toch ook een uil. De uil schouwt in diverse dimensies.
Haal je kraai op en verlies haar niet meer. Ze is de vogel van de wet, je boodschapper en je wijsheid. Hou haar dicht bij je, dat is belangrijk voor je', zegt hij. De kraai wordt meteen glanzender door de erkenning van haar bedoeling en gaat op mijn rechterpols zitten. En ach ja, natuurlijk is ze een vrouwtjes kraai. Iegdries drukt een kus op mijn linkerhand. We stijgen af. Ik zie nu dat de zuilen allemaal bomen zijn, boomgeesten. Reusachtige brede wezens, zowel menselijk als boom. Voortdurend voel ik me heel erg ontroerd omdat het allemaal zo indrukwekkend is. Koninklijk, voornaam, mannelijk en groen zijn de boomwezens. Later zie ik ook jonkvrouwen, boomvrouwen met groene hoepeljurken, zowel menselijk als boom om te zien. Ze buigen voor Iegdries en ik herinner me hoe ik, toen ik Iegdries nog maar net kende, had gezien dat een boom voor hem boog en dat ik dat heel vreemd vond om te zien, zo'n elastieken stam. Ik zie centaurs en vele opgewonden plantwezens, vooral varenmannetjes. De bomen treden enigszins bedenkelijk terug als ze mij bij Iegdries zien. 'Dit is mijn gemalin', verklaart Iegdries, waarop de bomen gerustgesteld zijn. 'Niet veel mensen hebben toegang tot het woud van glans en luister', vertelt hij. 'Maar jij

hebt nu de edele macht om met de bomen te werken'. Ik zie dat hij een gouden kroon op heeft. 'Jij hebt ook een kroon', zegt hij lachend. En ja, een hele verfijnde gouden kroon. 'Dat betekent dat we geaccepteerd zijn als machthebbers in gelijkwaardigheid. Dat betekent dus dat we met de bomen mogen samenwerken', legt hij uit. 'En die jurk?' vraag ik, 'ik draag toch altijd roze of groen?' 'Je hart is groen, de jurk is om je te onderscheiden, het maakt je een hoogwaardigheidsbekleder', zegt hij. 'En gemalin?' vraag ik. 'Herinner je je onze relatie niet? Ik ben de koning van het woud van glans en luister. En ik heb je hier uitgenodigd, als gemalin. Wijs je dat af?'

'Nee, nee', werp ik tegen maar ik moet me wel instellen op het feit dat ik Iegdries nu als gemaal naast me heb, al weet ik dat ik in de tijd dat hij druïde was zijn geliefde was. De bomen om ons heen, voornaam en groot maar ook rank en sierlijk, beginnen te walsen. Even zie ik een zwaan. 'Als ze wil zal ik ooit Mira hierheen mee nemen, als mijn dochter', zegt hij, doelend op de zwaan, één van Mira's krachtdieren, 'Zij heeft ook het vermogen en de eer met bomen te werken'. 'Zijn die vrouwen nou de dryaden?' vraag ik. 'Nee, niet helemaal', zegt Iegdries. 'Dit zijn meer de boomdeva's. De dryaden zitten daar nog achter qua subtiliteit'. Ik zie nu inderdaad dubbele beelden, door de groene hoepelrok jonkvrouwen zie ik de witte gestalten met de bollende gewaden van de dryaden. Dan pakt Iegdries me beet en we beginnen mee te walsen. 'Ook dit is niet de eerste keer dat we dat doen', zegt hij en ik herinner me dat ik inderdaad een keer, toen ik bij Mira op haar kamer zat, met hem gedanst heb. En wie weet hoe vaak in dat leven toen. Hij houdt me stevig vast, pakt dan mijn hoofd in zijn handen en drukt onze voorhoofden tegen elkaar. Verrukt vervolg ik mijn wandeling en verrukt kom ik het bos uit.

Jezelf reinigen

In het bos kijk ik weer eens naar mijn oude leermeester, de heer Apollo, die nog niet optimaal helen is. Een paar dagen geleden heb ik gezien dat hij allemaal wezens achter zijn rug in zijn aura heeft. De engel heeft erover gezegd dat het wezens van pijn en verdriet zijn, bij hem gekomen van alle patiënten die hij heeft behandeld. En dat ze via het hart getransformeerd kunnen worden. Zelf heb je daar vaak een blinde vlek voor dus ik wil dat nu voor hem doen. De engel is er en al wandelend stel ik mijn oude leermeester op. Ik zie alle wezens van ziekte, verdriet en pijn van zijn klanten achter en door hem heen krioelen. Ze smeken om verlossing en strekken hun armen naar mij uit. 'Neem ze maar in je armen', begeleidt de engel mij rustig. Ik krijg een enorme 'bos' wezens in mijn armen, mijn hele voorkant zit vol. Sommigen smeken, anderen eisen om verlossing, sommigen zijn enorm groot, anderen heel erg zwaar en een paar scherp, de meesten zijn niet zo specifiek. 'Neem ze nu op in je hart', onderwijst de engel me. 'Jij bènt mededogen', vervolgt hij. 'Berouw en vergeving', gaat er door me heen. Alle wezens knielen en buigen hun hoofden naar de grond. Het is indrukwekkend. Ik voel de verlossing en dankbaarheid van deze wezens en van mezelf omdat ik dit mag meemaken en doen. De wezens verdwijnen langzamerhand. Achteraan zie ik nog een aantal duidelijker gestalten met vuile verbanden over voetstompen, of over hun ogen, of benen, soms leunend op eenvoudige houten krukken, lammen en blinden, leprozen. Ook zij krijgen liefde en mededogen en verdwijnen uit beeld. Daarachter staat een hoofdman, hij lijkt Germaans. Met een rond schild en een zwaard. Hij heeft dik steil donkerrood haar en een zeer weelderige walrussnor, ook donkerrood. Die heeft zeker nogal wat ledematen afgehakt, bedenk ik me. Dan realiseer ik me dat deze man niet voor een ziekte of zieke staat, maar Apollo zelf is in een vroege incarnatie. De man reageert niet op het mededogen. Ik voel hem in en zie dat hij een toorts stak in een lemen hut met rieten dak. Door een ingeving weet ik dat er een kinderrijk gezin in woonde en dat in ieder geval de moeder en twee kinderen omgekomen zijn en de andere (drie) kinderen gewond zijn geraakt. Ik zie dat de roodharige dit lichtzinnig heeft gedaan, niet nagedacht heeft over de consequenties, alleen om de vader van het gezin mores te leren. Hij heeft in dat bestaan, hoewel hij meerdere doden op zijn geweten heeft, deze daad ontkend, wilde er niet meer aan herinnerd worden, uit schuldbesef. Maar de schuld weegt te zwaar. Ik besef dat zijn missie om zieken gezond te maken ondermeer hieruit voort komt. Nu dit boven is gekomen kan de Germaan berouw tonen, hij huilt om los te laten. Ik zie dat hij daarna steeds enthousiaster en opgewondener wordt, vreugdevol zelfs. De missie van mijn leermeester om te helpen is getransformeerd, niet meer uit schuldgevoel maar uit medegevoel. Ik stel hem opnieuw op en zie dat zijn aura schoon is.

Trommel

Het dochtertje van de hulp van Daisy heeft, zonder dat ze hiervan wist, op Daisy's sjamanentrommel geslagen en sindsdien voelt Daisy zich onbestendig en snel geïrriteerd. Ik stel Daisy op en zie tot mijn verbazing Joska Soos verschijnen, de overleden Hongaarse sjamaan die bekend staat als de zingende sjamaan. Hij werkte met zijn stem, klankschalen en trommel. Ik heb hem ooit geïnterviewd. Met zijn hoekige kop zie ik hem trommelen en zingen. 'Joska, hoe reinig je een trommel?' vraag ik hem. 'Een trommel is heel persoonlijk, daar mag niemand anders aankomen. Maar kleine kinderen zijn relatief onschuldig omdat ze nog geen bedoeling hebben of opdruk/afdruk achterlaten', antwoordt hij. Joska toont me nu hoe hij zijn eigen trommel reinigt; hij heeft een soort leren kwast met lange leren slierten die hij zachtjes over de trommel slaat en streelt. Hij zingt heel dicht tegen de trommel aan, met zijn mond vlak bij het vel. Ik heb hem dit meerdere malen bij zijn klankschalen zien doen.
Hij verandert aldoor de stand van mond en lippen. 'Schoon, schoon, schoon, schoon', zingt hij heel dicht tegen de trommel. Dan een rauwe klank; oeoeoeoeooooooowaaaaaaaaah. De A als schreeuw, openend, waardoor wat er aan

de trommel zit, er met de kracht van de A klank vanaf springt. Nu laat hij een nieuwe kwast zien, van gekleurd crêpepapier. Met vooral wit en oranje. Daarmee aait hij vol liefde en ontroering zijn trommel. Met intentie de kleur inbrengend. Ik begrijp dat oranje en wit zijn favoriete en helende kleuren zijn. Daisy moet zelf haar eigen favoriete en helende kleuren nemen om zo'n kwast te maken. Dan drukt hij zijn trommel stralend tegen zijn linkerzij, de hartkant, de voorkant naar voren. Zo van; schoon, klaar! Het is heel mooi want ik zie hoe de trommel en zijn lichaam als het ware één vibrerend veld worden, energetisch samenvloeien en de trommel straalt ook een beetje licht uit. 'Dankjewel Joosjko', zeg ik en ik voel hoe de Hongaarse uitspraak van zijn naam hem raakt en verwarmt.

Pest ervaring
Tijdens een meditatie wil ik de sluiers verwijderen die mij in beperking houden. Ik wil levens zien die ik ooit geleefd heb. Ik zie mezelf als een glazen lamp in metalen ribben geperst. Ik maak de ribben los, de lamp opent zich en er komt een groene nevel uit. Dan word het weer mijn lichaam waar ik van bovenaf inzak en me diep, diep laat zakken. Op de bodem van een diepe put kom ik neer. Ik zie kinderkopjes. Het volgende moment ben ik in een ruimte waar ik een in melk gekookte muis aan de staart uit een zwarte pot trek. Ik voel dreiging en opeens weet ik; er heerst pest!

Ik realiseer me dat ik iets met die melk doe, als medicijn. Ik voel dat ik boos ben, machteloos, hongerig, misselijk en ziek, alsof ik de pest al heb. Ik weet dat ik fris en zuiver was, zelfbewust en verbonden met de natuur, planten en kruiden en dorpelingen. Het leven was daar schoon en gemoedelijker. Nu ben ik in een stad. Nürnberg of Nurenberg is de klank die ik erbij krijg. Men heeft mij verzocht hulp te verlenen waar ik gehoor aan geef. Ik besef dat ik te veel en te goed wilde doen, ik kon het niet waarmaken, helpen werd lopende band werk, het sloopte me. In een moment van onachtzaamheid pakte de ziekte ook mij. Hoe ik me ook verzette en mijn methodes toepaste, ik wist dat het een verloren zaak was. Daarom ervoer ik diepe twijfel over mijn eigen kunnen. Ik voel me vertwijfeld over de zin van alles en de zin van mijn kunnen en niet-kunnen. De zon schijnt, er is een koude wind. Ik zie een rechthoekig plein met glanzende kinderkopjes, nat van eerdere regen. De lucht lijkt schoon en zuiver, zeker in vergelijking met de lucht in moderne steden, maar er is wèl een pestepidemie. In mijn kamer van donker hout, op een eerste of tweede verdieping van een huis dat tussen andere huizen in een rij om het grote kinderkopjesplein is gebouwd, zie ik een recht houten vaatje, een soort vijzel. Ik voel dat ik moeilijk en hoog adem, het ademen doet snerpend pijn. Ik werk met spreuken, roep krachten aan. Maar omdat mijn geest de vanzelfsprekendheid van dat het gaat lukken nu mist, lukt het dus ook niet. Ik voel me falen. Ik zie ook een grote porseleinen vijzel met balletjes gedroogd kruid er in, het zou Griekse majoraan kunnen zijn. Vanuit wie ik nu ben, snap ik niet dat ik toen een muis (die verdacht ik kennelijk evenzeer van het overdragen van de ziekte als ratten) in melk heb gekookt als medicijn. Hoewel, het was geen medicijn besef ik, maar een afweermiddel. De majoraan moest er in om gunstig te stemmen. Ik zie hoe ik me tot het rattenvolk richt, ik smeek ze de stad te verlaten. Ik heb een bolle flacon van dun glas met vloeistof, die draai ik langzaam om en om. Ik weet dat het daarin kijken een bepaald effect op me had. Ik voel dat ik hoofdpijn heb, echter niet door de ziekte. Het is door mijn bezorgdheid en de ernst van de situatie voor de stad. Er zit een zwarte scherf in de pot gekookte melk, het lijkt obsidiaan, en een afgestroopt slangenhuidje. En als offer wat van mijn eigen nagels. En ik heb kamfer. Met de kamfer wil ik de boodschap die ik in de pot heb gestopt, dat het rattenvolk de stad verlaat, door de hele stad laten gaan. Hiermee spreek ik de ratten aan, niet de ziekte zelf. Kennis van vlooien en bacillen heb ik dan natuurlijk nog niet. Ik ben er geconcentreerd en langdurig mee bezig. Eindelijk heb ik me zo afgestemd dat een enorme zwarte rattenkop voor me verschijnt en me indringend aankijkt. Zijn kop is zeker zo groot als die van een sint bernardshond. Ik ben onder de indruk van de helderheid van het beeld en de details die ik zie, de intelligentie van zijn blik, zijn kop die zo groot en nabij is. Vorsend kijkt hij mij aan. Ik heb een bosje gedroogde kruiden in mijn rechterhand om hem zo nodig op afstand te houden. Het is of tussen hem en mij een onzichtbaar scherm is waar ik gouden kriebels op zie, waarschijnlijk alchemistische tekens die ik op hem projecteer. Na enig woordeloos aftasten begrijp ik dat de rattenkoning bereid is zijn volk mee te nemen waardoor de ziekte zal wegebben, maar ze willen mij als offer. Ik stem toe. Ik denk dat ik ermee instemde te sterven om de stad te redden. Meteen daarna zie ik van alle kanten hordes ratten op me afkomen, nu van normaal formaat. Ze vallen me aan en eten aan me. Ik zie een rat met een oog wegrennen, een ander met een vinger, en zo word ik opgegeten door ze. Uiteindelijk gaan ze allemaal voldaan weg en ik zit wezenloos op de stoel aan tafel.

Vanuit mijn huidige zelf begrijp ik dat ik chöd heb gedaan; mezelf als nectar heb gegeven, en ik vraag me af of ik me toen gerealiseerd heb dat je dan niet stoffelijk hoeft te sterven. Hoewel, ik had al pest. Opeens zie ik hoe een stuk perkament op tafel tegen een in een kandelaar brandende kaars is terechtgekomen en vlam vat. En ik neem aan dat ik toen dacht dat de brand bedoeld was om mij als offer te nemen. Maar ik weet ook dat als de brand doorzet alle houten panden af zullen branden, een wellicht nog grotere ramp voor de stad dan de pest. Ik neem waar hoe ik kijk naar het zich uitbreidende vuur, geschrokken maar door de verzwakking zowel door de pest als door het feit dat ik net opgegeten ben, niet in staat te beslissen of ik moet handelen of niet. Vanuit mijn huidige zelf denk ik; 'Ben ik nou een magiër? Dat lijkt toch nergens naar'. Uiteindelijk sta ik wel op en gooi een fles leeg op het brandende perkament, voel me toch weer heel beslist om het vuur tegen te gaan. De brand lijkt echter heviger te worden, veel dingen op tafel branden nu, de kruiden, houten dingen, misschien is het wel zo hevig door de kamfer. Ik zou nu de kamer uit moeten rennen en om hulp roepen om overslaan van het vuur te voorkomen. Ik voel dat ik nu woedend ben, niet op de ratten maar op de brand en op mijn machteloosheid daartegen. Ik moet toch met een vuurelementaal kunnen werken?

Ik draai me om en roep zijn naam en gebied hem het vuur te stoppen. De vlammen worden lager maar er is een soort lek naar de vloer ontstaan, een vuurlijntje, die naar een pot in de hoek van de kamer gaat, vermoedelijk met een zwavelverbinding. Er volgt een ontploffing en in één klap is het beeld verdwenen. Waarschijnlijk ben ik heel snel gestorven want ik zweef nu boven het kinderkopjesplein en zie de hoge smalle huizen die tegen elkaar gebouwd zijn om het plein. Op een tweede verdieping speelt de brand zich af, achter de ramen die er jampotbodem-achtig uitzien, wat groenig. Je kan er eigenlijk niet doorheen kijken, zo bobbelig zijn ze. Ik vrees dat er een stadsbrand ontstaat, de huizen die zo dicht tegen elkaar staan, zijn voornamelijk van hout. Bevrijd van de stof voel ik me edelmoedig en in glorie nu ik daar zo zweef maar ik voel dat mijn pas gestorven zelf daar binnen het trauma van geknaktzijn en gebrokenzijn meeneemt. Als ik die gevoelens erken en met mijn glorieuze zelf herenig, kan ik ze loslaten.

Ik voel het verdriet van de gestorven alchemist, van de kluts kwijt zijn, de vertwijfeling, de bezorgdheid over het lot van de stad, het falen, te meer omdat ik de opdracht had gekregen te helpen en nu zelfs een nog grotere ramp heb veroorzaakt, teleur gesteldheid in mezelf, nog willen redden wat er te redden valt. Ik zweef en ben tegelijk troost en verdriet. Dan besluit ik het allemaal los te laten. Het is niet erg meer, het is oké, voel ik vanuit mijn oordeelloze glorieuze zelf dat de dualiteit van goed en kwaad ontstegen is. Mijn zelf draait energetisch een kwartslag en is daardoor weer in staat het licht te zien, naar de toekomst te kijken, vrolijkheid toe te laten en te relativeren. Ik zucht diep als ik dit oude trauma eindelijk achter me kan laten.

Tocht naar het niets

In het bos wacht Iegdries me op. 'Je wilt op reis? Ga maar mee'. Meteen zitten we beide op witte paarden. Hij heeft een lange mantel die tot op de achterkant van het paard reikt. 'Je lijkt wel een koning', bewonder ik hem. 'Nee, geen koning. Koninklijk', verbetert hij me. Hij gaat voorwaarts. Enthousiast laat ik mijn paard vooruit springen, maar hij houdt me terug; 'Wàardig', maant hij. Ik rijd nu waardig naast hem. Langzaam en ingetogen rijden we naast elkaar voort. Door de waardigheid kom ik in de juiste sfeer, legt hij me uit. Eigenlijk vind ik het saai, er gebeurt niets. Dan is het of het landschap wegvalt, het is zelfs alsof wij zelf ook wegvallen. En eindelijk, is het of er iets openbarst, boven mijn hartchakra, glorie, verhevenheid, iets mystieks, een vreugde die ook warm is. Meteen ben ik enthousiast en wil het helemaal ondergaan maar daardoor verdwijnt het gevoel direct. Ik probeer het weer terug te halen maar het lukt niet. Iegdries die weggevallen was verschijnt weer. 'Je zult eerst door het nederige niets moeten gaan om die glorie te voelen', zegt hij. We doen het opnieuw, mijn paard wil enthousiast weer voortstuiven, weer houdt Iegdries mij tegen. Helaas kom ik niet helemaal in het niets. Ik moet ontzettend lachen om mezelf, om het feit dat het me nu niet lukt. Ik blijf in de vrolijkheid en kom niet in het niets. Weer opnieuw. En weer gaat het niet. 'Je bent te geconcentreerd', zegt hij, 'je hoeft alleen maar in het niets te zijn'. Het is of, omdat ik even ervaren heb hoe het voelt, ik ongewild zo alert ben dat het weer niet lukt. Opnieuw proberen we het. We rijden naast elkaar op onze witte paarden. Dan valt Iegdries weg en ik rijd in een nevel met laaghangende mist. Alleen. Opeens besef ik dat het goed is dat ik alleen rijd. Waar ga ik heen, wat is het doel?

Ontstaat er licht, een kristallen kasteel, een lichtend gezelschap, wat dan ook? Ik rijd maar door, weet dat ik dit pad bewust en willend rijd, en bewust en willend alleen rijd. Ik voel me waardig. En dan realiseer ik me dat mij hier hetzelfde zal overkomen als toen ik nog met Iegdries aan mijn zijde reed; het rijden zelf, alleen, het overgeven aan het niets, het saaie, zal in mijzelf de glorie doen ontwaken. De weg is zonder einde, er is geen doel. Het einde en het doel ben ik zelf. Ik raak ontroerd door mezelf en ik voel me waardig, ik ben!

Dan is het ineens of ik niet meer over mistige aarde rijd maar in de hemel. Ik voel me heel voldaan, opgetogen. Ik voel vreugde, het is of ik zelf de bron ben van deze vreugde. Maar, ik voel dat ik er nog niet ben. Pas wanneer ik zowel zelf de bron van de vreugde ben, als de vreugde zelf, zowel in mezelf als in het al om me heen, deelgenoot ben van het al, ben ik er, bén ik. De cadans van het paard, gewoon door het wandelen opgeroepen, helpt om in het niets te komen.

Nog dieper het niets in

De volgende dag wil ik met Iegdries weer de tocht naar het niets maken in het bos. Ingetogen te paard rijden we naast elkaar tot alles weer weg begint te vallen. Het wordt kil mistig, griezelig. 'Dit is de ware dood', zegt Iegdries, 'hier sterft alles'. 'Waarom dan zo kil en griezelig?' vraag ik. 'Dan is het contrast met de glorie die eruit te voorschijn komt veel groter', antwoordt hij. Ik blijf het een tijdje voelen. 'Is het niet gevaarlijk?' vraag ik dan. 'Alleen als je dat gelooft', zegt hij. Ik blijf het voelen. 'Hou er niet aan vast, het is slechts een fase, laat het los', zegt hij na een tijd. Als ik dat doe merk ik dat er inderdaad hierna een veel leger gebied komt, echt niets. Geen beweging, geen trilling of vibratie, geen beweging in atomen, zelfs het bleke licht lijkt volkomen onbeweeglijk te zijn. 'Ervaar het niets, onderzoek het niet', zegt hij. Ik begrijp dat hij bedoelt dat onderzoeken te veel middels het hoofd gebeurt. Ik voel het, het is bijna beklemmend, alsof het je dicht kan drukken, maar het heeft ook iets van een spiegel. Vlak daarna komt er een gevoel van troostende compassie en zachtheid uit mezelf vrij. 'Dat is een kwaliteit van jou', constateert Iegdries. 'Uit het niets kan van alles opdoemen, maar het hoogste doel is als Het Zelf opdoemt, uit je zelf zoals je gisteren even hebt ervaren', legt hij uit. 'De glorie van de bron en de glorie van je Zelf zijn één'. Ik ga verder met waarnemen. Opeens realiseer ik me dat dit niets waar we in zijn, ook in mij zit. 'Precies', zegt Iegdries opgetogen over deze ontdekking. Inmiddels lopen we over het varenpad, dicht begroeid en wat kronkelend. De prachtige varens, diep lichtgroen, zijn schitterend belicht door de zon die door de eikenbladeren valt. Vanuit het niets ervaar ik de geweldige schoonheid ervan. Ik hoef er niets mee maar onwillekeurig vind ik het prachtig, en komt het dieper binnen dan gewoonlijk. 'Het is moeilijk het niets te ervaren als je omringd bent door zoveel schoonheid', zegt Iegdries begrijpend. 'Ga er volgende keer mee verder'. 'Volgende keer moet ik met de katten van Lena praten', zeg ik. 'Zet die katten in het niets', zegt hij en we krijgen een collegiaal gesprek over helen. Ik zet de katten in het bewegingloze lege bleke licht en meteen komen er allemaal witte wormachtige slangen uit ze geglibberd. Ik laat het gebeuren en heel langzaam worden beide katten zo diffuus dat ze oplossen.

'Zet je hond nu ook in het niets', raadt hij aan. Ik zet Ayesha neer. Het is of ze hard is, massief, heel stoffelijk. Uit haar borst komen twee witte slangen. 'Zet nu jezelf eens neer', suggereert hij. Ik zet mezelf voor me neer en uit mijn navel, keel en mond en uit mijn achterhoofd komen de witte slangen. Op het moment dat de slangen uit me komen voel ik me vreugdevol en bevrijd. 'Kijk nog even naar jezelf', dringt hij aan. Ook uit mijn ogen komen nog slangen en het is heerlijk om zo in het niets op te kunnen lossen. 'De slangen zijn de dingen die je nog moeilijk los kon laten', vertelt hij, 'daarom was Ayesha nog zo 'hard', zij is nog helemaal niet toe aan loslaten en overgave'. Ik zie haar blik naar mij als ze even later 'in het echt' langs me rent. 'Ze is echt een stout vijgje', zegt Iegdries, die die blik ook opvangt. Als druïde categoriseert hij mens en dier in bomen. De vijg is eigenzinnig en eigengereid, luistert slecht en gaat zijn eigen gang. Maar is wel zo vrolijk en innemend dat je niet lang boos op hem kan blijven. Van Ayesha heeft hij verteld dat ze een vijg is, ik merk keer op keer hoe waar dat is.

Plataan

'Wat voor boom is Casula eigenlijk?' vraag ik op een dag aan Iegdries. Casula is een oud poesje dat recent bij me is gekomen. Ze was heel erg ziek maar begint gelukkig een beetje op te knappen. 'Voor een dier heeft zij het hoogst haalbare bewustzijn', vertelt Iegdries, 'je hebt al meerdere levens met haar gedeeld. Wat leer je van haar?' Ik voel in, ze kan heel veel eten zonder dik te worden en ze is heel erg zichzelf. Omdat ze nog maar kort bij me is, ken ik haar verder nog niet zo goed. 'Ja, ze heeft geen overbodigheden, daar blijf je slank door, hoe veel je ook eet. Zij is een plataan. Altijd in zichzelf, in haar kern. Overbodigheden stoot de plataan af via haar huid, de bast. Ze is sterk en autonoom maar weet ook wanneer ze hulp kan vragen. Ze weet dat ze niet alles alleen kan. Ze bepaalt zelf of en zo ja wanneer ze hulp vraagt. Ze aanvaardt elk resultaat, of het nou wel of dat het nou niet lukt. Ze aanvaardt de hulp ook en legt haar leven dan vol vertrouwen in handen van de helper. Zij bepaalt de momenten van actie en rust. En aanvaardt ook als de omstandigheden haar dat niet laten doen. Ze toont zich zoals ze is, direct, zonder terughoudendheid, zonder maskers. Zij blijft in haar kern, ze is geen slachtoffer. De plataan is heel onverstoorbaar'. Casula blijkt echt die plataan te zijn. Zonder schroom, behoorlijk opdringerig, bedelt ze om aandacht als ze daar zin in heeft.

Overstijgen

Tijdens een februariwandeling in het bos realiseer ik me hoe intens ik geniet van Ayesha. Het wordt snel donker aan het eind van de middag en de maan komt als een lampion op boven de bomen. Zo fel dat ik er een schaduw van heb. Ik ruik dat het bos weer begint te leven, de sappen van de Douglas sparren beginnen weer te stromen want de bomen wasemen een heerlijke naaldgeur uit. Ik zie overal schoonheid. Als het helemaal donker is, is het of ik helemaal vanzelf loop, op wieltjes als het ware. Ik hoef er geen enkele inspanning voor te doen. Ik voel me groter dan anders. Het is alsof ik te paard langs de bomen ga, de hond aan mijn zijde. Net als wie weet hoe vaak in vele eerdere levens. Ik besef wat het is om niets meer te verlangen. Niets hoeft meer, ik voel totale vrede en verrukking. Ik heb geen verlangens. Er hoeft niets, er is geen drang, geen lading. Alles is goed en volmaakt. Het is een eeuwigdurend moment.

Gember

Als ik erg moe ben besluit ik mijn rozenkwartsen burcht te bezoeken om mezelf een heling te geven. De moeheid stagneert het invoelen. Sophia en een zwarte paradijsvogel ontvangen me. Op de een of andere manier voel ik me klein, onzuiver en niet in mijn kracht. 'Drink nou toch die gemberthee', raadt Sophia me aan. Ze trekt een veer uit de zwarte paradijsvogel en wappert die bij mijn achterhoofd. Meteen verschijnt het beeld van de god Bes. Dat kleine brede Egyptische godje. Ik heb geen idee wat ik daarmee moet en kan het niet invoelen. 'Je systeem is overbelast', zegt Sophia. 'Alle helingen, het overschakelen in het bos tussen beide werelden en je drukte in het dagelijks leven zijn een uitputtingsslag voor je systeem. Zo neem je onzuiverheden mee uit helingen en raak je uitgeput. Voel de gember in'. Ik neem in gedachten een gemberwortel in mijn hand, hij vitaliseert. 'Inderdaad, gember is in staat om je onuitputtelijke oervitaliteit weer tevoorschijn te halen uit al je cellen. Het is de plant van de vreugde, daarom past het zo goed bij je. Ruik eraan, verspreid de geur in je aura en drink de thee. Je bent leeg. Zo kun je niet werken. Ga met gember aan de slag'. En ze stuurt me weer naar buiten.

Vliegen

Ik ben bijna het bos uit na de dagelijkse wandeling als ik opeens grootvader zie zitten. In de stof doorwandelend ga ik in de geest naast hem zitten. 'Ik zal je leren naar het oosten en het westen, het noorden en het zuiden te reizen', zegt hij. Hij heeft een lange eenvoudige pijp. 'Word als de rook en de dondervogel zal je meenemen', zegt hij raadselachtig. 'Wie is de dondervogel?', vraag ik. 'Vraag niet zo veel', antwoordt hij. 'Ik word misselijk van rook', sputter ik. 'De misselijkheid zal je stimuleren sneller van je lichaam los te komen', zegt hij. Hij neemt een lange teug en blaast die hard naar me toe. Ik voel me omhoog komen en met een rukje kom ik van mijn lichaam los en stijg nog hoger. Een geweldig gevoel van vrijheid neemt bezit van mij en ik zie grootvader hartelijk naar me lachen beneden op de grond.

Eén van mijn oorsprongen

Tijdens een sjamanistische reis, als ik een stuk ziel mag 'ophalen' verschijnt er een grote libelle. Het is een libelle die lichtgevend is en op mijn linkerhand landt. Vanaf mijn hand wordt mijn lichaam helemaal doorschijnend. De libel gaat dan mijn hart in en vervult me met ontzag. Een paar dagen later doe ik een meditatie. Als ik in mijn handen klap om het huis wegens de regelmatige opfrisbeurt met het licht uit mijn handen 'op te tillen' merk ik dat er veel chaos-energie in het huis zit. Ik herinner me om vanuit 'ik ben' te werken en dat maakt me ogenblikkelijk sterker en geaarder. Alles voegt zich vanzelfsprekend naar mijn licht en intentie van orde. Het wordt zoals het bedoeld is te zijn. 'Ik ben'. Ik voel in wat Ik Ben met me doet; niets buiten me, alles in me. Ik Ben ordent en bepaalt, straalt uit, is de kern. Alles buigt in deemoed. Aanvaardt omdat het zo bedoeld is. Wat niet past laat los. Het verbindt aarde en hemel en versterkt mijn loodlijn. Het geeft kracht, geruststelling, stabiliteit, het is goed. Dan breekt de grond onder mijn voeten en ik val eindeloos naar beneden. 'Ik Ben, maar waar kom ik vandaan?'

Na een tijd kom ik neer, op mijn voeten en hurkend. Ik ben veel ijler dan nu. Ik ben in een wittig landschap, leeg. Ik ben redelijk nieuw en zonder menselijke ervaringen. Ik ben neergekomen bij een grote witte margrietachtige bloem. Ik ben veel kleiner dan nu, niet mannelijk en niet vrouwelijk. Dan spring ik op en voel mijn libellevleugels pijlsnel en krachtig snorren tussen mijn schouderbladen. Het gebied is vreemd, wittig met hoogtes en laagtes. In de verte zie ik een grote zwerm soortgelijke wezens. Ik sluit me aan bij de zwerm. Het is prachtig in de zwerm die als één beweegt als een spreeuwenwolk, en het snorren van al die vleugels. Dan een gevoel van opwinding en verwachting. Een draaiing, een dimensieverschuiving en we staan nu in het gelid in een enorme goudachtige grot met een verrukkelijke gouden gloed te luisteren naar een groter wezen vooraan. Het grotere wezen voelt als mijn etherische leraar. Er komt onrust in de groep, rumoer, onderling 'gepraat', wie wil wel en wie wil niet. De welwillers, daar ben ik bij, gaan naar rechts. Een spannend gevoel, alsof je als kind naar het pretpark mag, vol blije verwachting. Er zijn niet zo veel welwillers. De meesten blijven en willen uiteindelijk niet. Die zakken in energie nu snel naar hun gewone houding, beetje sleurachtig, het gewone dagelijkse. De opwinding ligt al weer ver achter ze. (Ik beschrijf het menselijk omdat dat het enige is dat ik als mens kan). De welwillers; mijn ingeving is dat het er zeven zijn. Ik weet dat, hoe jong, nieuw en ongerijpt ik ook ben, ik heel snel van geest en begrip ben, volledig bereid ook, niet bang en niet kleinzielig. De leraar komt naar ons toe. Ik voel zijn liefde en zijn binding met mij. Als ik rondkijk zijn de zes anderen al weg. Ik ben niet meer zo klein, we zijn nu in menselijke maat. Er straalt een gouden licht van de leraar af. Hij pakt mijn hand en glimlacht. Ik voel een diepe liefde en verbondenheid van hem naar mij en een volledige openheid en gevendheid zowel om zijn kennis en ervaring met mij te delen, als om volledig gelijkwaardig te zijn, gelijk op te gaan. Vereerd en vol liefde onderga ik het. Zijn gezicht en lichaam worden tot kristal. Ik ben inmiddels helemaal transparant en vrouwelijk. Ik heb een gewaad aan. Dan waait de essentie van de leraar leeg in mijn hart. Toch blijft hij als kristalmens voor me staan. Het waaien gaat door maar wordt dan kalmer. Uit mijn zijkanten en als ik beter waarneem, uit mijn vleugelaanhechtingen waai ik terug naar hem. Aan de achterkant van zijn hart komt mijn energie bij hem binnen. Het is liefdevol, nederig en edel en waardig tegelijk. Een gevoel van diepe vreugde. Ik weet dat de leraar altijd met mij verbonden zal zijn en hoe hij zich verheugt op momenten samen die we weer zullen hebben. Hij kijkt nog even naar de groep van blijvers en pakt mijn hand en we springen. Het volgende moment sta ik weer voor mijn burcht die ik binnen ga.

Gebroken teen

Ayesha heeft haar teen gebroken, op dierendag nog wel. Ze was in het bos op de vlucht geslagen voor een hond met wie ze het regelmatig aan de stok heeft. Ik kon haar niet meer vinden. Gelukkig is ze thuisgebracht door buren die haar in de straat vonden. De volgende dag was haar voet enorm gezwollen en ze deed zo zielig dat het leek of haar laatste uur geslagen had. Nu mag ik zes weken niet met haar het bos in. Alleen voorzichtig met haar aan de riem lopen. Ik zal het bos missen, alle gesprekken met etherische vrienden die me zoveel inzichten geven. Moedeloos richt ik me tijdens een ommetje tot het Hoogste. Nogal streng wordt me te verstaan gegeven; 'Het is niet erg. Gebruik deze weken om met je boek bezig te gaan'. Ik vraag hoe ik mijn verbindingen met het goddelijke en mijn gidsen kan versterken want nu ik geen contact zoek (dat doe ik namelijk in het bos) en ook geen tijd heb om te mediteren, heb ik het gevoel dat ik achteruit glij. 'Je verbindingen zijn niet verminderd', krijg ik ten antwoord, 'Je versterkt het door te weten dat het er is, volmaakt'. O ja natuurlijk, de overtuiging hebben dat de verbindingen op hun volmaaktst zijn, ik weet het weer. 'Het is goed dat je dit boek maakt', vervolgt het Hoogste. 'Je geeft de dieren en de natuur een stem. De tijd is er rijp voor. Je maakt de liefdevolle, samenwerkende en onderwijzende rol van dieren en de natuur duidelijk. Je plaatst het communiceren met dieren in een breder verband door er ook reïncarnatie van mens en dier bij te betrekken. Je hond zal zonder schade herstellen, het is een sterk dier'.

Nour

Nour is een hond, niet zomaar een hond, hij is een hoogbewust en edel wezen. Hij is een witte saluki. Nour woont bij Hazel. Hazel is hooggevoelig en heeft veel last van storende energieën. Haar gezondheid is broos en vooral 's nachts lijkt negatieve energie het op haar gemunt te hebben wat zich onder andere uit in nachtmerries. Nour komt dan naar haar toe en beschermt haar. Nour heeft af en toe zware epileptische aanvallen. Ook recent heeft hij een cluster gehad. Hij is aan de beterende hand maar ik ga tijdens de dagelijkse boswandeling toch even met hem praten nadat ik hem thuis een heling heb gegeven. Als ik hem al wandelende opstel laat hij zich zien als iemand die stervende is geweest en een toegift heeft gekregen. Licht en melancholisch vrolijk. 'Ik stoei met het lichte en het zware', zegt hij. 'ik voel al de pijn en al het verdriet maar ook de vreugde, ik maak er deel van uit, ik ben het. Ik heb niet de vreugde van Ayesha (mijn hond, zijn dochter), die er is als effect op iets, of om een kick te geven. Nee, mijn vreugde is ontroering, dankbaarheid en liefde. Ik moet er ook een beetje om lachen, ik ben zo klein en tegelijk zo groot. Ik ben zo fragiel en tegelijk zo eeuwig. Ik zal Hazel altijd helpen, tot ik er bij neer val. Maar ik hoef er zelf niet meer bij neer te vallen. Het is of ik dankzij jouw heling een stuk zelfbeperking kwijt ben geraakt. Ik voel alle pijn maar dat doet me geen pijn meer. Ik hoef geen zwaarte meer te zijn. Ik wil Hazel deelgenoot maken van deze subtiele vreugde, haar meenemen in joy en glorie. Ik communiceer met haar door mijn liefde en zorg'. (Hier voel ik wel dat hij zich beperkt voelt door zijn hondzijn in de communicatie maar dat er een niveau is in hun beider zielen waar de communicatie moeiteloos is). 'Welke boom ik ben wilde jij weten? Ik ben zooo ijl en ook zooo trouw. Ik ben bescheiden, men merkt mij niet op maar ik ben een weldoener. Ik ben een weldoener in de verdrukking, hoewel ik mezelf nu ontdrukt heb, ik heb me uitgedrukt, ik ben de vlier'.

Ik zie Nour nu ook in zijn hoger-zelf hoedanigheid, zwevend en dansend als een kruising tussen zijn slanke hondenlijf en een langpootmug. Maar dan verschijnt hij in een andere vorm die ik al een paar keer eerder bij hem waargenomen heb; een edel wit wezen, met een puntig gezicht, schuine donkere amandelvormige ogen, geen oren en een lichaam dat uit drie geledingen bestaat, als een insect. Bij elke geleding staan twee kever-achtige dekschildvleugels breed uit. Zo heeft hij iets van een bidsprinkhaan. Ik beschouw dit als zijn oorsprongzelf en ik noem het 'het sprinkhaanwezen'. 'Je leert het al aardig Nour', zeg ik (hij is altijd een zichzelf wegcijferende, ultra bescheiden hond geweest). 'Ja', zegt hij. 'Ik stoei met het zware en het lichte. Ik voel nu dat het zware niet meer nodig is, al voel ik het nog net als eerst. Ik ben het zware en de pijn en ik ben de vreugde en het lichte. Ik zit op de grens van dood en leven. Ik zal mijn lichaam opdracht geven wat aan te sterken, want anders kan ik hier in de stof niet in mijn tweede fase zijn. Het is of ik een andere bril op heb. Het is vreugde, maar licht, het is humor, maar ijl. Ik voel me ontroerd omdat ik deel uit maak van de schepping, ik leef, ik Ben. Ik ben erdoor overweldigd, maar ook stil'. Voor mij voelt het dat die lieve, poëtische Nour verlicht is geworden.

Periodiek krijgt Nour toch epileptische clusters, vaak na een periode van krachtige energetische hulp aan Hazel. Tijdens een volgende periode van aanvallen richt ik me tijdens mijn boswandeling weer op hem. Ik pas enige behandelingen toe en dan is het net of een zich verbredende sterk verlichte weg ontstaat waarlangs energie die lang heeft vastgezeten vol vreugde tot beweging komt. Ik zie krachtige energiestralen vanuit Nour's kop zijn lijf in gaan. Het genezingsproces is zo krachtig op gang gebracht dat ik hem er van zie hijgen. 'Nour, kan ik nog iets voor je doen?' vraag ik. 'Leg je hand op mijn kop', antwoordt hij. Ik neem in gedachten zijn kop op mijn schoot en leg mijn handen op. Ik voel de energie van liefde. Het is een heerlijk en ontroerend gevoel voor mij en ik voel Nour de energie zonder reserve in zich opnemen. Deze hond is een grote stille helper die veel leed van anderen op zich genomen heeft en edelmoedig draagt. Dan voel ik zijn bewustzijn ontploffen en uit het lichaam vouwen tot ware grootte. Het is zo groot en zo groots dat de tranen me in de ogen springen, het raakt me diep. Nour glimlacht met gesloten ogen. Wat een hoogstaand karakter is dit, stil, dienend en edel. Hij blijft me ontroeren. Hij heeft een zachte mannelijke stem. 'Ik neem je mee', zegt hij. We gaan omhoog, steeds ijler en steeds lichtender tot ver in het heelal, dan een enorme zwenk. Een salto achterover en dan zitten we samen in een transparante bol die zacht en gewichtloos door de ruimte zweeft. 'Tot hier laat ik je zien, niet verder', zegt hij. Het is kalm en sereen maar ook licht melancholisch. 'Dat komt door de vorm waar ik nu in ben en waar ik nu weer naar terugkeer. Maar hier laad ik me op', zegt hij. Met een noodgang duiken we terug en het volgende moment zit ik weer met zijn kop op mijn schoot, al wandelende door het bos. Spontaan omhels ik hem stevig. 'Dankjewel', zeg ik. 'Dankjewel', zegt hij terug. Hij duwt even zijn kop tegen me aan en gaat dan liggen om te gaan slapen.

Een flinke tijd later roept Hazel toch weer mijn hulp in. Nour heeft weer aanvallen. In het bos richt ik me op hem. In hem voel ik een soort stroomstoten die ik behandel. Ze houden op, maar het blijft pulserend schokken. Ik ga op zoek naar de oorzaak. Er is iets gebeurd dat helemaal tegen het natuurlijke systeem is ingegaan. Ik hoor metaalgeluid, van een metalen stok tegen metalen tralies, alsof honden in kooien wakker gemaakt worden als ze net slapen, puur om te treiteren.

Dan zie ik een 'lagere agent', een man met opeengeklemde kaken en met zo'n hoekige pet als in Amerikaanse films en ik krijg het woord; federal. Ik zie hoe hij met een stok een metalen bak met eten naar voren schuift. Er zijn tralies, en een vanglus, die Nour om de nek is gelegd. Er is vermoedelijk een probleem met de stroom, alsof die niet meer kan worden uitgeschakeld. Het voelt of Nour met een continue stroomstoot om zijn nek zit en ik voel hem hevig worstelen en vechten en lijden door de stroom. Dan is het zwart en verdwijnen alle beelden. Het lijkt me een beeld uit een vorig leven, waar hij een verwilderde zwerfhond was in Amerika, die gevangen werd en is overleden door de stroom. Het lijkt me dat het in de jaren 50 of 60 was.

Een paar maanden later gaat het opnieuw mis met Nour. Hij zit in een cluster, valt geregeld om, kan nauwelijks lopen, het gaat niet goed. Ik stem me af op hem en hij laat me weten heel duizelig te zijn, ook misselijk. Hij ziet met dubbel beeld. Hij is erg uitgeput en laat weten hinder te hebben van de snijdende droge vorst die Nederland op dat moment in de greep houdt. Ik ontdek een bloedvatvergroeiing in zijn hersenen. Nadat ik hem op afstand behandeld heb, wil ik weten waarom hij met dit bloedvatnetwerk geboren is. Het lijkt een familiekarma te zijn. Ik zie een spinachtig wezen uit de bloedvat kluwen in zijn hersenen tevoorschijn komen en de volgende informatie komt bij me binnen. In Nour's voorgeslacht is een misdaad gepleegd: Een bruin gekleurde voorvader, lang geleden in Saoedi Arabië, heeft zijn baas gedood. Nour is bewust geïncarneerd om de smet die de bloedlijn beschadigt, op te heffen. Zijn nageslacht draagt deze vloek niet meer. Maar hij is degene die het door te lijden, keert. Ik besluit het spinwezen te chödten; 'Wat wil je?'

'Zijn leven, voor dat andere', antwoordt het wezen. 'Wat heb je nodig?' 'Gerechtigheid', is het antwoord. 'Hoe voel je je dan?' is mijn laatste vraag. 'Dan is het goed en zal ik oplossen', zegt het wezen waardig. Ik stel Nour voor om samen nectar van leven en gerechtigheid te maken. Statig neemt het spinwezen het aan. 'Ik zal hier genoegen mee nemen', verklaart het. 'Maar Nour zal er wel wat voor moeten doen. Hij zal door en door betrouwbaar moeten zijn. Hij zal moeten vasten (drie dagen) in afzondering en gebed. Daarna is hij in staat de zeer oude vaardigheid als 'voorspelhond' weer op te pakken. Wij saluki's zijn een trots en waardig ras, ons geslacht werd gerespecteerd door mens en dier, tot de gruweldaad plaatsvond. Laat Nour ons geslacht weer in ere herstellen'. Ik begrijp dat de spin na het nemen van de nectar kon transformeren tot vertegenwoordiger van de waardigheid van het saluki ras. Hazel vindt het echter te ingrijpend om Nour drie dagen in afzondering te laten vasten. 'Dan maar geen voorspelhond', is haar praktische redenering.

De cannabis deva

Toen ik Nour vorige keer in het bos behandelde, rook ik een cannabis geur. Ik ben weer in het bos en nu zie ik op het bospad afgewaaide blaadjes zo gegroepeerd dat het net een cannabisblad lijkt. Ik zie het als een boodschap. Homeopathisch heeft cannabis veel te bieden. Iegdries verschijnt. Ik vraag me af wat Nour met cannabis heeft. 'Roep de cannabis deva er maar bij', suggereert Iegdries. De cannabis deva laat zich zien als een lange, rechte, slanke man, indiaans-achtig en groenig, met cannabisachtige veren achterop zijn hoofd en een haviksneus (zoals op Inka beelden). Zijn lichaam is beschilderd met slangen en symbolen. In zijn rechterhand heeft hij een lange stok. Iegdries zegt dat cannabis niet homeopathisch aan Nour gegeven hoeft te worden, dat het echt om de deva gaat. 'Let op, hij (de deva) houdt je voor de gek', waarschuwt hij mij. Ik vraag me af wat de rol van cannabis en de deva is in de schepping en maak contact met hem. Hij geeft zeer verwarrende signalen; wat voor is blijkt achter te zijn, klein wordt groot, hangend wordt stijgend, ver weg dichtbij en andersom. 'Hij maakt iedereen los van de geijkte perspectieven', vertelt Iegdries, 'maar hij houdt je voor de gek'. Ik kijk de deva aan. Er komt meteen een vibrerende bliksemachtige energie uit zijn ogen die mij scheel maakt, uit mijn focus haalt, alsof je naar alle kanten tegelijk scheel kijkt en je concentratie kwijtraakt. Het is heel erg vreemd, zo vreemd dat ik spontaan een lachkick krijg. 'Let op je aardebinding', waarschuwt Iegdries en ik zie hoe mijn benen niet langer onder mijn lijf staan, het is alsof ik in een luie stoel lig in plaats van op de aarde sta. Ik herstel mijn aardebinding, nog nalachend. 'Waarom cannabis?' vraag ik. 'Hij is een poortwachter, een wegwijzer en kan een vijand zijn', antwoordt Iegdries. Ik zie hoe de deva met zijn stok wijdbeens staat, achter hem verschijnt een zwartheid, een poort. De deva kijkt Nour aan en Nour begint te trillen alsof hij in een zwerm van een miljoen bijen zit, steeds heftiger trilt hij tot het echte spasmes worden die in epilepsie eindigen. De bliksemblik van de deva heeft in zijn hersenen flink wat ontregeld. Nour valt stuiptrekkend neer. Ik voel hoe hij tolt en alle binding met zijn omgeving kwijt is, zeeziekte, scheelheid, bewustzijnsverandering. Ik krijg de ingeving dat Nour de gebieden van de cannabis is ingegaan om Hazel te beschermen die daar kennelijk ook is op de een of andere manier maar er niet meer uitkan. 'Wee de sjamaan die de cannabis gebruikt voor roes of vergetelheid', zegt Iegdries dramatisch. Ik vraag me af of Hazel ooit hasj heeft gebruikt en zo in de invloed van de deva terecht is gekomen. 'Ze is sensitief genoeg om de gevolgen zelfs via een andere persoon te ondervinden', zegt Iegdries. Omdat we het nu over Hazel hebben verschijnt ze in mijn blikveld. Ik zie haar volledig ondersteboven, alsof ze op de kop staat in haar eigen lichaam. Zo kun je natuurlijk geen krachtige loodlijn hebben en zonder loodlijn ben je een makkelijke prooi. Ik zie dat het cannabisgebied waar de deva de poortwachter van is, niet alleen mooie maar ook negatieve elementen bevat. 'Ik ga met je mee', zegt Iegdries als ik de poort door wil gaan. De deva, die zijn stok wijdarms heeft gehouden om de toegang tot zijn poort te weigeren, trekt de stok in en laat Iegdries en mij door, hij gaat ons zelfs voor. Ik heb geen idee waar het pad ons zal brengen. Opeens zie ik Nour liggen, dood en door elkaar gehusseld. Met onze handen stralen we op hem in. De dode Nour begint opnieuw enorm te schudden en de gehusselde stukken komen weer op de juiste plaats. Zodra dat gebeurd is, zuigt de deva met zijn bliksemblik de sterk zigzaggende energie uit Nour terug zijn ogen in en Nour lost op. Het volgende moment zijn we weer uit het gebied, de deva staat weer in de poort en Iegdries en ik staan bij Nour. 'Check zijn loodlijn', zegt Iegdries. Ik vraag me af waar bij een hond de loodlijn zit. 'Probeer zijn poten eens', suggereert Iegdries. Dan zie ik de lijn bij de schedel binnenkomen, via de ruggengraat zich vertakken naar de vier poten. Toch voel ik hoe Nour zich met een enorme krachtsinspanning staande moet houden omdat een geweldig sterke energie zijn loodlijn, op het punt waar die uit de poten komt, omver wil duwen. Ik begin te peinzen hoe ik dat verhelpen kan. 'Dit is illusie', zegt Iegdries, 'Hij houdt ons weer voor de gek'. Dat besef helpt al en de omverduwende druk verdwijnt acuut. 'Laat Nour's geheelde geestlichaam in zijn stoflichaam dalen'. Ik volg Iegdries' advies op en laat het geestlichaam in het stoflichaam indalen. Uitgeput gaat Nour op zijn zij liggen. Iegdries helpt me nu een leven van Hazel te zien dat hier mee te maken heeft. Ik vermoed dat het zich in Nepal afspeelt. Hazel is een heilige man die buiten de gemeenschap op het veld leefde en met de cannabis deva heeft samengewerkt. 'Het ging een tijd niet zo goed met haar, ze wilde haar verdriet niet meer voelen en heeft toen op de verkeerde manier met cannabis gewerkt', legt Iegdries uit. En ik krijg te zien hoe ze als yogi, met los krullend haar en een lendendoek cannabis rookt uit een open stokje in toetervorm (een chillum). De deva staat voor haar en is woedend, beschuldigt de yogi van het feit dat hij de deva bezoedelt en deert door de plant voor vergetelheid te gebruiken. De yogi kijkt met lege ogen, wordt door de gemeenschap niet langer gerespecteerd en geraadpleegd en verloedert. Ik richt licht op de yogi. Vrij snel komt de yogi tot besef; 'Wat ben ik in godsnaam aan het doen?!' Hij realiseert zich zijn zelfbewustzijn en wilskracht weer. Op dat moment valt de deva de yogi aan en begint met hem te vechten. Iegdries vertelt dat de deva op deze manier de yogi uitdaagt uit diens macht te komen. Het is een hevig gevecht van man tegen man. Uiteindelijk wint de yogi. De deva knielt daarop voor de yogi en buigt zijn hoofd ten teken van machtsoverdracht, hij erkent hem. Dan verdwijnt het beeld van dit leven en ik zie Hazel in haar huidige hoedanigheid. Haar op de kop in haar lijf staande lichaam lost op en hervormt zich tot een zich van boven af ontrollende lichtstaaf die met kracht in haar lichaam komt. Ik voel dat dit de loodlijn is die Hazel meteen vervult van daadkracht en wilskracht. Ze voelt duidelijk veel sterker nu. Maar dan realiseert ze zich in haar nu-heid dat ze een oude vriend tekort heeft gedaan. Ik zie hoe ze met een cannabisblad in haar handen contact met de deva wil maken. Het ontroert haar en de verbinding met de deva wordt in liefde hersteld. Nour reageert er meteen op. Het is of de lachkick in hem vrijkomt. Schuddebuikend is hij aan het lachen, ook hij voelt nu veel krachtiger. Alsof hij allemaal opgekropte spanning loslaat, hij blijft maar lachen. Inmiddels ben ik bij de uitgang van het bos en de heling los zich op. Ik ben flink onder de indruk door deze wonderlijke relatie tussen mens, hond en plant.

Ongehoorzaam

Ayesha heeft een paar hebbelijkheidjes. In deze fase van haar leven uit zich dat onder andere in het feit dat ze er steevast vandoor gaat als ik haar aan wil lijnen als we naar huis gaan. Vooral toen ze heel jong was, was ze zo eigenzinnig en eigengereid dat ik er af en toe helemaal moedeloos van werd. Waar ben ik aan begonnen, verzuchtte ik vaak. Vele malen heb ik haar daarop aangesproken en helingen voor haar gedaan. We hebben daardoor veel van elkaar geleerd. Na wat incidenten wil ik tijdens deze boswandeling haar ongehoorzame deel aanspreken. Deze keer zie ik haar hoger zelf niet als het dunne langpootmug-achtige wezen dat met verende sprongen door de hemel huppelt. Ik zie haar staande, als een gespleten wezen zoals je in alchemistische afbeeldingen wel ziet. Het linkerdeel kijkt mij aan. Haar rechterdeel kijkt naar de andere helft. Ze heeft één hondenonderlijf en twee bovenlichamen en koppen. Ze wringt zich in allerlei bochten om mij niet te hoeven spreken. Maar beide bovenlijven zitten natuurlijk vast aan haar onderlijf. 'Waarom wil je niet met mij communiceren?' vraag ik. 'Ik luister nooooit meer naar een mens', zegt ze emotioneel, 'Daarom ben ik speciaal in een jachthond gekomen, dan kan ik me verschuilen achter instinkt'. En ik zie haar trillend van angst en ellende, in levens van onderdrukking en slaag. Ik richt helend licht op die levens. De angst valt in brokken van haar af. 'Dit ben ik niet', ontdekt ze verbaasd over het angstige verleden. Nu ze zich er niet langer mee identificeert is ze niet langer gespleten maar heel. Ze staat nog steeds op haar achterpoten maar legt nu haar voorpoten op mijn schouders en likt me uitbundig, in om te spelen. Eén en al vreugde en speelsheid. In het bos vindt ze het konijn terug dat ze de dag ervoor gevangen heeft en verliest zich daar helemaal in. Gelukkig kan ik haar toch snel aanlijnen en naar huis gaan.

Honden incarnaties

De dag erna besluit ik in het bos Ayesha te vragen hoe het was om baviaan geweest te zijn. Ze is tenslotte mijn baviaan Zeenab geweest. Wie weet komt het wilde en ongehoorzame in haar nog van het baviaanschap. Ik voel in in Zeenab: Een aap uit het wild, maar nieuwsgierig naar mensen, rustig knabbelde ze aan eten dat ik haar had gegeven maar toenadering was erg moeilijk. Ze bleef wild en op afstand hoewel ik haar vertrouwen steeds meer won. Meestal zat ze op de hoge omheining om de hof met palmbomen en bloemen naar beneden te kijken. Ze kwam ook wel eens in de hof van de Egyptische woning, maar ze werd nooit echt tam. Dat herken ik toch wel een beetje in Ayesha, maar ja, wat wil je, ze is nog maar één jaar. Als vanzelf rol ik in een ander leven; Ayesha als wolf. Ze rent in een roedel. Het rennen is pure vreugde. Het zijn lichtgrijze wolven in een ijzig gebied. Ze jagen achter een dier aan. Als ze het dier vangen is dat net als het rennen een enorme kick. Het huilen dat ze daarna aanheffen is om uiting te geven aan hun gevoel van vreugde. Ik voel het dier in op het moment dat het op de vlucht was. Het is niet eens in doodsangst. Het is meer een ultieme gespannenheid. Zelfs ook kicken; zal ik ontsnappen of niet. Ik zie dat het een hertachtige is, een rendier ofzo. Het rennen, vluchten, alles geven daarin, is voor de prooi net zo goed kicken als voor de wolven. Ook de dood is vreugdevol, een soort sprong naar het licht. Prooi en jager houden als het ware een soort wedstrijd die hen beiden een kick oplevert. Honger, kou, vermoeidheid worden als ervaring intens beleefd, niet als lijden. Ik vraag me af hoe het is als een dier gewond is, niet meteen dood. Als mens denk je dan dat het aan het creperen is en dat dat zwaar lijden is. De ingeving is dat sinds mensen de natuur uit balans halen er meer dieren lijden door niet meteen dood te zijn, dan vroeger. Ik voel opeens dat Pausibel bij me staat nu ik de dieren invoel. Zijn energie is heel vriendelijk en bescheiden. Hij vertelt me dat het lijden van zo'n dier een soort trekkracht oplevert. Dat het daardoor als een transformatiepoort dient, niet alleen voor hemzelf maar zowel voor de hele soort, als voor de omgeving. Dat door het lijden dingen die gestagneerd zijn geraakt, losgetrokken worden en dat het het dier ook een bewustzijnsgroei geeft. Een bewustere overgang of zelfs een overgang naar een volgende diersoort of situatie voor de soort. Het lijden is dus maar heel relatief. Al blijf ik het als huis-tuin-en-keuken-mens erg moeilijk vinden dieren te zien lijden. Ik neem me voor een dier in een dergelijke situatie zo mogelijk te vragen wat het zelf wil; ingrijpen van de mens of niet.

Sammy, een bijna vertrekkend huishondje

Sammy is een oud vuilnisbakje van vijftien jaar, hij heeft veel tumoren maar 'doet het nog' steeds. Hij oogt als een oud mannetje. Hij is de geliefde huisgenoot van Ida en haar gezin. Ida vermoedt dat hij dement is geworden, hij eet alles wat los en vast zit, hij poept en piest in huis, hij kotst en loopt mank. Vooral zijn incontinentie en het braken, maar ook het feit dat hij tijdens zijn vreetbuien veel verscheurt en rommel maakt, zorgen er voor dat Ida vol bezorgdheid aan 'het spuitje' begint te denken. Ik maak contact met Sammy. Hij kijkt aldoor erg verstoord achterom en om zich heen. Het is of hij niet helemaal beseft waar hij is. Aandacht is heerlijk, maar veel daarvan komt niet binnen, het is alsof hij in een grijze vlek zit. Ook wat binnenshuis en wat buitenshuis is, is niet helemaal helder meer, wat je in het ene doet en wat in het andere. Het loopt door elkaar. Hij voelt zich nogal ongelukkig, wil graag meedoen, dat besef heeft hij wel. Hij snapt niet goed wat er aan de hand is en waarom zijn zintuigen zo afgestompt lijken zodat alles heel vaag en ver lijkt te zijn. Het helpt om zijn aandacht te trekken door zacht je handen op zijn flanken te leggen. Zo kun je hem ook een beetje sturen, bijvoorbeeld naar de tuin zodat hij daar zijn behoefte kan doen. Hij is al half uit zijn lichaam maar hij is niet helder, alles is grauw en detailloos om hem heen. Ik voel dat hij graag een eigen plekje wil, met vuilniszakken en kranten waardoor hij zich niet schuldig en beschaamd hoeft te voelen. Hij wil ook wel proberen te leren dat als je je handen op zijn flanken legt en hem met een innerlijk beeld zachtjes naar de tuin stuurt, hij daar zal proberen te poepen en te plassen. Ik zie hem opnieuw verstoord achterom kijken, alsof er iets op zijn rug zit wat hem telkens hindert. Door die geïrriteerde beweging komt trouwens ook de peristaltiek op gang, net of het er dan zomaar uitvliegt. Hij leeft in een heel klein wereldje en omdat alles door dertig dekens gefilterd lijkt te worden, reageert hij niet als je tegen hem praat en als je dan met nadruk in je stem zijn aandacht trekt, schrikt hij en gaat snauwen. Maar hij is ook erg stressig van binnen. Hij neemt vervormd waar, door een tunnel, die nog draait ook. Beetje zeeziekte gevoel. Verwarrend. Ik vraag me af of hij af en toe zijn evenwicht verliest. Bij navraag blijkt dat inderdaad zo te zijn. Ik maak contact met de heldere Sammy in een ijlere dimensielaag; 'Waarom ben je niet meer in je lijf?' vraag ik hem. Dat is erg beperkt en bekrompen, geeft hij met zijn gevoel aan. 'Heb je ook pijn?'

Daar krijg ik geen antwoord op maar ik merk dat zijn besturing moeilijk is, als hij een poot wil verzetten gaat die opeens een heel andere kant op. Ik voel druk achter zijn ogen en op zijn halsslagaders. Ook het ademen gaat niet diep en het eten lijkt naar boven gestuwd te worden. Maar ik voel dat hij nog helemaal niet bezig is met sterven. 'Sammy, wat zou je nog willen dat er gebeurt of wil je nog iets zeggen?' vraag ik. En dan geeft hij aan dat hij vooral gezien wil worden door Frits, Ida's man, hij wil erkentelijkheid van Frits, dat baasje trots is op hem. Dan pas is hij volledig vervuld en gelukkig, dan is het af. 'En Ida?' vraag ik. 'Die is zo vanzelfsprekend, dat valt niet meer op. Baasje is de uitdaging, dat baasje verzacht en zich opent voor hem. Hij is zelf heel trots op baasje.

Vroeger hebben ze genoten van elkaar. Hij wil baasje weer net zo spontaan en vrolijk ervaren als toen hij een jong hondje was', Sammy brengt dit zonder woorden bij me binnen, maar met zijn gevoel, het ontroert mij. 'En bazinnetje?' vraag ik. Zijn aandacht is niet op bazinnetje. Hij voelt het alsof hij een taak heeft naar baasje. Baasje vrolijk maken, baasje blij maken. 'Heldere hond Sammy (hier spreek ik weer zijn onaangetaste geest aan), jij met je oude lijfje, hoe zou jij baasje nog gelukkig kunnen maken?' vraag ik voorzichtig. Sammy zwijgt. Ik voel schaamte bij hem. Vanuit zijn heldere geest beseft hij nu dat zijn oude lijfje nogal wat onaangename mankementen vertoont. Ik vind het zo sneu voor het hondje....
Ik suggereer Sammy om zijn aandacht meer naar bazinnetje te verleggen, want zij ziet hem wel, staat helemaal open voor hem zonder afwijzing. 'Nog één vraag Sammy, waarom eet je zoveel?' herinner ik me opeens weer Ida's hulpvraag. 'Dat houdt me hier, dat is mijn anker, het aardt me, dat geeft me rust. Het kalmeert mijn zenuwen, anders ga ik flippen en stuiteren', vertelt hij nu, een stuk gemotiveerder, het eten kan hem kennelijk nog flink boeien. 'Sammy, wat zou

jouw onrust kunnen kalmeren in plaats van dat eten, want dat is ongezond voor je', vraag ik. Sammy gaat nu erg hijgen, hij gaat liggen, staat weer op, draait rondjes, gaat weer liggen enzovoort. Erg onrustig, het houdt maar niet op, hij kan letterlijk zijn draai niet vinden. Hij moet zuchten en voelt zich ongemakkelijk. Het voelt of hij een stoompan is die niet kan ontladen. Ik probeer hem nu rust te geven maar dan voel ik dat de sfeer thuis niet echt meehelpt. Ida's man heeft grote conflicten op zijn werk en neemt veel spanningen mee naar huis. Ik moet denken aan een groot stuk pyriet, dat aardt en kalmeert, maar ook zo'n brok rozenkwarts, dat kan bovendien Frits helpen te verzachten en hun band verbeteren. Ik zie Sammy met een hele oude gerafelde knuffel. Iets dat helemaal van hem is, dat hij overal heen wil slepen. Dat heeft hij nodig om rustig te worden. Met hetzelfde effect als sabbelen op een speen. Ik vraag hem naar een knaaghuid of knaagbotje. Sammy zegt dat hij daar erg veel speeksel, maagzuur en geeuwhonger van krijgt. Bij navraag blijkt hij daar inderdaad van te houden maar dat hij er van gaat overgeven. Dan maar liever zo'n knuffel al gaat die aan flarden. Ik kijk nog even naar wat er op zijn rug zit, iets voor de hoogte van de heupbotten. Een vage zeurende pijn, een soort ischias. Het komt en gaat. Magnetiseren helpt, liefst boven de huid, niet er op. Energetisch is het zo'n zwart harig lastig krengerig bolletje. Ik vertel Sammy dat hij nu beter zijn aandacht aan bazinnetje kan geven. 'Maak haar maar gelukkig', suggereer ik, Frits heeft immers te veel spanning bij zich. Sammy vertelt dat hij gewoon altijd meer op Frits gericht is geweest. Ida is meer als een abstracte verzorgende factor; 'Zij wéét toch wie ik ben en hoe ik ben', zegt hij daarover. 'Ja maar, zij zou zich gelukkiger voelen als jullie contact, ook met je oude lijf, wat duidelijker is', dring ik aan. Nu geeft hij het beeld dat Ida energetisch fungeert als een blindengeleidehond en dat Sammy de blinde is. 'Zij moet wel al je poepen en piesjes en kots opruimen', zeg ik. Hij laat weten dat hij dat niet zo in de gaten heeft gehad, althans niet dat dat voor Ida belastend was, dat viel erg buiten zijn blikveld. 'Waarom doe je dat trouwens binnen?' vraag ik. 'De besturing werkt niet meer', antwoordt hij. Dan moet ik aan het homeopathische alumina denken; dit past bij vormen van dementie, waarbij je ook niet meer goed waarneemt of je nou wel of niet poept. Sammy geeft aan dat hij pas wil vertrekken als hij tot rust gekomen is. Hij laat zien dat hij dan op een eigen dierbaar zacht plekje ligt met het hele gezin om hem heen. De band met iedereen is hersteld. En het gezin heeft bewust afscheid van hem genomen met aaien, klopjes en waarderende woorden van vriendschap, liefde en dankbaarheid. Sammy voelt zich een volwaardig lid van het gezin en wil als zodanig ook vertrekken. 'Dankjewel Sammy, wil je nog iets voor je oude lijfje?' vraag ik. Het lijfje is erg onrustig en ongedurig. Sammy geeft aan dat hij dat poepen en plassen nu wel erg vervelend vindt, hij schaamt zich en voelt zich schuldig. Hij wil helemaal wegkruipen tussen twee begrijpende, niet veroordelende handen. Nogmaals vraagt hij om voorzieningen rond zijn eigen plek. Zoals kranten en vuilniszakken. 'Wil je al gaan?' vraag ik. 'Pas als het afscheid liefdevol en rustig kan zijn', zegt hij. 'Heb je er nog zin in?' vraag ik dan, doelend op zijn restje bestaan in de stof. Hij geeft aan dat het gesprekje hem toch wel heeft bemoedigd, hij voelt zich zelfs al wat vrolijker. Ik beloof alumina voor hem te testen.

Ruim een week later maak ik opnieuw contact met Sammy. Hij heeft inmiddels alumina gehad en zijn conditie is flink verbeterd. Alleen, hij heeft toch weer spulletjes kapot gevreten en verscheurd. Ik maak contact met hem, hij is geen hond van woorden, maar van beelden en gevoelens. Hij kwispelt als hij mij waarneemt. Ik geef de boodschap van Ida door: ik vertel hem dat het hele gezin dankbaar is voor zijn aanwezigheid. 'Hoezo? Ik maak toch gewoon deel uit van alles, hoe kunnen ze me dan dankbaar zijn, dat is net zo iets als een lichaamsdeel dankbaar zijn', laat hij verbaasd weten. Dan geef ik aan dat we bedoelen dat iedereen blij is met hem. Dat komt binnen, hij groeit er van en glimlacht. Dan vertel ik dat er zoiets bestaat als leven en dood, en dat al het leven in de stof eindig is. Meteen schrikt hij; 'O help, ga ik dood? En ben ik dan weg, weg bij iedereen?'

Ik geef hem aan dat dood helemaal niet erg is en dat je er dan nog steeds gewoon bent en mee kan doen. Alleen als je dood bent kun je sommige dingen wel beter zoals rennen en spelen. Nu is hij gerustgesteld. Ik geef aan dat hij zelf mag beslissen wanneer hij dood wil gaan. Ik voel aan hem dat dat nog wel een brug te ver is. Dan laat ik hem weten dat hij niet meer zijn best hoeft te doen om baasje gelukkig te maken. Die taak hoeft niet meer. Hij is heel verbaasd. Hij voelt dat niet eens zo zeer als taak maar als 'juist daarom besta ik'. Ik zie hoe Frits regelmatig tegen hem schreeuwt en dat Sammy dan in elkaar krimpt maar hij beschouwt dat niet als straf naar hem, maar als het feit dat hij, Sammy, faalt. Want; baasje is verdrietig, ik moet baasje blij maken. En juist door het schreeuwen van Frits wil Sammy extra zijn best doen om baasje gelukkig te maken want als baasje schreeuwt of scheldt denkt Sammy dat hij het fout doet. Dat hij niet goed genoeg baasje gelukkig kan maken. Ik begrijp dat hij zich een soort verlengstuk van Frits voelt, als het ware het aan/uit knopje voor Frits's welbevinden. Ik geef Sammy het beeld dat Frits hem aait. Daar wordt Sammy heel gelukkig van want nu heeft hij het goed gedaan; baasje is blij, dan is Sammy ook blij. Zijn bestaansrecht komt tot zijn recht. Hij heeft het nu goed gedaan. Dan vraag ik naar zijn vreetgedrag en voel hem in als hij in zo'n bui is. Het is een hele diepe drang. Het opvullen van een diepe leegte, maar ook een soort zoeken naar erkenning. Dan snap ik het ineens; het is het dier in hem. Sammy heeft zich al zo lang met mensen geïdentificeerd, voelt zich het verlengstuk van zowel Frits als het gezin als geheel, dat hij helemaal vergeten is dat hij een dier is. Maar het dier in hem steekt natuurlijk wel af en toe de kop op, moet zich uiten. Ik vraag me af hoeveel zelfbesef hij heeft. Want het is net of hij zich niemand voelt, alleen een deel van... Vandaar dat diepe gevoel van leegte. 'Wie ben jij Sammy?' vraag ik. Die vraag snapt hij niet helemaal, hij wordt er erg onrustig en een beetje angstig van. 'Wie ben jij als het gezin er niet is?' vraag ik dan om hem los te koppelen van waar hij mee geïdentificeerd is. Sammy gaat helemaal flippen, paniek, onrust, ongelukkig rondrennen en springen. Ik besef dat hij al heel lang zichzelf kwijt is en dat hij alleen maar iemand is door bij Frits en het gezin te horen. Ik ga op zoek naar de kern van Sammy. Ver weg en hoog vind ik het, het is waardig en zelfbewust en ik help het dalen en intreden in Sammy. Dat geeft Sammy een heel diepe rust, een 'alles is goed' gevoel. Nu zie ik dat zodra Frits naar hem schreeuwt, Sammy dat waarneemt met heel veel liefde en medelijden; arm baasje. Maar hij heeft niet meer de drang om baasje weer blij te maken. Hij hoeft er niks mee. Hij is nu echt losgekoppeld. Ik voel dat hij het eerder helemaal niet zou kunnen handelen als het gezin uit elkaar zou vallen, de kinderen uit huis of zelfs totaal zoals bij een scheiding. Dan zou hij zich in paniek voelen en doorgesneden. Maar nu kan hij daar los van staan, voelt hij weer kern in zichzelf. Ik voel rust in hem, aanvaarding. In deze innerlijke staat kan hij gemakkelijker met zijn overgang bezig zijn. Er niet meer bang voor zijn iedereen los te laten want hij heeft nu zichzelf weer terug.

Limoen's stervensproces

Limoen is een tam konijn, ze is zes jaar oud. Voor een tam konijn is dat behoorlijk oud. De laatste maanden begint ze te kwakkelen. Tijdens een eerder gesprek vertelde ze me dat ze, hoewel ze alleen in een kooi in de huiskamer woont, zich niet verveelt. Het huisgezin waar ze woont, voelt voor haar als een levende soapserie. Ze kijkt er uitermate geboeid naar, het geeft haar leven zin en kleur. Vandaag maak ik weer contact, het gaat niet goed met Limoen. Haar baasjes vragen zich af of euthanasie een oplossing is. Het is of ze is opgedroogd, het levenswater is op, en de bijna fanatieke blijmoedige interesse die ze had om haar soap te aanschouwen, is ook weg. Ze is ingekeerd. Ik vraag Iegdries om raad. 'Verval en aftakeling zijn eigenlijk iets heel heiligs. Het is jammer dat mensen dat proces te veel vanuit stof-ogen bezien en niet kunnen waarnemen hoe zuiverend en liefdevol dit proces is', vertelt hij. 'Ook de pijn?' vraag ik, want vooral met pijn heb ik best moeite.
'Ook in pijn zit schoonheid en liefde', antwoordt hij, 'Het is een snel verbranden van allerlei stukjes ballast. Als het te hevig wordt mag je best pijnstilling geven, zeker als de omstandigheden onnatuurlijk zijn. Maar het proces waar Limoen nu in zit, is op zich iets heiligs. Het is het heilige proces van loslaten en afscheid. Het heeft te maken met waardigheid en eenheidsbewustzijn (wonderlijk want het lijkt mij juist ontwaardigend, maar dat is dus niet zo). Het is het overgeven, als je je helemaal kunt overgeven aan het verval en je verzorgers, bereik je een heel hoge staat van nederigheid en daarmee van grootsheid. Je gaat zo extra gezuiverd en groots de nieuwe dimensie in. Limoen kiest zèlf haar moment. Ik zal haar dan helpen haar ziel uit haar lichaam te vegen', Iegdries laat het zien alsof hij een doek beetpakt en uit het konijnelijfje trekt. 'Probeer met andere ogen te kijken. Niet

elk leed is echt lijden. De ziel zelf wil het stervende lichaampje verzorgen en eerbiedigen, vandaar dat het zo heilig is', vertelt hij. Als ik terugdenk aan mijn katten die zelf hebben mogen bepalen wanneer ze gingen, de ene met een redelijk lange 'lijdensweg', de andere met een vrij korte, vermoed ik dat er geen goed of fout bestaat. Zowel euthanasie, mits goed overwogen en in overleg met het dier, als het dier zelf laten bepalen, eventueel met pijnbestrijding, passen in het scheppingsplan.

Twee stoute hondjes

Nour heeft nageslacht. Ayesha is zijn dochter. Maar hij heeft er meer. Dochters Trevi en Eskimo zijn bij Hilde in huis gekomen, eerst Trevi. Hilde had al een hondje uit Spanje, een afgedankte windhond, Ponti. Eskimo was toen nog het enige zusje uit het nest van Nour, bij Hazel, met een aantal broertjes. Toen Hilde eens op visite kwam, vond ze dat Eskimo erg onder de plak zat bij die jongens en besloot ze haar ook in huis te nemen. Trevi en Eskimo trekken erg met elkaar op. Hilde woont bij de duinen en wandelt uren met haar honden. Echter, Trevi en Eskimo hebben vervelend gedrag ontwikkeld; ze spurten op kleine hondjes af en beginnen venijnig naar ze te happen en ze op te jagen. Nu lopen ze met muilkorfjes. Ik stel Trevi en Eskimo op. De zusjes zitten als beelden tegenover elkaar. Ponti springt er blaffend om heen, nogal storend, dus die zet ik even opzij. Trevi en Eskimo zien me wel maar zijn heel erg op elkaar gericht. Ze zijn net een tweeling waar je haast niet tussen kan komen. Ze babbelen voortdurend met elkaar, het is geen blaffen, het is een eigen taaltje, ik versta het niet.

Ik stel me voor en vertel dat Hilde gevraagd heeft met ze te praten omdat Hilde zich zorgen maakt over hun vervelende gedrag. Ze zijn heel vrolijk, soms giechelig. Echt in een eigen wereldje. 'Eskimo, als jij je niet betert moet je misschien bij Hilde weg', zeg ik dan plompverloren om hun aandacht te trekken. Dat hakt er in, beide honden zwijgen en zijn helemaal ontdaan. Even bedenken ze of ze me de rug zullen toekeren en weglopen maar ze blijven toch maar. Met Trevi kan ik het makkelijkste contact maken. Zij zit links, Eskimo zit rechts voor me. Ik maak contact over het thema door ze me met en zonder muilkorfjes voor te stellen. Ik zie Trevi op een klein hondje afrennen en zet haar in één klap stil. 'Trevi, wat wil je nu doen?' vraag ik. 'Nou, snuffelen, spelen', zegt ze. 'Waarom hap je dan?' vraag ik. 'Nou, weet ik niet, het is leuk en makkelijk'. (Het komt op me over als pesten en jennen). 'Hoe zou jij het vinden als zo'n hondje jou opeens hapt?' vraag ik. Trevi is heel verbaasd dat zoiets zou kunnen. 'Vreeeselijk', zegt ze welgemeend. 'Hoe denk je dat zo'n hondje het vindt als jij dat doet?' vraag ik. 'Nou, niet leuk', erkent ze terwijl dat tot haar doordringt. 'Hoe zou je dat anders willen doen?' vraag ik. 'Ik kan duwen met mijn neus, rennen, springen, mijn poot erop leggen, bukken, kwispelen...', bedenkt ze. En ze laat zien dat ze al spelend een korte, venijnige blaf geeft. Het kleine hondje is daardoor echter meteen geïntimideerd. 'Waarom geef je nou zo'n dominante blaf en niet een vriendschappelijke blaf?' vraag ik verbaasd. 'O ja, dat ging zomaar, niet bij nagedacht', zegt ze. Ik laat het kleine hondje net zo'n felle blaf teruggeven maar daarvan schiet Trevi in de lach. 'Dat kleine opdondertje, dat maakt toch helemaal geen indruk', giechelt ze. 'O nee?' zeg ik en ik laat het kleine hondje haar een snap geven. Daar schrikt Trevi van, 'Oei!' zegt ze. De boodschap komt binnen. 'Maar het gaat vanzelf', klaagt ze. 'Dan doe je maar beter je best, je weet dat Eskimo anders weg zal moeten (ik stel dat zo nadrukkelijk om het meer impact te geven, haar vanuit haar tenen te motiveren). Ze zwijgt bedrukt. 'Zul je vanaf nu altijd speels en gezellig zijn?' vraag ik. 'Ja, dat wil ik natuurlijk wel, maar soms gebeurt het gewoon per ongeluk', zegt ze. 'Geen smoesjes Trevi, jij bent een verstandige hond', wijs ik haar de les. 'Ja maar, ik ben nog zo jong', sputtert ze. 'Daarom helemaal, wat denk je wel om oudere en veel jongere dieren zo onbeschaamd tegemoet te treden, je bent een vlegel', zeg ik bestraffend. Ze is wat beschaamd. 'Dus, beter je best doen', zeg ik, 'dan krijg je ook veel meer vrienden'. 'Echt waar?' vraagt ze verheugd. 'Als jij geen bedreiging meer bent wil iedereen met je spelen', vertel ik. 'O leuk!' roept ze en ze stuift weg. 'Vanaf nu ben je een edele, waardige, vriendelijke hond', roep ik haar na en ik laat helend licht wat duistere flarden bij haar wegbranden. Ze ondergaat dat waardig en welwillend en dan mag ze echt gaan. Nu richt ik me op Eskimo. 'Zo Eskimo, jij was nogal een probleem hè?' zeg ik. Eskimo zwijgt onzeker. 'Begrijp je wel waarom je een muilkorfje draagt?' vraag ik. 'Jawel'. 'Waarom heb je het zo ver laten komen?' vraag ik. 'Het was een drang, ik snap het niet zo goed. Volgens mij bedoelde ik het niet zo. Het was net of ik door een koker keek, ik zag alleen nog maar één hondje en ik wilde het er van langs geven. Ja, raar hè, als het nou een eend was, of een konijn.' Ze giechelt zenuwachtig. Opeens komt de naam 'Enkidoe' bij mij binnen. Het komt misschien omdat ik veel verwarring voel in de naam Eskimo. 'Als je nu een klein hondje ziet, wat gebeurt er dan?' vraag ik verder. 'Ik schaam me een beetje, ze zijn kleiner dan ik', zegt ze. Ik voel dat Eskimo best wel sociale warmte en begrip heeft. 'Zou je Enkidoe willen heten?' vraag ik om mijn ingeving te checken. 'Ja!' roept ze enthousiast. Ik doe haar voor mijn geestesoog het muilkorfje af en laat een klein hondje komen in de verte. Eskimo aarzelt. 'Toe maar, ga maar kijken', moedig ik aan. Op hoge poten gaat ze er heen en snuffelt, ze maakt wat antiloopachtige verende bewegingen om het hondje en springt er dan redelijk rustig omheen. Ze houdt duidelijk rekening met de mogelijkheden van het hondje. 'Zie je wel dat ik het kan', laat ze me zonder woorden weten. Ik zie dat ze eigenlijk heel rustig is. Ik besluit Ponti erbij te halen. Die rent aldoor zenuwachtig om ons heen. Ze is heel stressy. Ineens zie ik welk patroon er in geslopen is; Eskimo is geïrriteerd door het gedrag van Ponti, die onrustig aanwezig is als een lastige vlieg. Vanuit die irritatie valt ze uit naar andere honden, om af te reageren. Nu doet ze dat niet, om te laten zien waarom ze er toe kwam. 'Ponti moet rustiger worden', verklaart ze, 'Zij denkt dat alles escaleert als ze de boel niet onder controle houdt, maar door die drukte raken wij juist opgefokt'. 'Dankjewel Eskimo', zeg ik. Ik ga naar Ponti. Die is heel zenuwachtig; 'O, als maar niet dit fout gaat, o jee, als maar niet dat verkeerd gaat...' enzovoort. Ponti heeft helemaal geen vertrouwen, ze kan niet iets overgeven, voelt zich heel verantwoordelijk. Ik voel dat Ponti een extra gesprek nodig heeft. Nu heb ik daar niet genoeg tijd voor. Ze heeft een neurotische juffrouw-Mier energie. Ponti wil wel anders, maar ze snapt niet hoe. Ze zit vast in het patroon van snel in een enorme stresswolk schieten. Ik wil haar nu wel gerust stellen; 'Je bent niet fout, je bent prima zoals je bent'. Ik voel dat Ponti heel veel bevestiging nodig heeft en heel snel onzeker en depressievig is. Ik zet nog even helend licht op Eskimo/ Enkidoe. Eigenlijk is zij een heel verstandige en wijze hond. Ik zie hoe het edele sprinkhaanwezen, haar oorsprong, ze is duidelijk een dochter van haar vader, in haar ontwaakt. Ook richt ik nog even helend licht op Ponti. Ze schudt oude thema's als druppels van haar vacht maar het is nog veel te weinig, zet nog geen zoden aan de dijk. Ponti voelt zich heel klein en minderwaardig ten opzichte van Eskimo, en helemaal nu het sprinkhaanwezen tevoorschijn is gekomen. Ik stel Ponti gerust; 'Hilde en ik zijn ook geen sprinkhaanwezens' en vertel haar nogmaals dat ze prima is. Uitgeput maar vredig valt Ponti in slaap. Laat in de middag in het bos zoek ik nog even contact met de honden. Bij Ponti is nog een enorme onrust, de stress hangt in een grote wolk om haar heen. Het vult Hilde's hele huis. Beide zussen, Trevi en Eskimo/Enkidoe, hebben nog geen uitgebalanceerde verhouding met Ponti. De hiërarchie is onduidelijk, dat veroorzaakt ook veel van de onrust en agressie onderling en ook dat dat geregeld weer opvlamt. Nu bij Eskimo/Enkidoe het sprinkhaanwezen is ontwaakt, ontwikkelt zij zich tot de leider. Trevi volgt Eskimo die waardig en rustig is. Trevi is volgzamer en oppervlakkiger, eerder leek dat juist andersom. Ponti's onrust is een grote stoorfactor. Ponti zelf is één groot excuus, sorry voor dit, sorry voor dat. Ze verexcuseert zich voor alles en ziet zichzelf als een zeer onwaardige hond die eigenlijk te veel is. 'Rozemarijn', bromt Iegdries tegen me als ik bezig ben die stresswolk aan te pakken. Wat ik ook doe, Ponti is bijna niet te bereiken omdat ze alleen maar hyper is. 'Ja, niks anders, gewoon rozemarijn. Dat zorgt dat ze in haar kern blijft, dat de uitdijende chaos-energie zich weer omkeert en dat haar energie naar binnen keert. Het maakt haar evenwichtig en versterkt haar aardebinding. Ze kan dan weer bij zichzelf', legt hij uit. Ik zie hoe Ponti zich na de rozemarijnenergie plat in haar mand drukt en van daaruit alles in de gaten houdt zonder in actie te komen. De druk van haar buik in de mand helpt haar rustig te blijven. Verder wandelend voel ik mijn liefde voor het bos en ik loop alsof ik gedragen word door de duisternis die inmiddels is ingevallen.

Een week later loop ik met Ayesha 's avonds in het bos. Hilde had gemaild dat de honden nog steeds happen. Dit bezorgt haar veel spanning en ze durft de honden eigenlijk niet meer uit te laten. Ik neem contact met ze op. Zowel Trevi als

Enkidoe zijn wat beschaamd giechelig, maar op hun tweelingenmanier erg met elkaar en niet echt open voor mij, laat staan voor wat ik te zeggen heb. Dan voel ik een grote strengheid in me opkomen. 'Jullie zijn onedele honden en zeer respectloos. Schaam je', zeg ik berispend. Ik voel Enkidoe trillen, er zit heel veel adrenaline in haar. Ze zit veel te hoog in haar energie, veel stress, opgefokt. Ik neem beide zusjes in mijn armen. Beide sprinkhaanwezens knallen uit ze overeind. Die van Enkidoe geeft haar met gebalde vuist een klap op haar kop. Jankend gaat ze liggen. Ik spreek Enkidoe aan want ik voel dat zij de aanstichter is, te meer omdat zij de leidersrol heeft. 'Besef je niet wat je hiermee aanricht, besef je niet wat je Hilde hiermee aandoet. Als jullie zo agressief blijven wordt het nog eens haar dood', zeg ik zeer vermanend. Enkidoe schrikt maar dan herstelt ze zich en zegt boos; 'Ik vind het gemeen van je dat je me verantwoordelijk stelt voor haar dood'. 'Ik zeg het inderdaad bot Enkidoe', zeg ik, 'maar zie eens hoe diep Hilde hier onder lijdt. Ze raakt totaal uitgeput hierdoor. Ze verzwakt en het gaat van kwaad tot erger. Het is respectloos van je je zo onverschillig te gedragen. Je bent nu als hond geïncarneerd, gedraag je dan als hond. Je hoort Hilde te dienen en haar tot vreugde te zijn'. 'Maar ik ben nog jong en ik ben maar een hond', antwoordt ze stuurs. Ik voel weerstand bij Enkidoe.

Dan zegt ze opeens verlegen; 'Ik ben vroeger ook gepest. Door mensen met honden', verder zwijgt ze. Aha, slachtoffer is dader geworden, bedenk ik. Ik zet Enkidoe als kleine hond in een setting waar allemaal agressieve honden op haar af komen rennen. Ik voel haar angst en ellende. Dan zorg ik er voor dat die honden haar allemaal gaan likken en dat de mensen haar optillen en knuffelen. Enkidoe die verstijfd was van angst, ontspant en begint te lachen en te giechelen maar nu van geluk, opluchting en tevredenheid. Dan vraag ik het sprinkhaanwezen helemaal met Enkidoe samen te vallen. Daardoor wordt haar opgefoktheid al minder. Enkidoe staat nu half als sprinkhaanwezen, half als zichzelf in een soort tai chi houding. Daarna gaat ze in kleermakerszit met de armen horizontaal gebogen, handen op elkaar. Gesloten ogen en een tevreden en wetende uitdrukking op haar snoet. Ik laat een meute kleine hondjes aankomen. Enkidoe legt de borst op de grond en steekt haar staart in de lucht om te kwispelen. Ze speelt blij met de honden. Trevi springt er zenuwachtig omheen. Nu spreek ik Trevi aan. Ook zij is zenuwachtig onderdanig. Ik haal Hilde erbij en laat Trevi zien wat het effect van hun stoute gedrag op Hilde is. Hilde ligt uitgeput op de grond. Trevi stormt op haar af en begint haar geschrokken en bezorgd te likken. 'Trevi, jij krijgt een opdracht van mij. Nu is het jouw taak om Enkidoe te helpen een edele hond te zijn en altijd vrolijk en vriendelijk naar andere honden te zijn. Je mag haar niet tarten om juist weer het verkeerde te doen. Ik spreek jou aan op je hulpvaardigheid en volgzaamheid. Help Enkidoe om altijd aardig te zijn en help zo Hilde'. Opeens krijg ik te zien wat er ooit met Enkidoe gebeurd is, ze is door een grote groep opgehitste honden letterlijk verscheurd. Ik voel dat ik met

Trevi nog een keer contact zal moeten maken, ze is wat warrelig, maar dat is nu de tijd niet. Ik ben bijna thuis en stop.

Het is niet zo dat problemen na één gesprek of heling voorbij zijn. Gesprekken hebben wel degelijk hun effect maar omdat gedrag vaak gerepeteerd wordt omdat er een grote groef in de grammofoonplaat gesleten is, zijn gewoontepatronen niet zo maar aan de kant te zetten. Herhalen is een voorwaarde voor blijvend succes. Helaas is daar niet altijd gelegenheid voor. Vandaar dat ik er voor pleit dat mensen die dieren houden zich zelf deze kunst vaardig maken om tijdig hun dieren te vragen naar wat hen scheelt als er zich problemen voordoen. Natuurlijk is een juiste training en opvoeding net zo belangrijk. Het geldt voor praktisch alle helingen dat herhaling nodig is. Het is een misverstand om te denken dat een heling in één maal alles heeft opgelost. Een probleem is niet in één dag ontstaan, vaak zelfs niet in één leven. Elke keer pel je een laag, een aspect, af en komen er weer nieuwe lagen boven. Afhankelijk van de ernst van het probleem kan het best een flink lange tijd duren eer je zo veel ontward hebt dat het resultaat blijvend is. Het huiswerk is om je bewust te worden van je valkuilen op het gebied van overtuigingen en oordelen, zoals 'ik kan het niet', 'het lukt me toch niet', 'het is de schuld van die of dat' enzovoort. Hetzelfde geldt voor het reinigen van een huis. Als er spanningen of negatieve emoties zijn, vervuilen die de ruimte weer en raakt het huis weer vol met lading.

Casula

In het bos vraag ik Iegdries om raad want ik voel zo'n druk in mijn hoofd. 'Hul je in de energie van het slaapmutsje', raadt hij aan, 'En je wilt raad over Casula? Vraag het haar zelf maar'. (Het slaapmutsje is een plant, ook wel goudpapaver geheten, die ondermeer behulpzaam is bij hoofdpijn en slaapproblemen. Latijn: eschscholtzia californica)
Casula is het oude oosterse katje dat ik onder mijn hoede heb gekregen. Ze is erg ziek, haar evenwichtsorganen zijn aangetast en ze heeft een groot etterig abces op haar kop. Haar oog lijkt daar zelfs door aangedaan. Het pust zo erg uit haar ooglid dat ze wel een druipkaars lijkt. Ze is erg verzwakt, ondanks een antibioticakuur en homeopathie. Ze eet niet meer en slaapt heel veel. Tot mijn verdriet hoorde ik deze ochtend dat haar zusje, dat bij Hazel woont, haar oog dezer dagen verloren heeft door een soortgelijke ziekte. Ik vraag me af of ik haar lijden moet verkorten door haar in te laten slapen. Casula verschijnt. 'Ik ben moe en oud en zwak', zegt ze. 'Laat me maar'. Ik vraag haar wat ze voor haar oog en het abces nodig heeft. 'Het is een hereditaire zwakte', zegt ze. Ik voel aan mijn eigen hoofd dat vooral het blaaseindpunt (acupunctuurpunt tussen oog en neuswortel) onder druk staat, dus ik begrijp dat ik haar blaas(meridiaan) moet versterken. Casula vertelt dat ze scheepskat is geweest op een bij IJmuiden gezonken vissersschip. Een aantal verdronken bemanningsleden zijn niet naar het

licht gegaan en zijn aangehaakt geraakt op een groot negatief collectief dat regelmatig binnenbreekt in het huis van Hazel. Vroeger waren er kreken die van de open zee naar Amsterdam liepen, zo is alles bij het huis van Hazel terecht gekomen. Toen Casula nog bij Hazel woonde, werd ze door hen gepest. Ondanks het pesten begrijpt ze deze zielen en veroordeelt ze niet. Ze voelt zich uitgeput, maar toch, in uitgetreden toestand (door de pijn en de ziekte slaapt ze heel veel) helpt ze ons. 'Ik ken jouw problemen, ik ken de problemen van Mira, ik heb ook Ayesha aangesproken op haar negatieve gedrag', vertelt ze. 'Als plataan ben ik wel eens geneigd mezelf te vergeten. Ik ben zo gewoon aan het afstoten van het overbodige dat ik ook mezelf wel eens loslaat. Dankjewel dat je me aanspreekt op wat ik hier te doen heb. Ik weet dat je twintig jaar geleden een kat hebt gezien in wiens linkeroog je de kosmos zag. Het was niet Ra (de kat die ik toen had) hoewel zijn linkeroog door menselijke wreedheid beschadigd raakte, het was ook niet Bo (de kat die ik na Ra had), hoe wijs en verstandig ook, en ook al had zij twee maal een zwaar ontstoken oog, het was ik, met wie je een nauwe samenwerking hebt gehad. Jij zag via mijn ogen, mijn bewustzijn. Ik zal mijn oog behouden, ik zal het licht erin behouden en dankzij de ziekte in mijn oog zijn wij beide weer herinnerd aan die periode en kunnen we dat voortzetten. Dat is de mindere kant van de plataan, zichzelf verliezen en daarbij een totale overgave aan fatalisme. Het wordt toch niks meer, zo'n gevoel. En ik wil géén penicilline!'

Ik ben opgefleurd door al haar mededelingen en maak dan contact met de ontsteking achter haar oog; 'Wat wil je?' 'Actief zijn', antwoordt de ontsteking. Wat heb je nodig?' 'Hindernissen opruimen'. 'Hoe zul je je dan voelen?' vraag ik. 'Dan verlaat ik dit hoofd', zegt de ontsteking met een hemelse uitdrukking. Ik geef nectar en als een zich uitschuddende jonge hond stijgt het ontstekingwezen blij naar het licht. Ik zet Casula daarna in het licht. 'Heerlijk', zegt ze, 'dat herinnert me aan onze Egyptische periode. Ik zal weer mijn intrek nemen in mijn volmaaktheid'. Het is of ze zich ontvouwt als een verwelkte bloem die water opzuigt. 'Wil je me helpen?' vraag ik dan, 'Nemea, mijn klant, is ook een plataan en het lukt me maar niet om haar in haar kracht te krijgen'. 'Ik vergeet wel eens dat ik mijn kracht moet aanspreken', antwoordt Casula, 'Zij is vergeten hòe ze haar kracht kan aanspreken. Ik zal kijken of ik haar helpen kan'. Casula knapt hierna langzaam maar zeker helemaal op. Tijdens een boswandeling zegt Iegdries terloops; 'Casula gaat vaak met je mee, ze is dol op jou,.... en op mij', voegt hij er met een zelfspot grinnikje aan toe. Nu ik er op let merk ik haar inderdaad op. Een hele lichte, levendige en aangename energie van blije gezelligheid. Ze zit op mijn linkerschouder.

Moedbesjes
Ayesha's teen heelt langzamer dan aanvankelijk verwacht. Uiteindelijk kan ik meer dan drie maanden niet met haar uit. Vandaag ben ik voor het eerst weer in het bos. Er komt een grote hond op haar afgerend en ze neemt meteen de benen.

Gelukkig is ze na tien minuten weer bij me terug. 'Wat wil je, ze is zolang niet meer onder honden geweest, ze is onzeker geworden', zegt Iegdries die ons begeleidt. 'Hoe kan ik haar wat moediger maken?' vraag ik. 'Geef haar moedbesjes', zegt hij en hij laat me zwarte besjes zien. Ik herken ze als jeneverbessen. 'Ja, jeneverbes smeult angst weg en maakt haar compacter. Als je jeneverbeswierook kan krijgen, gebruik dat dan. Leg de bessen in haar mand, eventueel in een zakje', raadt hij aan. 'Laatst vertelde je over rozemarijn, voor Ponti, die zo onzeker en gestrest is', zeg ik. 'Dat kun je ook doen, maar rozemarijn is niet echt haar kruid. Dat past bij degenen die voortdurend zenuwachtig zijn. Ayesha is gevoelig, maar in wezen rustig, stabiel. Alleen door de schrik raakt ze even uit haar kern. De jeneverbessen geven haar haar kern weer terug. Geef haar de moedbesjes desnoods ook door haar eten'. Ik bedank voor de tip en begrijp nu ook waarom Iegdries zo vaak met jeneverbestakken het bed van Mira afveegde in de periode dat ze zo veel angsten had. Hierna strooi ik geregeld wat jeneverbessen in Ayesha's mand. Ze eet ze direct op en ik merk aan haar dat ze zich er een stuk zelfverzekerder door voelt.

Bedrukt

Als ik een klant voor een heling opstel voel ik dat ik zelf deze keer niet goed in mijn kracht ben. Dus ik stel eerst mezelf op. Ik zie en voel hoe ik snel neer wordt gedrukt, klein word. Ik zak de aarde in en ontdek een situatie waarin ik me ook heel erg bedrukt heb gevoeld. Ik ben weer mijn oude zelf, de kluizenaarster Mie die in het bos woonde. Ik ben heel erg oud en mijn benen zijn helemaal krom gegroeid, misschien wel rachitisch. Mijn rug is ook erg krom. Daarom ben ik heel klein geworden. Ik voel hoe de kracht uit me wegvloeit. Mijn lichaam is al lang niet sterk meer maar ik voel dat nu ook mijn sterke positieve geest aan het wegebben is. Ik voel me niet langer zonnig, sterk en alles aankunnend. Integendeel, ik voel me mislukt en falend, hopeloos. Ik voel grote teleurstelling over mezelf want alles wat ik normaliter kon, lukt niet meer of mislukt. Ik ben natuurlijk stervende maar wil dat nog niet onder ogen zien. Ik blijf koppig doorgaan met mijn werkzaamheden. Ik zie hoe mijn kat (mijn huidige Casoeltje) bezorgd om mijn benen draait maar ik ben niet meer bij machte om over hem (ze is dan een kater) heen te stappen. Het kost me heel veel inspanning om tijdens mijn gestrompel door mijn hut niet over de poes te struikelen of er per ongeluk op te stappen. Hoe goed bedoeld ook van mijn geliefde kat, het bezorgd tegen mijn benen strijken werkt averechts want ik ben zò zwak en zò moe. De inspanningen om de kat te ontwijken slurpen mijn laatste restjes spierkracht op. Ik bèn nu helemaal mijn oude zelf en ik voel mijn levenskracht wegstromen en tegelijk de vanzelfsprekende kracht van mijn geest. Ik besef dat ik daar afstand van moet nemen. Ik richt helend licht op mijn oude zelf en met kracht schiet het beeld vergruizeld naar de horizon. Mijn opgestelde zelf staat weer rechtop, al moet ik er nog mijn best voor doen, normaal gaat dat vanzelf. De loodlijn gaat echter maar tot mijn buik. De onderkant van de loodlijn nodig ik met licht uit om zich te ontrollen. Heel kalm en waardig zakt mijn hele opgestelde zelf daardoor de aarde in. Het voelt als afscheid, afscheid van dit oude deel. Het is goed, het stervende, kracht verliezende en moedeloze deel van mezelf mag gaan. Er schiet een lichtstraal uit de hemel op de plek waar ik in de grond verdwenen ben, die onder de aarde uitwaaiert. Het is gedaan, voorbij. Vaarwel. Ik ben klaar voor het nieuwe. Ik zie niets nu, alleen stralendheid. Ik voel dat ik me weer verheugen kan. En bevrijd ben ik in staat de heling voor mijn klant doen.

Pausibel's geneeskunsten

Op een winteravond loop ik in het bos met Pausibel. Ik merk hoe bewonderend en nederig hij is voor mij: een Mèns. Bijna onderdanig. Hij is op een bepaalde manier heel kinderlijk, ongekunsteld, zonder maskers, eenvoudig. Ik begrijp dat hij mensen helemaal geweldig vindt, de mens is zijn grote voorbeeld, al geeft hij aan dat er veel mensen zijn waar hij geen eerbied voor heeft, het gaat om de mens als verschijnsel. Zoiets als wat wij bij engelen hebben, zo voelt hij zich ten opzichte van mensen. Hij is verlegen en vindt zichzelf heel onbeduidend en klein naast mij. Aangezien hij ooit heeft aangegeven op Mira's benen in te werken, vraag ik hem nu of hij meer kan op geneesgebied. Ik vraag zijn raad voor Casula, die komt niet goed van het klodderniezen af. Pausibel laat zien dat hij zijn kleine hand op Casula's neus legt en rode lichtdraden uit haar neus trekt. Langs haar schedel en uit haar longen komen gekrulde draden. Ik neem waar dat Casula dat als kriebel ervaart. Alsof een borstel vuil en ontstekingsprocessen naar buiten laat komen. Dan vraag ik hem waarom Mira opnieuw bang is. Hij laat mij zien wat hij ziet; op haar derde oog zie ik een zwarte haaksnavel naar beneden gericht, als een soort oude pestkap. Dit 'ding' trekt zware nare gedachtes aan en verhindert haar zich met het licht te verbinden. Pausibel trekt hem er voorzichtig af. Met zijn vlakke hand 'plakt' hij een wit lichtsterretje op Mira's 3e oog. Daarna prikt hij met zijn vinger door het derde oog heen en brengt een gele zon in. Meteen voelt het vrolijk, lichter, niet meer zwaar of angstig bij haar. Kinderlijk en enthousiast klapt Pausibel in zijn handen. Ik vraag hem mij te helpen met mijn achteruitgaande ogen. Met zijn handen brengt hij witte lichtsterren in mijn ogen aan, op het netvlies. 'Niet in de pupil?' vraag ik. 'Nee, dat is niet sterk genoeg. Via het netvlies heeft ook de pupil er profijt van', begrijp ik van hem.

Boeketje

Op een dag, een jaar later, laat in de winter, wandelt Mira mee in het bos als we Ayesha uitlaten. Onderweg vindt ze mooie klimopblaadjes, varenblaadjes en dennentakjes. Ze maakt er een boeketje van. Na even nadenken besluit ze dat ze het aan Pausibel wil geven en ze plant het in een takholte van een laag boompje aan de rand van zijn grondje. Als ze dat doet, zie ik dat ze even contact zoekt met Pausibel. Een dag later loop ik er alleen met Ayesha en maak ook contact met

Pausibel. Het is ontroerend wat ik waarneem; Pausibel zit volledig geroerd en innig gelukkig met het boeketje tegen zijn hart gedrukt. Hij is zo sprakeloos en geraakt dat hij mij helemaal niet opmerkt. Mira, zijn mensje, heeft hem, ja hèm, een geschenk gegeven........ Hij kan het nauwelijks bevatten en is er totaal ondersteboven van. Overigens, de benen van Mira zijn zo goed als hersteld..

Lessen van Pausibel

Eind februari loop ik nogal balend door het bos. Het is bitter koud en het voorjaar wil maar niet komen. Hoewel ik best vaak heb genoten van de sneeuw vind ik het deze keer erg vervelend dat het voor de zoveelste keer weer wit is. Ik stem me af op Pausibel. Ik vind hem onder de grond, in 'zijn' grondje. Tot mijn verwondering is hij helemaal in verrukking. Hij toont zich met een wit jurkje van sneeuw. In verwondering en verrukking houdt hij het zoompje van het jurkje vast en draait rondjes met gesloten ogen. Wat een les. Hij ervaart deze sneeuw alsof hij voor het eerst van zijn leven sneeuw ervaart en hij geniet ervan of het een heilig iets is. Opeens ziet hij dat ik naar hem kijk. 'Ben ik niet mooi?' vraagt hij blij. Maar hij wacht mijn antwoord niet af, verbreekt het contact en gaat weer helemaal op in zijn dans in zijn sneeuwjurkje. Hij draait rondjes of hij een derwisj is. Ik realiseer me hoe dom ik was door naar het voorjaar te verlangen en daardoor de sneeuw niet meer zonder oordeel te kunnen verwelkomen en er van genieten. Dankzij Pausibel kan ik me weer verwonderen en ik loop optimaal genietend van de mooie witte wereld naar huis.

Een paar dagen later is er een heel andere energie in het bos, net of er een heel nieuwe 'ploeg' in het bos is, anderen dan anders. Een horizontale energie die het oude, van de winter, meeneemt. Pausibel onder zijn grondje staat als een blij kind te springen en te dansen. Hij is heel vrolijk. 'Waarom ben je zo blij?' vraag ik hem. Gewoon omdat hij nou eenmaal heel blij is, is het simpele antwoord. 'Maar waarom dan?' houd ik aan. Hij kan zijn huis gaan schoonmaken verklaart hij. 'Woon je onder de grond of boven de grond?' vraag ik. 'In de winter onder de grond, in de zomer boven de grond', antwoordt hij. 'Huis schoonmaken, wat bedoel je?' vraag ik. 'De vorst gaat uit de grond, dat neemt het oude, het stoffige mee omhoog', vertelt hij en ik begrijp daaruit dat het nu eindelijk voorjaar gaat worden. Ik zie hoe hij met zijn handjes verticale lijnen trekt als van zonlicht en bladgroen, vanuit de bodem naar omhoog boven de grond. Waar hij een soort zomerlandschapje als energetisch huis boven de grond creëert. Met die lijnen die hij van onderen meeneemt, trekt hij ook het oude, het stoffige van de winter uit zijn huis, onder de grond, naar boven en geeft dat mee aan de 'nieuwe equipe'. Het ruikt echt stoffig in het bos, behalve de pas geploegde akker, die ruikt heerlijk zoet en fruitig. Begin maart wil Ida graag dat ik Pausibel ga vragen wat nou bepaalt of het een strenge of milde winter wordt. Als ik met Ayesha in het bos ben stel ik haar vraag. 'Sterren', antwoordt hij simpel. 'Maar wat is dan het nut van een lange of korte winter?' vraag ik. 'Flexibiliteit, aanpassing', zegt hij. 'De bomen stemmen zich af op de sterren om te weten wat voor seizoen het gaat worden. Dan gaan ze in training. Net zoals mensen een sportbeoefening hebben, zo hebben de bomen een weersbeoefening. Ze gaan trainen, zodat ze de komende veranderingen aankunnen. Zo worden ze sterk in strenge winters en in milde winters kunnen ze wat bijkomen'. (Bij mij komt het beeld van de baby's die in de ijswakken van de Wolga worden gegooid om ze te sterken. Een enkeling sterft, de meesten worden levenslang sterk). 'Oude bomen stemmen zich moeiteloos af op de sterren. Jonge bomen vinden dat moeilijker. Een boomgeest kan een groepje hele jonge bomen begeleiden. Die overleven toch niet allemaal. Als bomen groter worden, worden ze individueel begeleid door een boomgeest. Maar oude bomen hebben niet meer echt een boomgeest nodig, die hebben zo veel bewustzijn. Maar vaak is er een levenslange samenwerking tussen de boom en zijn boomgeest'. 'Wat zou de bedoeling van de sterren zijn?' mijmer ik. 'De sterren zijn bewustzijnen en intelligenties', vangt Pausibel mijn vraag op. 'Door de voortdurende draaiing en voortgang in de kosmos, treedt er vermenging op van hun invloeden. Dat doet wat met de stofwisseling van de boom. (Op dat moment zie ik een boom waarvan een afgebroken tak net een uitgestoken handje lijkt, klaar om te ontvangen. Grappig, het is me nooit eerder opgevallen). Jullie denken dat bomen stil en langzaam zijn en dat er niets in gebeurt maar dat is helemaal niet waar hoor! Bomen hebben een sterke uitwisseling met de sterren. Zo passen ze zich aan aan het weer en het seizoen dat gaat komen. Er is nooit dezelfde winter, of hetzelfde weer. Zoals jullie vormenrijkdom kennen, zo kennen wij weerrijkdom. Dat komt door de voortdurende voortgang in de kosmos', vertelt hij trots. Het beeld komt bij me binnen van vloeiende kleuren in diverse ritmes, aldoor veranderend. Een beetje zoals de antroposofische waterverf kleuren die ik altijd wat zoetig heb gevonden maar nu zie ik het letterlijk voor mijn geestesoog gebeuren, in voortdurende beweging van vorm, kleur en ritme. 'Ik ben niet eens een boomgeest', glimlacht hij triomfantelijk, 'En toch kan ik je dit allemaal vertellen!

Alles in de kosmos draait en beweegt, daarom kan er op aarde ook nooit lang iets hetzelfde blijven. (Dit vertelt hij omdat ik onwillekeurig denk aan seizoenen die harmonieus verlopen, zonder problemen zoals te grote droogte of te grote kou maar altijd hetzelfde). De hele schepping is als een groot tandwielmechanisme', verklaart hij terwijl hij als een trots en blij kleutertje naast me aan het huppelen is. En ik begrijp nu waarom b.v. monoculturen zo vaak ziektes en plagen kennen. Een monocultuur is aangelegd voor een voortduring van iets dat aldoor hetzelfde moet zijn, met een vaststaande bedoeling. Grond en gewas moeten gehoorzamen aan de regels van de mens waardoor er bijna geen ruimte meer is om in wisselwerking met de regels van de sterren te staan en daar creatief op in te spelen. Er is altijd verandering, waarop aanpassing nodig is en het strakke gegeven van de monocultuur kan daar niet flexibel genoeg meer op inspelen.

Vorst toegift

Nadat het voorjaar halverwege maart eindelijk aanbreekt met heerlijke temperaturen krijgen we toch nog een zeer gure periode met sneeuw en vorst. Door de ijzige, gure wind is het vreselijk koud en ik loop huiverend door het bos en wil Pausibel vragen hoe het komt dat hij laatst zijn huis ging schoonmaken omdat het voorjaar werd. Niks voorjaar, het lijkt wel Siberië, mopper ik in mezelf. Maar ik tref Pausibel in een buitengewoon goed humeur onder de grond. Het lijkt of zijn schone 'huis', zijn ruimte onder zijn grondje, ruimer is dan anders. Pausibel is druk bezig met iets dat lijkt op schilderijtjes ophangen aan de 'muren'. Als ik beter kijk is het of hij dikke klodders lichtende verf tegen de muren plakt. Wat blijkt; hij is in deze goede stemming, juist vanwege de vorst. Zonder woorden laat hij me het volgende weten; omdat het geen winter meer is, heeft de zon meer lichtkracht. Dat licht haalt hij naar beneden, onder de grond. De klodders verf zijn dus lichtklodders. Juist vanwege de ijzigheid moet hij nog onder de grond blijven, de planten doen toch nog niets boven de grond. Met de lichtkracht, die zich vertaalt als de heerlijke verfkleuren, laat hij me warm oranje zien, zonnig geel, groen als van lenteblad, allemaal zomers en zonnig, richt hij niet alleen zijn schone huis in, hij voedt er ook de grond en de wortels mee. Deze periode is als een toegift. Net als een tiende maands-kindje in de buik van de moeder nog wat extra gevoed wordt voor het geboren wordt, zo voedt hij met kleur en licht de grond. Dat zal zich in de zomer uiten als meer vreugde, volheid, vruchtbaarheid en vitaliteit in het bos. Het bos zal dichter, voller, groener en vrolijker zijn. Met volheid bedoelt hij een bladergroei in de breedte, meer dan in de hoogte. Daarom is hij heel blij met deze 'toegift' van de kou die hij ondergronds inzet en daarom is hij in zo'n opperbeste stemming. De voorjaarsenergie, een opwaartse stuwing vanuit de bodem de bomen in, is duidelijk waarneembaar. Alleen wordt het nog niet omgezet naar knopvorming.

Pausibel brult

Het is midden mei. Bijna twee weken ben ik niet in het bos geweest. Ayesha was in het pension en ik was elders. Vandaag zijn we er samen voor het eerst weer. Het is in die veertien dagen overweldigend lentegroen geworden. Een paar weken te laat door langdurige kou, de schrale wind en droogte. Gisteren heeft het eindelijk geregend. Even krijg ik een flits van de bosdeva, hij legt een vreugdevolle groet in mij. Het bos is prachtig, dat lichtgroen overal. Bij Pausibel's grondje maak ik contact met hem. 'Wat is het heerlijk hè!', brult hij uit alle macht naar me. Wat vreemd, de altijd bescheiden en wat terughoudende Pausibel die nu uit alle macht naar mij brult alsof hij mijlen ver weg is terwijl hij vlak bij is. Het is zelfs of hij bijna uit elkaar knapt door de kracht van het roepen naar mij. Ik vraag waarom hij zo hard roept. Hij vertelt het niet maar brengt het als weten in me. Hij is verbonden met de groeikracht in het bos; alle sapstromen staan op maximaal, de uitbotkracht in de bladeren werkt in een continu waarin geen rem of pauze of gas terug mag zijn tot alle bladeren, die nu nog zacht en kwetsbaar zijn, tot volle wasdom zijn gekomen en afgesloten en uitgehard zijn geraakt, volwassen. In deze spanning, deze drang, die in de groeikracht zit, bevindt ook Pausibel zich. De non-stop groeikracht die niet onderbroken kan worden, werkt net zo door hem heen nu. Het is een letterlijk machtige periode van ultieme fysieke groeikracht. Kennelijk heeft mijn afstemming op het prachtige groen en zijn gerichtheid op contact met mij gemaakt dat hij, nu hij zo totaal opgaat in wat er met die groeikracht aan de hand is, dat ook naar mij uit. Want de volgende dag is hij weer 'normaal'. Hij gaat zelfs niet in op contact met mij, ik neem waar dat hij rond scharrelt, overal in het bos. Het voelt zelfs of hij aan het buurten is. Ik zie hem zijn aandacht richten op de spanrupsen. De jaarlijkse spanrupsuitbraak staat te beginnen waarbij deze bruine en groene diertjes met honderden tegelijk door het hele bos aan draden hangen.

Een paar dagen later laat hij me meebeleven hoe hij door het bos gaat. Hij ontmoet vogeltjes, een paar konijnen, wat insecten en grondleven en bij wat boomwortels zelfs hier en daar een vage kabouter die mij nooit eerder zijn opgevallen. Het grappige is dat ik hem nu niet als schuchter en verlegen zie maar als 'heel wat'. Hij is ouder en bedaagder. Hij heeft een soort 'massa'. Ik moet denken aan de uitdrukking; hij legt gewicht in de schaal. De bosbewoners hebben duidelijk eerbied voor hem. En hij neemt zijn tijd in een keuvelende telepathische uitwisseling met iedereen. Hij is ontspannen want alles in zijn bos is oké. Op de heenweg is zijn veldje 'leeg', op de terugweg verwacht ik dat hij ook niet thuis is, maar tot mijn verrassing is hij er wel. Hij geeft de indruk thee aan het drinken te zijn. 'Heb je visite?', vraag ik. 'Nee, ik ben alleen, ik neem pauze. Ik moet af en toe mijn eigen veldje ook belevendigen', antwoordt hij.

De gemberdeva

Op een avond krijg ik visite van een collega. Hij heeft heel andere opvattingen dan ik en wil een hartig woordje met me spreken. Tijdens het gesprek merk ik dat hij onbeleefd is en mij brutale en impertinente vragen stelt en insinuerende opmerkingen maakt. Hoewel ik kalm blijf, merk ik dat ik me naderhand smerig en bezoedeld voel. De collega komt tot de conclusie dat ik 'niet zo erg was als hij dacht' maar ikzelf voel me 'geïnfecteerd'. De stelligheid van zijn vooroordelen en zijn beschuldigende en autoritaire manier van spreken is dieper in mijn systeem gekomen dan de bedoeling was. De volgende dag loop ik met Ayesh in het bos. Ik merk dat ik stress heb. Ik kan het gebeuren niet loslaten, heb er ook slecht van kunnen slapen. Ik voel me er zelfs verzwakt door. 'Nu is het tijd voor de gemberdeva', verklaart Iegdries die me ziet worstelen. Hij legt een gemberwortel in mijn hand en vraagt me waar te nemen. De wortel voelt vriendelijk en opwekkend. Langzaam maar zeker ontstaat de gemberdeva. Er verschijnt een vriendelijke Arabische figuur met een tulband-achtig hoofddeksel en een lichtbruine bollende mantel, een beetje de kleur van de schil van de gemberwortel. Hij heeft een prettige uitstraling en stimuleert mijn alertheid. Hij is vriendelijk, voorkomend, iemand met overzicht en wijsheid want ik zie vele oude boeken bij hem. Dan wordt hij androgyn want hij verandert in een kokette vrouw, bescheiden maar zeer opvallend door haar bijzondere uitstraling; haar uitstraling maakt me helder en opmerkzaam. Haar energie is prikkelend en enerverend. Vriendelijk, verfijnd, elegant aanwezig. Snel van begrip, geanimeerd, vol beschaafde grapjes. Achteraf begrijp ik dat dit het geurige element van de gember is. Maar dan komt er een diepere laag van de deva boven. Weer als man geeft hij een ruk aan zijn mantel en nu is hij wilskrachtig en woest. Met een groot zwaard. Op het zwaard voel ik elektrische prikkels; de scherpte van de gember. Strijdvaardig, onverzettelijk, iemand die ruzies beslecht, niet met compromissen maar met duidelijkheid. Iemand die de grens aangeeft. Met woeste ogen plant hij dan zijn zwaard en geeft aan dat de grens bereikt is. Zo beschermt en verdedigt hij je. Maar tezelfdertijd doet hij het andersom; Van degene die hij verdedigt eist hij; nu moet je je grens stellen. Geen gemaar. Doen! Geen concessies! Op die manier daagt hij je uit voor jezelf op te komen. Ik voel het verschil met de peper, dat is de sterke kracht, de uitvoerder, de soldaat, maar de gember heeft overzicht en beoordelingsvermogen.

Opeens blijkt er nog een diepere laag bij de deva boven te komen. Onder zijn lichtbruine mantel zie ik nu een ingeteerde man, uitgemergeld en zwart, met reusachtige bolle ogen. Net een Tibetaanse demon. Zijn zwaard is nu een energetische stok, hij hoeft er maar een zwaai mee te geven en dat waar hij zwaaiend naar wijst verdampt met een zoef geluid waarbij niets dan witte rookwolkjes resten. Dit is de pure hitte. De enorme kracht en power van de gember en ik begrijp dat dit aspect van de deva invloeden kan verjagen. Ondertussen maalt nog steeds het gesprek met de collega in mijn hoofd. Iegdries neemt mijn schedel van mijn lijf af en neemt hem omgekeerd in zijn handen. Nu zie ik opeens wat er aan de hand is. Kennelijk is er een invloed in mijn hoofd gekomen. Iegdries laat de krachtigste hoedanigheid van de gemberdeva met kracht in mijn schedel exploderen. En daarna zie ik alleen nog maar lichtbruine prettige energie wegspatten. De schedelinhoud is hersteld, maar nu ploppen mijn ogen weg. Uit de nu lege oogkassen schieten gemberstralen als vuurwerk. Iegdries legt uit dat de invloed van de collega via mijn ogen is binnengekomen. De gemberstralen blijven maar uit mijn oogkassen schieten, zo diep is de invloed in mijn schedel gekomen. Ik merk dat zelfs mijn derde oog bezoedeld is geraakt. De invloed is gepaard gegaan met een entiteit die ik nu glibberig zwart en onaangenaam uit mijn derde oog naar buiten zie glijden. Direct steekt de gemberdeva zijn hittestaf naar hem en de onwelkome gast is meteen verdampt. 'Zo werkt het Boze Oog', verklaart Iegdries. 'De bedoelingen van de collega mogen goed zijn, zijn persoonlijkheid is niet zuiver, hij is verregaand bemoeizuchtig en oordelend. Via zijn ogen komt die invloed binnen in de ogen van anderen'. Nu de entiteit verwijderd is, vraag ik me af hoe het met mijn voorscherm is. Inderdaad is dat vervormd, verlopen als gesmolten glas. Opnieuw komt het krachtigste aspect van de deva mijn schedel in en herstelt het scherm. Het verschil in mezelf is duidelijk voelbaar. Ik kan de omgeving weer helder zien alsof het beeld gepoetst is. Rust, ik ben weer deel van alles. Ik kan weer ademhalen. Ik ben er weer en voel me op diep niveau bevrijd. 'Voor wie er mee werken kan is de gemberdeva een machtig bondgenoot', zegt Iegdries. 'En met hulp van de gemberdeva kun je nu zelf via je ogen helen'. 'Waarom heeft die collega eigenlijk het Boze Oog' vraag ik. 'Het is zijn drang tot manipuleren. Hij heeft grote mentale scheppende krachten die hij echter dwingend gebruikt,' antwoordt Iegdries. In het bos is het logisch en indrukwekkend. Opgeschreven is het helaas zoals zo vaak maar een slap aftreksel van wat er gebeurd is.

Overpeinzing

Door ervaringen uit helingen, maar ook ervaringen met natuurwezens, overledenen die vastzitten, zoals op familielijnen, ben ik tot besef gekomen dat een transformatie of heling in ethersferen vreemd genoeg kennelijk beter of misschien zelfs alleen maar, kan plaatsvinden via een levend mens. Ik begrijp daardoor meer en meer dat de mens een grote taak heeft. De mens is als het ware de smeerolie tussen de tandwielen waar geest en stof in elkaar grijpen. Geest en stof kunnen kennelijk het beste via de mens in elkaar overvloeien, met elkaar in relatie zijn. Engelen en lichtwezens kunnen beter in de stof ingrijpen via de mens. Natuurwezens die getraumatiseerd en daardoor negatief zijn, kunnen door de mens weer geheeld worden. Bomen die uit hun balans en samenwerking met andere bomen zijn gevallen, kunnen via de mens weer met elkaar een eenheid vormen. Zelfs tovenaars die overleden zijn kunnen via een stofmens juist dat zetje krijgen dat ze zelf weer verder kunnen werken in hun sfeer. En misschien zijn vele 'demonen' via de mens te helen en te transformeren tot engelen en lichtwezens. Zo blijkt de mens nog meer de goddelijke schepper te zijn dan hij ooit voor mogelijk hield. Een groots wezen met een grootse taak.
Iemand die de aarde wil ontstijgen of ontvluchten, moet beseffen dat aan de andere kant niet op directe wijze grote werken voor de aarde gedaan kunnen worden. Alleen indirect door de geest van levende mensen te inspireren. In de zuivere, ijle sferen kan geen troebeling bestaan, geen pijn, verdriet, angst, kwetsing of onafheid, geen tegenstelling en dualiteit, maar ga je weer terug naar de aarde, of ga je verder, dan neem je mee wat onaf is. Het is een illusie te denken dat je belangrijke dingen die niet af of verwerkt zijn achter je kan laten.

Op de kop

Met twee fijne familieleden en Ida loop ik in een prachtig bos in het oosten des lands. Ida en ik zijn er op uitnodiging want mijn familieleden, moeder en dochter, willen ons kennis laten maken met de energetische wezens op deze plek. We worden toegetrokken naar de stomp van een boom. Het lijkt of hij in brand heeft gestaan. We voelen er diep verdriet bij. De boom blijkt door de bliksem getroffen te zijn. Maar waarom dat verdriet? We gaan schouwen; dan blijkt dat het boomwezen er nog in zit, door de schrik van de bliksem is hij zijn oriëntatie kwijtgeraakt en is ondersteboven in de grond terecht gekomen. Hij heeft geprobeerd te ontsnappen uit de boom maar kwam daardoor steeds dieper vast te zitten. Nu helpen wij hem zijn weg te vinden, zich 'om te draaien' en naar boven te gaan. Dan zien we hem uit de stomp klimmen. Het is een reusachtig boomwezen, misschien wel twee tot drie meter. Zijn bevrijding is ontroerend. Hij is heel dankbaar en zegt; 'Ik zal voor jullie gaan bloeien'.

Schade door grondwerk, bliksem en kappen

Met dezelfde dames loop ik een tijdje later in een ander deel van dit bos in het oosten. Een voornaam buitenverblijf wordt verbouwd tot hotel, met veel lawaai en gegraaf. We besteden er geen aandacht aan omdat we ons op de natuur aan het instellen zijn. Maar we merken direct dat het graven en verbouwen een sterk verstorende invloed hebben. Naast het hotel staat een grote rode beuk, ze staat enigszins te kwijnen. We krijgen er zware benen, het voelt er zwaar. Eén van ons krijgt de ingeving dat we in de vier windrichtingen rond de boom moeten gaan staan om haar energie te geven. We merken dat de boom niet gezond is omdat de wortels niet gezond zijn. We schouwen onder de grond en zien dat sommige stukken afgestorven en zwart zijn omdat de waterloop is veranderd door het graafwerk en het gewicht van zware machines. Met ons hart sturen we energie naar met name de wortels en zien dan plotseling achter de hoofdwortelvertakkingen zwarte aardmannetjes. Terwijl ook zij de energie ontvangen worden ze groen en komen vanachter de wortels vandaan. De wortels zijn flink ziek en we moeten lang volhouden. Daarna is het of er schuimbelletjes van allemaal lichte energie tussen de wortels verschijnen, eindelijk vitaliteit! We voelen de dankbaarheid van de boom. Naast de boom ligt een overwoekerde omgewaaide boom. De geest is er wel uit maar de lading, een soort spijt, is er nog. Gewoon door er te zijn en het waar te nemen trekt het weg en wordt het er allemaal lichter. Links in de verte zien we het 'spookbos'. Dit voelt als afgesloten, geheel van zichzelf, ontoegankelijk. Sommige mensen voelen zich er helemaal niet lekker. Voor mij voelt het niet vijandig, alleen waakzaam opdat het zijn eigenheid niet verliest. Langs het pad staan drie machtige groene beuken op een rij. De voorste, degene die het dichtste bij het pad staat, voelt boos. Zijn kroon is er af, vermoedelijk door de bliksem. Hij is echt boos, maar wat blijkt, niet eens op de bliksem, maar op de andere twee die hem niet steunen. Hij maakt nu geen deel meer uit van de drie-eenheid, hij valt buiten de boot. Als we dit voorleggen aan de andere twee, blijkt dat deze zich dat helemaal niet gerealiseerd hebben. Ze maken de voorste hun excuses en het is bijzonder om mee te maken hoe de voorste weer helemaal wordt opgenomen in de energie van eenheid en gelijkwaardigheid. Dat hij zijn kroon mist, doet er helemaal niet (meer) toe. Ze voelen zich weer samen en dat is de heling.

We gaan het 'spookbos' in en wandelen daar een tijd. Opeens voelen we links een heel vijandige plek. Een omgezaagde en niet weggehaalde boom ligt overwoekerd met slingerig groen en dooie takken in de bosjes. We voelen er negativiteit. Volkomen onverwacht voel ik een knalharde stomp in mijn maag. Ik ben zowel geschrokken als verbaasd. Het kost moeite om contact te maken, de energie is zo ontzettend boos, vol wraakgevoelens. Ik krijg zelfs de sensatie van een enorme zwarte slang die sissend wil aanvallen. Zonder oordeel hou ik vol. Dan merk ik dat dit het boomwezen is, de boom is zomaar omgezaagd; zinloos geweld, een dood voor niets. Ik stel me open voor hem vanuit mijn hart en ga op de stomp zitten, raak de liggende stam aan. Dan voel ik hoe het boomwezen, met moeite, via mij, opstijgt. Ik krijg druk in mijn hart, een vreemd gevoel in mijn keel en dan voel ik hem niet meer. Het voelt er goed, de vijandigheid en negativiteit zijn weg en ik ben een bijzondere ervaring rijker. Ik begrijp dat gevoelige mensen het bos niet prettig vinden. De boze energie van de ontzette boomgeest was zeker agressief te noemen.

Een vastzittende voorouder

Hazel, mijn vriendin, is van Indonesische origine. Ze heeft al haar hele leven een vaag gevoel van dreiging. Ik bekijk haar voorouderlijnen en neem een ijskoude energie waar. Het is een energie die zich als beleefd en vriendelijk presenteert maar aalglad, onecht, gevoelloos en venijnig voelt. Het beeld van een Javaanse prins doemt voor me op. Ik zie zijn batikmuts met een gevouwen knoopje. Ik voel dat deze prins een achterbaks man is, wellevend maar koud en wreed, achter mensen hun rug om vernietigend. Hij voelt als een slang met een zacht schurende huid en letterlijk koud. 'Dit is de oorsprong van haar nare gevoel', legt mijn etherische leraar uit, 'Hou het buiten je!' Hij merkt namelijk dat ik er zelf koud van word. Ik zie dat de man een houten kistje heeft, met een heel klein busje met zwart poeder erin. En ik zie dat hij zwarte bezweringen geleerd heeft van een heel oud ontzettend krom vrouwtje met batik rok en zwart hesje. In eerste instantie voelt dat vrouwtje neutraal maar als ze lacht zie ik vampiertanden. 'Concurrentie' is het woord dat ik erbij krijg. De energie is gericht tegen de oma van Hazel maar werkt door op haar zelf, zelfs op Hazel's honden. De oma, reeds lang overleden, is overigens zelf een niet onverdienstelijk magiër geweest. Dat heeft Hazel me ooit verteld. 'De ware 'story' hoef je niet te achterhalen, maak het onschadelijk, daag het uit', begeleidt de leraar me. De prins laat zich nu als een heel erg dikke slang zien. Ik voel hoe mijn aandacht op zijn kop en de twee dicht bij elkaar staande puntige tanden afketst of het metaal is. De slang is zoetgevooisd, heeft een zachte, lage, flemende stem. 'Dreig hem', adviseert de leraar. 'Ga weg, je hoort

hier niet', zeg ik. 'Ohoho, praatjes', grinnikt de slang gemaakt verbaasd. Dan verdwijnt hij in het niets, ik hoor het onbestaande deurtje dichtslaan. 'Ga naar haar voorouderlijnen', beveelt de leraar. Eigenlijk heb ik er helemaal geen zin in, verzin ik dit allemaal ter plekke? Maar het gekke is dat ik achter het deurtje in een andere dimensie een muur van beukende energie voel. 'Kijk naar Hazel's moederlijn', vervolgt de leraar. Van de moederlijn vallen dikke druppels bloed en hij zit vol met zwarte stekels. Dan zie ik Hazel's oma, ik zie alleen haar bovenlichaam, met haar rechterhand probeert ze voortdurend een vleermuisachtig wezen te pakken. Het lukt haar niet en het voelt heel vermoeiend. 'Kom, help eens even!', roept de oma naar mij, 'Ik zit vast, die doerak heeft me vast gezet'. Ik zie haar onderlichaam niet, het zit zeker achter dat deurtje, in die andere dimensie. Dan zie ik dat ook haar linkerarm ontbreekt. Ik weet dat oma mans genoeg is, omdat ze zelf magiër was. Ik verwacht dus een moeilijk gevecht. Ik ga met mijn handen naar haar schouder, die leeg is, en vraag me af waar haar arm is. Die verschijnt moeiteloos, wonderlijk dat dat gebeurt slechts door mijn gerichte aandacht.
'Dat kon ze toch zelf ook wel?' vraag ik verbaasd aan mijn leraar. 'Soms zijn de dingen te simpel', verklaart hij. Inmiddels heeft oma zelf haar onderlichaam al tevoorschijn gecreëerd. 'Eerst mijn dochter', zegt ze (haar dochter, de moeder van Hazel, is na een zwaar leven jong gestorven). 'Moet ze door die hellepoort om haar dochter te bevrijden?' vraag ik mijn leraar bezorgd. 'Daar ziet het wel naar uit', zegt hij, 'maar deze vrouw is een kundig magiër, dat is haar wel toe te vertrouwen'. 'Maar hoe kan het dan dat ze vastzat?' vraag ik. 'Het wachten was op jou. Een stofmens alleen kan het initiatief nemen een vloek ongedaan te maken. Haal haar straks maar op', legt de leraar uit. Ik koppel de lijn los, ik zie hoe het bloed en de stekels via de lijn in Hazel terecht gekomen zijn. Ik laat de lijn verschroeien tot diep in de verte en ik word moedeloos als ik denk aan het werk om Hazel's lichaam hiervan te schonen. Ik laat de grote hoeveelheid vervuiling uit Hazel wegvliegen. 'Vernietig het', zegt de leraar. Als ik dat doe zie ik dat nog een deel op Hazel's borst gekerfd zit. 'Mm, zeer ernstige zaak', zegt hij. Beide concentreren we ons sterk. De resterende vervuiling vliegt omhoog waar we het vernietigen, maar een gesmolten restant trekt zich terug in Hazel's hart als een samengebalde bol en gaat via haar lichaam naar beneden de aarde in waar het door mijn leraar tot stilstand wordt gebracht. 'Zet het lichaam opzij', zegt hij. Ik zie dat Hazel's lichaam van binnenuit leegloopt via de verbinding naar de bol. Met licht vul ik alles weer aan en zet haar opzij. De leraar houdt nog steeds de sissende en vibrerende bol in de aarde in bedwang. 'Weet je wat dit is?' vraag hij mij. Ik weet het niet en ik wil het ook niet weten want mijn denken begint er tussen te komen. Het is zo bizar dat ik twijfel aan mijn waarnemingen. 'Dit is speeksel, minachting, vervloeking', legt hij uit. 'Iemand bespugen is een ernstige zaak als de intentie onzuiver is. We gaan het omkeren'. Hij haalt de bal op uit de aarde. Samen spugen we op de bal. 'Wees zuiver en edel', zegt mijn leraar en hij wil dat

ik de zin herhaal. 'Wees nobel en goed', moet ik ook herhalen. 'Help vanuit goedheid. Nu, vul maar in', zegt hij dan, 'Wat voor opdracht wil je het geven?'

'Dat het mens en dier beschermt tegen negatieve invloeden', zeg ik. 'Jouw opdracht is het om mens en dier te beschermen tegen het negatieve', spreekt mijn leraar nu tegen de bol. De bol vliegt op en gaat stralen als een ster in Hazel's aura boven haar schouder. Nu de bal in Hazel's aura hangt zie ik dat er zich een wapperende witte doorschijnende gedaante uit losmaakt. In een reflex richt ik er verdediging op. 'Dat is niet nodig, ik ben de wolken', zegt de gedaante (zo ziet het er echter niet uit). Ik merk hoe mijn leraar heel licht een knikje geeft ten teken van groet. Dan verwaait de gestalte en dijt uit tot een laag in de lucht waar het inderdaad wolken vormt, plezierige zomerwolken. Er boven is het stralend. Dan zie ik het wezen weer verschijnen, het waadt door de wolken. De bol is verdampt, ik vind het wel mooi dat het speeksel verdampt is tot wolken. Ik voel dat de energie van de wolken welwillend, vriendelijk en stralend is en bij Hazel voel ik nu heel veel vrijheid. Ik check haar voorouderlijn en ga op zoek naar haar oma. Ik voel de brullende en beukende energie weer achter de grens van de andere dimensie. Maar waar de lijn zou moeten zijn verschijnt een rafelige zwarte vogel. 'Je hebt het nakijken', krast hij en wil wegvliegen. 'Hè, wat een gezeur allemaal', denk ik. Het stormt op deze plek en de onduidelijke zwarte vogel tuimelt rond in de windvlagen. Ik ben het zat en spreek de vogel aan; 'Wat wil je?' 'Onheil stichten', antwoordt hij. 'Wat heb je nodig?' 'Bloed'. 'Waarom?' 'Daar leef ik van'. 'Hoe voel je je als je bloed gekregen hebt?'
Hij begint een hele tijd krijsend te lachen, 'Hoe ik me dan voel? De koning te rijk natuurlijk!' 'En dat is?' vraag ik door. 'Triomf, glorie, macht!'

Dan geef ik nectar van triomf, glorie en macht. 'Dat hoef ik niet', snauwt hij, 'ik wil alleen maar bloed'. De nectar verschijnt als een meer vol bloed maar dan bedenk ik me dat hij zich daarmee voedt dus ik haal het weer weg net als hij er op wil aanvallen. (In deze periode heb ik nog niet zo veel ervaring met de chöd, ik zou de nectar als bloed gewoon hebben kunnen geven). Hij kijkt erg boos. 'Geef dat bloed terug', dreigt hij. Hij is geen vogel meer maar is veranderd in een zwarte gestalte. 'Jij wil toch glorie, macht en triomf?' zeg ik,' hier heb je het'. Deze maal verschijnt de nectar als weelde; een balzaal vol gouden ornamenten. Voor deze verleiding zwicht hij. Hij baadt zich letterlijk in luxe en ik vraag me af of dit het thema is van de Javaanse prins; jaloezie om luxe en rijkdom. Als de zwarte gestalte een tijdje in een bad met gouden pootjes zit, begint de badkamer heftig te trillen. Het lijkt een aardbeving. Ik zie gruis naar beneden vallen, de muren scheuren, alles dreigt uiteen te vallen, tot stof te vergaan. Als de badkamer instort slaakt het wezen een gil die ik hoor wegsterven, daarna is het doodstil. Oma komt tevoorschijn met haar dochter, Hazel's moeder. Ik begrijp dat door de betovering van de Javaanse prins Hazel's moeder in een laag astraal gebied gevangen is gehouden, de onderwereld zeg maar, en dat haar moeder, Hazel's oma, op de een of andere manier zo verbonden is gebleven met haar dochter, die ze niet kon bevrijden, dat een deel van haar als het ware ook in die onderwereld zat, waarschijnlijk om haar dochter te ondersteunen. Daarom zag ik haar maar half op de voorouderlijn. Ik kijk meteen hoe het met de voorouderlijn staat. Er is weer een lijn, ik moet er alleen nog wat stof afvegen. Vanuit de verte zie ik lichtend Indisch, roodachtig goud via de lijn naar Hazel gaan, er komt een Indonesische sfeer mee. Die vertegenwoordigt het goede en edele van haar roots. Hazel's oma zit nu op de juiste manier op de lijn, ik ga er vanuit dat ze nu goed kan gidsen zolang als ze het nodig vindt. Hazel's moeder is nog wat wezenloos na alle ontberingen. Maar ik krijg van oma een seintje dat het nu goed is. 'Voor nu is het klaar', zegt ook mijn leraar. Het wolkwezen maakt met vriendelijke warmte een begin met het opruimen van alle gevolgen van de schade. Hazel bukt zich. Voor haar staat een bloem, van het typerend roodachtige Indische goud. Ze plukt hem en zet hem in haar haar. 'Kadootje van oma', glimlacht de leraar en ik mag stoppen.

Galilil, een engel in vermomming

Op aarde in de stof bestaat er goed en kwaad, dag en nacht, man en vrouw, yin en yang. Door deze tegenstellingen worden we geslepen en leren we keuzen te maken. Kort door de bocht leer je al van jongs af aan gebeurtenissen en mensen in te delen in goed of slecht. Maar bestaat er eigenlijk goed en kwaad? De bril die je op hebt bepaalt hoe je iets ervaart, maar het gegeven op zich is neutraal. De helingen hebben mij getoond dat 'een dader' meestal eigenlijk ook slachtoffer is en vaak door zijn eigen pijn tot zijn negatieve daden komt. Maar ook dat 'de tegenstrevers', de pesters, dit in essentie doen om iemand vooruit te helpen. Zijn duivels engelen in vermomming?

De duivel die Mira aanviel bleek uiteindelijk de vulkaandeva te zijn. In de chödtmethode transformeert 'de demon' geregeld naar de 'bondgenoot' die vaak engelachtige eigenschappen heeft. Negativiteit in huizen blijkt vaak versterkt of veroorzaakt te worden door natuurwezens die zo gewond zijn dat ze negatief uitwerken en abusievelijk voor entiteiten of zelfs spoken worden aangezien. Een ziekte die ik tijdens een heling eens had aangesproken, was zo verbaasd dat ik hem niet met vijandigheid benaderde dat hij zijn fanatisme losliet, neutraal werd en daarna letterlijk zijn koffer pakte als een beleefd heerschap. Tijdens een andere heling had een ziekte zich eerst arrogant opgesteld en aangegeven vlees en bloed nodig te hebben maar uiteindelijk vertrok hij met een groot gevoel van respect, heiligheid en zelfs genegenheid. Is dat de reden dat in India tyfus de negende incarnatie van Shiva wordt genoemd?. Opnieuw doe ik een heling voor Daisy. Ze ondervindt veel ellende en tegenslag in haar leven en ik probeer haar regelmatig wat te ondersteunen. Ik stel haar op en achter haar zie ik een enorme kluwen van zwarte wriemelende wormachtige tentakels. Geweeklaag, ellende, leed, wanhoop, onderdrukking voel ik er in. Ik zie dat de kluwen vergroeid is met Daisy's lichaam. Ik richt mijn licht, de grote kluwen verandert in een enorm zwart pekwezen. Het wezen is rustig, accepteert dat ik hem doorzie, ik voel geen enkele vijandigheid of gevaar als ik hem van Daisy los wil maken. Het stomme is dat we allebei moeten lachen, het is écht een spel, besef ik. Hoewel ik me realiseer dat Daisy daar wel heel anders over zal denken. Ik ben zonder oordeel jegens het zwarte wezen en we lachen hartelijk, ik voel zelfs een vorm van wederzijdse waardering. 'Goed, het is klaar, jij hebt gewonnen', laat het zwarte wezen me weten. Het kriebelt in mijn hart en keelchakra, het is of ik een diepe vriendschap, misschien zelfs wel liefde voel voor dit wezen. Respectvol zwijgend neemt hij mijn mijmering waar. Ik voel heimwee als hij wil vertrekken. 'Waar ken ik je van?' roep ik hem in een opwelling na. 'Ik heb je getraind', antwoordt hij omkijkend. 'Wanneer, waar, hoe?' vraag ik. Er ontstaat een tunnel waar ik ingetrokken word. Aan het eind val ik eruit en blijf meteen hoog in de lucht bungelen in de buurt van een energetische poort. Links naast me valt Daisy ook uit de tunnel en we hangen beide aan een soort energie, hoog boven een enorme verlichte vallei met schitterende lichtgevende gebouwen. Ineens weet ik dat dit de engelenvallei is, waar mensen geen toegang hebben. Het is ontroerend en overweldigend. 'Kom', hoor ik het zwarte wezen zeggen. Ik draai me om en zie dat hij veranderd is in een engel, imponerend, lichtend, met vleugels. Hij voelt vriendelijk en liefdevol, edel. En ik voel veel eerbied voor hem. Hij is de poortwachter van deze wereld. 'Jullie moeten terug', zegt hij en hij houdt zijn armen liefdevol gespreid om ons terug te geleiden door de poort naar de mensenwereld waar we vandaan komen. Maar dan maakt Daisy zich bliksemsnel los uit zijn invloed en keert om om de vallei in te vliegen. Ze vliegt naar beneden in de richting van de goudlichtende stad. Onder onze ogen verdampt ze. Ik ben helemaal geshockeerd. Ik hoor onweergerommel en over de laag die boven de vallei hangt, waar Daisy net gevaporiseerd is, begint zich een afdekkende 'doek' te vormen. Ik voel dreiging. De poortwachter zie ik niet meer. Ik begrijp dat er een onzichtbare laag over de vallei ligt met zo'n bijzondere en hoge frequentie dat alleen engelen daarop kunnen resoneren. Wie van een lagere trilling is verdampt. Er komt geen informatie meer uit dit beeld en ik ga terug naar het zwarte wezen naar het moment voor ik de tunnel inging. Ik ben nogal onthutst. 'Hoogmoed komt voor de val', zegt het wezen en ik voel in hem een heel diep verdriet en pijn om het gebeurde. 'Ik ben de zondebok, ik heb haar dit moeten leren', zegt hij, 'Dankzij jou zal onze liefde hersteld worden'. Hij knielt voor mij. Ik pak zijn handen en druk die tegen mijn voorhoofd. Hij is geen monstrueuze gestalte meer maar een zeer grote pekachtige mensvorm. 'Voor haar zal ik nog even zo blijven, jou laat ik nu mijn licht zien', zegt hij. Hij laat me weten dat hij Galilil heet. En meteen zie ik hem als een reusachtige engel die voor me staat. We houden elkaars handen vast. Sereen en liefdevol kijkt hij me aan. Ik ben diep onder de indruk. Dan opeens, met een lichte plof, is het hele beeld weg. Ik richt me nu weer op Daisy. Ze zit op de grond, verslagen en beschaamd. 'Dom hè', zegt ze zacht, 'ik wist dat het niet mocht, wie niet luisteren wil moet maar voelen'. Ze krabbelt overeind en op dat moment schiet er een lichtstraal van rechts uit de hemel, raakt haar hart en stijgt weer op naar links aan de hemel, een winkelhaakvorm van licht achterlatend. We zijn beide stil van alles, ik ben te beduusd om verder te helen dus we gaan beide op een stoel zitten. Ik voel bij Daisy een heleboel warmte en hartelijkheid vrijkomen, alsof ze zich nu pas écht om anderen kan bekommeren. En nu echt rijp en wijs is, volwassen, iemand die het leven begrijpt. We glimlachen naar elkaar, zwijgend, we begrijpen. 'Ik ben gelukkig', zegt ze dan alsof ze gelouterd is. Ik voel dat het een belangrijk geschenk is dat ze zojuist ontvangen heeft, de herinneringen en de lichtwinkelhaak en ik stop de heling. Hoewel het te ver voert om in dit boek dieper in te gaan op wat hier gebeurd is, wil ik kort wat uitleg geven. Toen Daisy merkte dat ze verdampte kreeg ze abusievelijk het gevoel dat ze gestraft werd. En daardoor afwijzing verdiende. Door de shock raakte ze losgekoppeld van de leiding van haar hoger zelf. Ze kwam terecht in een dramatische negatieve spiraal. Daisy is een alleraardigste en zeer hartelijke vrouw. Omdat ze zo weinig basis heeft, door zelfafwijzing, en dus zo weinig vertrouwen, kan ze heel snel omslaan. Ze identificeert zich te makkelijk met leed en tegenslag, reageert daar negatief op. De kracht die ze had opgedaan tijdens haar 'training' met en door het licht, poolde zich om naar de andere kant. Haar kracht van licht werd kracht van negativiteit. Vandaar dat ze ondanks haar charme ook erg cynisch en beschuldigend kan zijn. De engel Galilil, haar coach, incasseerde haar negativiteit en reflecteerde dat terug. Daardoor werd hij omkleed met dat wat zij in haar ellende uitstraalde, haar pek, en werd zo een engel in vermomming, de zondebok, een negatieve kracht die de negatieve intenties van Daisy als het ware terugkaatste als negatieve gebeurtenissen.

Astaroth
Bij Lena zag ik gedurende lange tijd een indringer, een pester zoals ik hem noemde, zijn naam is Astaroth, hoewel ik ook wel eens de indruk kreeg dat hij Askaroth heet. Op een gegeven moment heb ik hem naar de andere kant gewerkt, althans, dat dacht ik. Aangezien Lena problemen blijft houden stel ik haar opnieuw op. De loodlijn, dat is de lijn die hemel en aarde in de mens verbindt, komt van boven maar stagneert in Lena's buik. Daar wordt hij tot een witte bol vol heftige, bijna chaotische energie. Ik maak contact met de bol en zodra ik dat doe schiet ik weg naar waar de energie ervan heen gaat. Zo kan ik zien waar het mee te maken heeft. Ik schiet door diverse ruimtelagen en kom dan in zwart waar ik langdurig doorheen suis. Hoor ik daar Lena gillen? In het zwart plof ik eindelijk neer en zie dat Lena, die ik daar nu voor me zie, in de kladden gegrepen wordt door een groot wezen dat haar staat op te wachten. Verrek, het is Astaroth!
Ik ga achter Lena en Astaroth aan. Lena ziet er schimmig en grijs uit. Astaroth

lijkt zeer tevreden met zijn buit. Het is overal diep zwart en zeer koud. We komen in een holle ruimte, het voelt heel erg onbegrensd in de zin van, geen zwaartekracht, integendeel bijna, alsof je alle kanten op kan vallen, of zelfs uit elkaar kan vallen. Wel voel ik een kille wind. 'Nu ga je mij vermaken', beveelt Astaroth Lena. Ik voel niets uitgesprokens bij Lena, geen angst, geen protest, geen mening, zelfs geen verbazing. Braaf doet ze danspasjes. Ze is erg flets. Na een paar passen stopt ze, maar krijgt dan een geïrriteerde energetische duw van Astaroth waardoor ze weer opnieuw begint. Dit herhaalt zich. Ineens zie ik dat Lena vastgebonden is en een blinddoek om heeft. Ze wil zich losrukken maar ze heeft helemaal geen oriëntatie, ze is vreselijk verward. Ze blijft zich losrukken zonder een plan de campagne, zonder na te denken over hoe ze dat zal aanpakken. Dan zie ik heel duidelijk de ogen van Astaroth en afwerend steekt hij zijn hand uit naar mij. Kennelijk wil hij mij niet toelaten bij haar. Ze is zijn speeltje, zijn eigendom. Als ik Lena toch wil bevrijden wordt Astaroth woedend. Ik bescherm haar tegen zijn macht. Hierdoor wordt ze iets bewuster en meteen raakt ze in paniek en moet vreselijk gillen van angst. Astaroth zwelt enorm en voelt heel krachtig. Ik zwel mee, Lena wordt steeds kleiner en op het laatst heb ik haar als een pop in mijn hand. Ik vraag me af of Astaroth een aspect is van Lena. Zodra ik me dat afvraag is hij verdwenen maar ik achtervolg hem snel. Ik kom bij een lange tafel waar vele duivelse gedrochten met veel gesmak en geknoei enorme hompen vlees verorberen. Ik besluit Lena's hoger zelf te zoeken. Meteen ben ik bij een enorme groep lichtwezens en voel glorie.

De groep gaat als één 'het ene rechte pad' omhoog, het pad is licht en voert naar het licht. De groep put er vreugde uit door het pad van licht te gaan. Het voelt of dit nog geen ontwikkelde hoog bewuste wezens zijn. Ze voelen als jonge, onrijpe, onuitgekristalliseerde zielen nog zonder (veel) individualiteit. Nog in een groepsrijpingsproces. Ze zijn de ervaring van het licht aan het opdoen. Het licht waar niets buiten is. Er bestaat niets anders dan alleen het licht, laat staan dat er behoefte is aan iets buiten dit pad van licht en glorie. In hun bewustzijn is niets anders dan het pad van het licht en je daarop voortbewegen. Iets anders is letterlijk en figuurlijk ondenkbaar, onbestaanbaar. Ik glijd in wat, naar ik aanneem, Lena's hoger zelf is. Dan opeens neem ik iets waar rechts van het pad. Even is er aandacht die afgeleid is. Even is de focus verlegd naar 'dat daarbuiten'. Maar het lichtpad voedt, maakt dat je alleen daar wilt zijn en daaraan verbonden wilt zijn. Toch blijft er iets knagen, je hebt iets waargenomen dat buiten dit kader valt, het is of dat een hinderlijk vlekje in het bewustzijn van alleen maar licht en glorie is geworden. Ik voel geen overleg of wijze raad, geen begeleiding, niets persoonlijks van het verticale lichtpad uitgaan. Maar als ik me afvraag of dat er zou zijn, voel ik wel heel veel liefde en acceptatie in het pad. Grote liefde ook in toestemming, je mag dat onderzoeken, je mag van het pad af, het staat je vrij. En degene die het opgemerkt heeft, Lena's hoger zelf, zie ik zich losmaken van het pad in de richting van het 'iets' buiten het pad. Het pad en de massa lichtzielen gaat gewoon door,

die buigen niet af. Het is Lena die uitbuigt, nieuwsgierig naar 'dat andere' in het verder-niets-veld. Dan zie ik een hele snelle beweging, als een grote zwarte roofvogel die bliksemsnel een kleine vogel grijpt. En Lena wordt gegrepen nog voor ze bij 'dat andere' is aangekomen. Ik check het lichtpad, is dit wel de bedoeling, hoort dat wel zo, mag dit zomaar?
De energie van het lichtpad is heel licht veranderd, het is of het de adem inhoudt en heel goed waarneemt. Ik voel in op het pad; tot mijn verbazing zie ik dat het licht niet slechts een pad, een baan, is maar dat het overal is, het is nergens niet. Er bestaat geen pad en een daarbuiten. 'Dat andere' en het snelle grijpen bevinden zich allemaal in het licht. Het pad is overal alleen degenen die als groep langzaam opstijgen langs het pad in het licht zien de voortbeweging op het pad en ikzelf zag het eerst ook zo. Ik voel in op het pad en diens visie op Lena in het daarbuiten; In het licht zie ik Lena met degene die haar gegrepen heeft worstelen in een ei met een lichtgevende schaal. Stevig gebed in het licht dat waakzaam en beschermend is, maar niet ingrijpt. Ik voel dat het proces in het ei van chaos naar schoonheid dient te transformeren. Ik voel zelfs een soort trots bij het licht dat de ziel in het ei zijn mannetje staat en het er zo goed van afbrengt door zomaar in dat ei te zijn en te handelen. Ik ga het ei in want ik vraag me af wat ik in deze eeuwige patronen nog kan en mag bijschaven. Als ik binnen ben krijg ik meteen een naar mij schaterlachende Astaroth te zien. Hij schijnt te weten wat er in het ei aan het gebeuren is. Lena niet, die is aan het worstelen, zich nergens van bewust. Eigenlijk doet Astaroth niets, hij laat Lena worstelen met niets, ze vecht met niets. 'Al dat geworstel, ze doet het helemaal zelf', laat hij me weten, en dat hij niets anders dan haar speelbal is, niet eens haar boksbal want hij worstelt helemaal niet. Hij bekijkt het van een afstandje. Nu ik op deze laag van waarneming ben aangekomen vindt hij het prima als ik Lena daarvan bewust wil maken. Lena is bekaf en ik zie diverse levens door het geworstel heen schemeren: Een Romeinse hardloper die sterft vlak voor de finish, een zeer religieuze vrouw die zich in laat metselen, een joods meisje in Polen dat op drift raakt en uiteindelijk toch sterft in de oorlog. Ontsteld realiseer ik me dat Lena een wel erg langdurige en zware worsteling heeft gekregen, waarom in godsnaam. Astaroth grinnikt, hij laat me een venijnige punt aan zijn staart zien. O, dus toch, hij zit haar wel degelijk te jennen en uit te dagen. 'Besef je haar leed niet?' vraag ik verontwaardigd. Astaroth blijft zowat in zijn schaterlach. Dan wordt hij opeens heel serieus en laat me weten; 'Kijk wat er gebeurt als ik dat niet zou doen'. Ik zie Lena, grijs, maar taai en zeer verbeten aan het worstelen. Af en toe zie ik dat Astaroth heel subtiel een prikje geeft met zijn staart. Dan ga ik onderzoeken hoe het is als ze niet geprikt wordt:

Het worstelen neemt dan af maar er gebeurt verder ook niets meer. Ze verandert in een soort dood wezen dat slap in elastische koorden in het ei hangt als een dode vlieg in een web. In het ei voel ik dan leegte, verlorenheid. Ik voel in op het dan doodachtige wezen; Er is weinig zelfbesef. Zodra het de aandacht richt op iets zeilt het eindeloos in die richting. Als er dan weer iets nieuws is zeilt de aandacht daar dan weer eindeloos in door. Er is geen begrenzing, geen besturing, geen begrip, geen samenhang, geen kern, geen ik, geen besef, geen liefde of vreugde. Het voelt doelloos. Langzaam maar zeker voel ik een soort onvrede in de heen en weer zeilende aandacht ontstaan. Maar er is geen enkele mogelijkheid om daar iets mee te kunnen, er is alleen passief ondergaan. Elk vaag initiatief voelt als gehandicapt, verlamd, onmachtig. Ik begrijp dat Astaroth Lena prik(kel)t maar het lijkt stoffelijk, en in het ei, juist averechts te werken. Ze zakt steeds verder weg in geworstel en in ziekte en machteloosheid. 'Dat is nou juist de clou', breekt Astaroth mijn mijmering binnen, 'Ik mòet haar porren, je ziet hoe krachteloos ze anders zou zijn. Ik train haar om zich van zichzelf bewust te worden. Tot ze op een keerpunt komt en beseft dat ze bestaat en een krachtige ziel is en dan doet al het gedoe er niet meer toe'. 'Bah, wat een nare weg', zeg ik. 'Hàar keus', zegt hij laconiek. 'Is er geen andere weg?' vraag ik. 'Tuurlijk, maar die kiest ze niet', antwoordt hij. 'En die Romein dan, die vlak voor de finish sterft, die had toch veel zelfbesef?' vraag ik. 'Dat was niet zij, dat was eerzucht, samengepakte emoties van de trainers en het publiek', zegt hij. 'Is ze dan te vroeg, onrijp, van het pad afgegaan?' vraag ik. 'Wat is te vroeg, het ging gewoon zo', antwoordt hij schouderophalend. Ik begin opeens een beetje te snappen dat die blik naar dat iets buiten het pad misschien nog steeds zo is, de sterke gerichtheid op iets anders dan haar zelf, haar Zelf.

Ze is erg bezig met ordenen en controle krijgen over aardse zaken zoals haar huisdieren, haar gezondheid, haar paperassen, haar interieur. Maar in hoeverre ligt haar aandacht bij haar zelf, bij wie ze Is.... Zonder een krachtig zelfbesef en weinig verweer blijf je kennelijk erg lang in de herhaalstand staan. Ik begrijp dat de gerichtheid op het zelf/Zelf ontwikkeld moet worden en het zelf is natuurlijk niets anders dan (een afsplitsing van) het Licht. Nog snap ik het prikken niet en al dat lijden. 'Zie het als vaccineren, een homeopathische dosis', zegt Astaroth, 'Ik prik maar een heel klein beetje'. 'Waarom heeft dat dan zo'n enorm effect op haar stofleven? Waarom niet liefdevol en subtiel?' vraag ik. 'Dit ìs liefdevol!' valt Astaroth verontwaardigd tegen me uit en verschrikt en verbaasd schiet ik in de lach. 'Voel mij dan', dringt hij aan. Ik voel in op Astaroth; In hem voel ik een geduldige, begripvolle, milde, vaderlijke begeleider. Hij stuurt niets. Na elk inderdaad subtiel prikje zie ik Lena heftig heen en weer slingeren als een vlieg in een spinnenweb. Ik besef dat ze zelf kleuring geeft aan het type en de zwaarte van de prik. Ze vertaalt het als lijden. 'Ja maar, zo schiet het nooit op, er komt geen besef, dit is fatalistisch', zeg ik moedeloos. Astaroth haalt zijn schouders op. Het is of Lena geprogrammeerd staat op 'leven is lijden, zwoegen en worstelen'. Maar dan voel ik ook dat de grijze, worstelende figuur, de Lena in het ei, best wel trots is op haar uithoudingsvermogen en taaiheid, als een fanatieke sporter die geniet van afzien. 'Ze wil dit zelf', zegt Astaroth, 'ik ben slechts een dienaar'. Ik besluit de zwetende grijze, met de lucht worstelende Lena aan te spreken. 'Hoog vereerde ziel, waarom worstel je zo?'

De ziel stopt, veegt het zweet van het voorhoofd. 'Gewoon', antwoordt ze. 'Maar dat is toch nergens voor nodig?' zeg ik. 'Nee?' vraagt ze glazig. 'O', zegt ze dan en gaat erbij zitten. Ik besef dat de ziel niet snel meer overeind zal komen omdat ze dan in het zitten 'blijft hangen'. Hoe zal dit wezen ooit tot zelfbesef komen... 'Weet je wie je bent?' vraag ik. 'Dat ben ik vergeten', antwoordt ze. 'Waar kom je vandaan?' De ziel denkt lang na. 'Kom, ik breng je er heen', zeg ik en neem haar uit het ei naar de steeds aanwassende groep die het verticale lichtpad opgaat. Daar is er opeens een enorme ontroering in de ziel. Snikkend stort ze zich in de groep onpersoonlijke lichtwezens op het lichtpad en ik voel hoe ze versmelt met glorie en vreugde. Hoe meer glorie en vreugde de ziel nu ervaart hoe meer het zelfbesef aan het toenemen is, en de rol van het ik in het al. Hoe hoger ze stijgen hoe minder dicht de groep lichtwezens opeen gepakt zijn maar er komt ruimte tussen, waardoor ze afzonderlijk onderscheiden kunnen worden. Nog hoger is het of ze van het lichtpad afvliegen als gouden vliegen. Ik zoek de gouden vlieg die Lena is. Ze vliegt rechtstreeks naar de opgestelde Lena en vliegt haar hart in. Lena krijgt een schok en springt even op. De loodlijn van wit licht wil eindelijk doorlopen maar er zit nog een blokkade in de buik, onder waar de witte bal zat. Door de blokkade lasert het licht van de loodlijn waaierend het lichaam uit. Ik voel in op de blokkade; Het wordt een compacte zwarte bal in haar buik. Ik word er ingetrokken en race nu door een zwarte buis de aarde in. Diep in de aarde kom ik terecht bij een diepzwart kasteel zonder ramen en deuren. Zwijgend en enigszins stuurs opent Astaroth, die binnen blijkt te zijn, een dan verschijnende deur voor me. Binnen is het diepzwart maar toch zie ik een geraamte liggen. 'De vogel is gevlogen', zegt Astaroth een beetje spottend. Ik moet heel lang voelen eer ik er achter ben wat het betekent en wat ik hier moet doen: Het is een stukje ziel van Lena dat zichzelf dood houdt. Ik moet de 'zielenvogel' zoeken om het skelet weer levend te maken. Zonder dat deel blijft ze waarschijnlijk altijd in die worstelrepeteerstand staan. Ik krijg de ingeving dat ik opnieuw naar het lichtpad moet en meteen ben ik er al. Daar zie ik het stuk ziel, vrouwelijk en met lang haar, ruggelings tegen het verticale lichtpad staan, ze zingt, over de glorie van het licht. Ze is ijl en doorschijnend. Ik neem haar bij de hand, ze blijft zingen, en zo bereiken we het geraamte in het zwarte kasteel. Daar aangekomen knielt ze bij het skelet en begint te huilen. In snel tempo vullen haar tranen de zwarte ruimte. Ik laat het gebeuren. Zingend en huilend gaat ze met het skelet ten onder in een onmetelijke oceaan die haar tranen hebben gemaakt. Ik zie een kurketrekkerende waterstroom. Het skelet en de zingende vrouw integreren daarin met elkaar, het skelet wordt het geraamte van de vrouw die zich erom heen tot een stofmens vormt, met lang haar. Ze zet zich af en schiet in één maal naar de oppervlakte.

Meteen ben ik weer in het ei. De grijze worstelende ziel is weg. Ik zie de langharige vrouw die met beide handen een uiteinde van zo'n elastieken draad vast heeft. Ze brengt de uiteinden bij elkaar waardoor er verbinding ontstaat die knetterend op gang komt. Astaroth laat me weten dat hij niets anders doet dan voorheen maar dat Lena zelf er nu anders mee omgaat. Ik zie de energie door de draden schieten en draaien in het ei. Eindelijk voel ik een soort rust, een gevoel van tevredengesteld zijn, alsof ik het nu pas over kan geven. De langharige vrouw heeft plaats genomen op zo'n elastieken draad en schommelt er rustig op heen en weer. Ik besef dat ik het ei kan verlaten. Ik keer terug naar de opgestelde Lena. De loodlijn glijdt via haar nu moeiteloos de aarde in. Ik slaak een diepe zucht. In Lena hoor ik het snorrende geluid van een lekker lopend motortje en ik weet dat ik deze heling nu mag beëindigen.

Deze heling heeft me geleerd dat Astaroth, die zich manifesteert als duivel en ook als zodanig kwellingen lijkt te veroorzaken, in zijn diepste wezen een liefdevolle begeleider is die de ziel van Lena coacht en traint om tot zelfbesef en vreugde te komen. Haar bewust te maken van de innerlijke godheid. Lena zelf, die in de stof regelmatig zeer zware levens leeft, kent als ziel een taai uithoudingsvermogen. Door de afsplitsing van een stuk vrouwelijkheid veranderde de taaie volhardendheid naar moeitevolheid en verwerd tot grauwe sleur. Als ze niet geprikkeld zou worden zou de ziel op de een of andere manier ophouden te ervaren dat ze bestaat. Dat is kennelijk niet de bedoeling, ze is immers niet voor niets geschapen maar om bewustzijn op te doen. Meerdere malen heb ik Astaroth leren kennen als een tegenwerker, een vervelende en ondermijnende pester. Uiteindelijk blijkt hij dat niet te zijn.

De duivel in Ayesha

Tijdens een heling die ik doe voor Ayesha, kom ik in contact met een bij haar aanwezige duivel. Hoewel in eerste instantie een gevaarlijk en negatief wezen mag ik ervaren dat hij toch een diepe en nuttige boodschap heeft voor mij. Ayesha is de laatste tijd onvoorspelbaar en ik zie regelmatig iets bij haar dat ik 'de zwarte furie' noem. Een bollige vorm, harig, met een razende, kwaadaardige energie die boven haar hangt en haar incidenteel zomaar ineens lijkt te sturen. Ik spreek Ayesh aan op haar gedrag en dan verschijnt de zwarte furie in de vorm van een slanke man die vriendelijkheid veinst. Hij heeft een dunne wandelstok en een zakhorloge met een ketting. 'Ik ben niet langer welkom neem ik aan?' zegt hij gemaakt vriendelijk, 'Welnu, dan vertrek ik maar'. Hij wil gaan maar ik zie dat hij zich nog even omdraait om Ayesha in haar kop pijn te doen. 'Wie ben je?' roep ik. 'Dat doet er niet toe', zegt hij en geïrriteerd slingert hij mij een dode Ayesha tegen mijn hoofd. 'Je bent nog niet van me af', sist hij nu dreigend. Ik laat de dode hond verdwijnen. De echte Ayesh kijkt me stomverbaasd aan. Ik zie dat de duivel mopperend en foeterend wegbeent. 'Kom terug!' gebied ik hem. 'Hahaha, ze wil dat ik terugkom', zegt hij spottend. 'Wat wil je van me?' vraag ik. 'Je in een kwaad daglicht stellen', zegt hij. 'Wat heb je nodig?' vraag ik. 'Je kleineren, je in mijn macht hebben natuurlijk. Wat dènk je, je bent minder dan ik, je mag vooral niet méer worden!'

'Hoe voel je je dan, als ik je mindere ben?' vraag ik, volgens de regelen der chödtkunst. 'In controle' (zegt hij op zijn Engels), 'dan loopt alles op rolletjes, zoals ik het wil, en jij komt geen steek verder'. Hij zegt het met een pedante triomf. Nu maak ik mezelf heel groot. Daardoor wordt hij woedend en ik merk dat dit de momenten zijn dat hij wreed wordt naar mijn naasten, zoals naar Ayesha. 'Ik ben niet meer dan jij, ik ben je vriend', zeg ik in een opwelling. Hij zwijgt verbaasd. 'Dat is niet mijn rol', zegt hij onzeker, 'je moet bang voor me zijn'. 'Ik ben niet bang voor je', antwoord ik. 'Ook niet als ik je naasten dood?' roept hij woedend en hij grijpt Ayesh en zet haar een mes op de keel. 'Nee, dan ook niet', zeg ik, 'ik heb medelijden met jou'. 'Elgh, medelijden!, jakkes!' roept hij. 'Van welke emoties hou je dan?' vraag ik. 'Angst, lijden, pijn. Men moet sidderen voor mij'. 'Wie ben je ècht, kleine duivel?' vraag ik en ik richt helend licht op hem. Via dat licht komt hij in mij. Ik vereenzelvig me met hem en neem waar dat hij met een grote schare gelijksoortige wezens in een soort wetmatigheid wordt ingezet als 'tegenwerkers'. Ik merk hoe ze ondergraven, ondermijnen, stelselmatig funderingen aantasten waardoor dat wat zorgvuldig opgebouwd is, onderuit gaat. Dat dwingt tot voortdurende alertheid en creativiteit, maar ik merk dat het resultaat juist is dat er een eindeloze hoeveelheid groeiende conflicten ontstaat. Ze hebben de energie die je kunt vergelijken met continu schuren langs het tandglazuur waardoor uiteindelijk gaatjes ontstaan in het gebit waar uiteindelijk niet veel van overblijft, onafwendbaar, onontkoombaar.

Langzaam, inslijpend, onmerkbaar en dan is het opeens te laat. Aldoor maar schuren en ondermijnen. Het is niet eens kwaadaardigheid, het is gewoon arbeid. Wat is het doel daarvan, ik identificeer me nog dieper om het te achterhalen. Het komt zonder woorden, en is daarom moeilijk onder woorden te brengen. Op je bek gaan. Uit balans raken, opgaan in gevoelens en gedachten die je uit je centrum halen, geen weerstand meer hebben waardoor je ontploft of wanhopig wordt. Getergd worden en dan uiteindelijk zwichten in woede of wraak of depressie. In conflict komen met je geweten en morele opvattingen. Hierdoor leer je jezelf, misschien is het je ego, je blinde vlekken, kennen. Langzaam maar zeker krijg je zo'n hekel aan je verdriet, woede en al die reacties en hebbelijkheden, dat je je voorneemt niet meer in de valkuilen van negatief reageren te vallen. Een zeer langdurig proces.

Zo train je jezelf tot adeldom, transformeer je al je zwakke plekken, kom je steeds dichter bij je ware glorieuze zelf. Uiteindelijk heb je geen tegenwerkers meer

nodig. Het voelt als een slijtageslag die murw maakt. Zo murw dat je gaat loslaten. Dat je je overgeeft en gaat ontdoen van schillen zodat je kaal, naakt en waar achterblijft. Er zijn dan geen maskers meer om je achter te verschuilen of je aan te hechten. Het komt me voor dat dit duivelse leger bestaat om de mensheid uit te dagen om het beste uit zichzelf te halen. Opdat hij beseft dat tegenslag of (vermeende) tegenwerking hem de kans biedt zich te veredelen, te laten zien wat hij waard is, zodat hij boven zichzelf uitstijgt. Het verstrikt raken in boosheid, gekwetstheid of wanhoop lijkt een training voor het geestelijk immuunsysteem zoals kinderziektes het lichamelijke immuunsysteem trainen. Een reinigende koorts die je schoner maakt. Maar wat is het doel van deze tegenwerker die zich uit via mijn onschuldige hond? Zijn doel is dat ik verkeerd overkom, dat mensen negatieve ideeën over mij krijgen. Ik word daarom wel gedwongen om mezelf op de juiste wijze voor het voetlicht te brengen. Ook wil hij dat ik mezelf onopvallend, onbekwaam, gemiddeld en nietszeggend vind. En een doetje. Assertiviteit is inderdaad niet zo 'mijn ding'. Omdat deze overtuiging van zwakte me blokkeert om ook maar iets tot stand te brengen rammelt hij me met de vervelende buien van mijn hond door elkaar. Hij maakt me bewust van mijn zwakte zodat ik er eindelijk toe kom om fierheid en kracht uit mijn tenen naar boven te halen. De winst is zelfbewustzijn; dit ben ik en dit doe ik. 'Waarom werk je tegen via mijn hond?' vraag ik. 'De hond maakt je lui, lekker werken in het bos met een makkelijke hond is te eenvoudig. Je moet veel pittiger werken, veel confronterender' laat hij me weten. 'Hoe dan?'
'De koe bij de horens vatten'. 'Hoezo?'
'Met daadkracht', zegt hij alsof het allemaal heel simpel en logisch is. 'Wat moet ik dan doen?' 'Werken!' 'Wat dan, hoe?' vraag ik verwonderd want bij mijn weten doe ik dat al. 'Wees de heler, de lichtwerker, wees je eigen visitekaartje. Je moet grote dingen doen', zegt hij licht spottend omdat ik zo dom ben dat ik het niet snap. Hij lacht me uit. 'Je bent een peulenschilletje, richt je op, je kan alles, ga voor groot. Schrijf je boek en werk. Laat het bescheidene los. Geloof in je kracht, wees je kracht. Kom op voor jezelf. Sta sterk, heb lef. Ze kunnen je niets maken, leef!' hij schreeuwt het nu zelfs. Ik ben één groot vraagteken. 'Je bent te lief, men loopt over je heen. Die hond gromt voor je. Grom nu ook voor jezelf. Grom als een hond, grom als een tijger, als kracht. Je grenzen worden met voeten getreden', fulmineert hij verder, 'Kom tot je positieven. Leef je eigen heling. Werk met je hond'. 'Wat kan mijn hond geven?' vraag ik. 'Heling en advies', zegt hij, 'Vraag het haar zelf'. Ayesha zet voorzichtig haar poot tegen mijn voorhoofd en brengt haar snoet dicht bij mijn gezicht; 'Wij gaan mensen helen, jij zoekt hun kracht', zegt ze zacht. 'Wat is mijn kracht Ayesh?'

'Jij verbindt ze met hun kracht en lost trauma's op', zegt ze een beetje samenzweerderig. Ik besluit het hierbij te laten, volgens mij breekt mijn denken nu een beetje in. Ik check Ayesha's loodlijn. Die geeft een rotsvast gevoel. Ze voelt als een zeer krachtige stabiele hond, 'Wees minder warrig, meer gericht', zegt ze. 'Ben jij mijn gids?' vraag ik haar. 'Voorlopig wel, tot je goed in je kracht zit. En ik wil dat je een boek over me schrijft, begin daar vast aan', ze zegt het blij en stralend. Ik bedank haar en stop de meditatie. Nadien heb ik Ayesha geregeld tijdens helingen meegenomen in de geest. Ze komt dan op verrassende wijze in actie en is een goede hulp.

Operatie trollentroon

'Ik wil je wat laten zien', zegt de matzwarte draak die naast me is gekomen en voor ik kan antwoorden sleurt hij me op zijn nek en zijn we al op weg. Heel even suizen we in de ruimte. Vlak daarna merk ik echter dat we in de aarde zijn. We wurmen ons door lage lange, onprettige gangen. 'We gaan naar wezens die zich niet laten transformeren', is zijn korte mededeling. Ai, dit zal dan wel een pittig gebied zijn. Na een tocht door de onaangename, nauwe gangen komen we in een wijdere grot die overloopt in andere grotten. Hemeltje! Ik zie trollen!
De draak geeft me de raad om geen contact met ze te maken, wel met hun sfeer. Ik voel in; dit is een sfeer van onsympathiekheid, van onsympathiek gedrag dat niet met discipline bijgestuurd wordt. Dus van expres onaardig zijn. De trollen zijn groot en vadsig, lelijk, met lelijke gebitten, althans met hier en daar een scheve tand en wild piekhaar en grote neuzen. Hier heerst het totale tegendeel van innerlijke adeldom. Ik zie wat hoge, rechte, eenvoudige tronen langs de wanden. En ineens zie ik op zo'n troon Simon zitten. Simon is de man van Lisanne, een klant. Ik weet dat haar gezin regelmatig te lijden heeft onder zijn scheldpartijen en kwetsende opmerkingen. Lisanne overweegt te gaan scheiden maar ziet toch telkens weer de goede kanten van Simon en wil hem voorlopig nog een kans geven, ook voor de kinderen. De draak zegt dat ik goed moet waarnemen. Simon zit er prinsheerlijk bij. Hoewel hij voortdurend blijft zitten, wordt hij enorm verwend. Zijn voeten worden gewassen en gemasseerd, hij krijgt voortdurend de lekkerste dingen voorgeschoteld. Er worden hem mooie manteltjes omgelegd. Hij wordt vertroeteld en bevestigd. Ik zie dat zodra Simon zich weer te buiten gaat aan een scheldkanonnade en maar door blijft tieren omdat hij daar nu eenmaal zin in heeft (ik zie dat het in geen verhouding staat tot de aanleiding), de trollen dubbel liggen van het lachen. Het feit dat Simon zich niet inhoudt, geen zelfcontrole toepast maar zich mateloos laat gaan in kwetsen en gekanker levert de trollen een sadistische pret op. Maar dat niet alleen, ik zie dat ze Simon prijzen voor dit gedrag. Ze stimuleren hem om dit onsympathieke gedrag te herhalen en er een gewoonte van te maken. Ze belonen hem er voor met verwennerijen en vleierijen.

Hoe onsympathieker hij doet, hoe leuker zij het vinden. Ik begrijp dat de trollen uit deze trollenlaag inderdaad niet getransformeerd kunnen worden. Toch vind ik dat Simon moet beseffen dat hij in zijn onsympathieke en kwetsende uitingen aangestuurd wordt vanuit een laagstaand rijk. Maar hoe. In een opwelling houd ik hem een handspiegel voor, opdat hij ziet wat hij eigenlijk aan het doen is. Maar bliksemsnel komt er een hand uit zijn borst en trekt de spiegel ongezien zijn borst in. Onwil, is mijn ingeving. Wat nu. De draak wacht af hoe ik dit aan ga pakken. Trollen staan op een afstand boos naar ons te kijken. 'Dan neem ik hem maar mee', bedenk ik en ik wil Simon van de troon trekken. Maar hij gilt van de pijn en ik ontdek dat er uit zijn zitvlak wortels groeien die in de troon zijn gegroeid. Ineens weet ik dat die wortels onverwerkt verdriet en pijn vertegenwoordigen. Ik besef dat Simon zich slachtoffer voelt. Door dit slachtofferschap en het feit dat hij oud leed heeft laten liggen, is hij extra gevoelig om door deze trollen gevangen te worden gehouden. Zij prikkelen hem voortdurend waardoor hij telkens weer terugvalt in opvliegendheid om niets. Hij schaamt zich er niet voor, hij voelt zich er niet schuldig om, hij heeft geen motivatie om zich te beteren, hoe beschadigend dit ook is voor Lisanne en de kinderen. Hij wordt immers beloond door de trollen. Dit merkt hij natuurlijk niet bewust. Maar zijn uitvallen geven hem een gevoel van triomf en ongenaakbaarheid. En dankzij de trollen voelt hij zich in zijn recht staan om onredelijk te zijn. Juist door zijn verbale agressie voelt hij zich bevestigd. Al heeft hij natuurlijk geen idee dat die bevestiging in hem gelegd wordt vanuit dit trollenrijk. Het verbaast me dat de trollen wel boos kijken maar mij niet aanvallen. Het kan niet anders, ik moet Simon met wortels en al uit de troon trekken, alsof ik een plant ga verpotten. Daarna sleur ik hem snel op de rug van de draak, aan zijn stuitje zitten in de vierkante vorm van de troon, zijn wortels. Simon verzet zich niet, hij lijkt het niet te beseffen. Snel vertrekken we door de benauwende gangen, want je weet maar nooit met die trollen. Weer 'boven' straal ik licht op de wortels in. Daardoor voel ik dat het kwetsende gedrag afweer was, vooral uit angst. Angst overweldigd te worden omdat er weinig zelfbesef is. Angst omdat Simon zich de mindere voelt, onzeker is, niet goed weet wie hij is. Hij is bang omver geluld (excusé le mot) te worden. Hij kan zijn grenzen niet goed aangeven. Hij heeft echt al zijn kracht weg laten glijden in die wortels en dus aan de trollen overhandigd. Tijdens het instralen trekken de wortels zijn lichaam in. Hierdoor krijgt Simon meer zelfbewustzijn en daardoor minder angst om overruled te worden. Zo voelt hij steeds minder noodzaak om zich door kwetsend en onsympathiek gedrag te beschermen. Uiteindelijk zie ik een heel klein groen licht bij zijn hart. Als een begin van besef. Van Lisanne hoor ik dat Simon een paar dagen opvallend galant is geweest.

Een paar dagen later, weer in het bos, wil ik meer weten over die trollen. De matzwarte draak verschijnt. 'Waarom blijven mensen daar vastzitten?' vraag ik. 'Dat mensen bij ze blijven komt omdat de trollen hen belonen voor dit gedrag. Ze 'bevestigen' hen, ze erkennen hun zieligheid. Ze pamperen de pijnplek. Deze mensen voelen zich daarom gerechtvaardigd in hun gedrag want als slachtoffer mag je je als zodanig uiten. Ze voelen als het ware dat ze daar toestemming voor hebben', verklaart hij. Hij vertelt dat ieder mens zijn onverwerkte thema's als tentakels om zich heen heeft. Je tast elkaar af met deze voelsprieten en schiet wortel in elkaar als de onverwerkte thema's resoneren. De tentakels kunnen in de trollenwereld terecht komen als er een stukje gemakzucht is en onwil om zich te beteren. Als mensen een verbinding hebben naar de trollenwereld en wortel geschoten hebben in elkaar, is de kans groot dat ze, gestimuleerd door de trollen, het slechtste in elkaar naar boven halen. Ze zijn niet in staat het gewoontepatroon van onbeperkt kwetsend gedrag te stoppen en de trollen bevestigen hen daarin continu. 'Waarom bestaat dit überhaupt en waarom is het zo langdurig?' vraag ik moedeloos. 'Het leven kent ontelbare spelregels. Het is een lange weg naar zelfontdekking. Vergelijk het met ganzenbord. Daar kun je in de put vallen. Je kunt wachten tot je er uit gehaald wordt en je kunt kiezen voor een nieuwe start. Als je in deze put valt kan het zo lang duren dat je vergeet dat je er in zit. En in dat laag astrale veld gelden andere spelregels', vertelt hij.

Het laat me niet los. In het bos schouw ik een dag later nog even naar Simon. Ik zie dat hij weer op zijn troon zit. Een trol is met een tevreden grijns de 'aarde' van de zitting aan het aandrukken, hij is dus weer geplant. Teruggevallen in oud gedrag. Ik zal hem opnieuw uit de troon moeten halen. Helingen moeten immers herhaald worden willen ze blijvend effect hebben. Gewoontepatronen zijn nu eenmaal diep ingesleten en bijzonder hardnekkig. De matzwarte draak verschijnt en neemt me ongevraagd op zijn rug. Met warp snelheid komen we bij een kristallen landschap. Daar zie ik mijn geliefde etherische leraar, ook kristal. De draak laat me bij hem achter. Ik wil toch meer weten over dat trollenveld. 'Sommige mensen hebben zeer oude lijnen naar dit soort laag astrale velden van valkuilen en blinde vlekken', legt de leraar uit. 'Zijn de trollen in Scandinavië dan slechte natuurgeesten?' vraag ik. Maar de leraar antwoordt; 'De natuur kent geen slechtheid. Slechtheid komt voort uit het denken. De 'slechte' plekken die soms in de natuur waargenomen kunnen worden, zijn afkomstig van getraumatiseerd bewustzijn of de herinnering ervan, de lading zoals jij dat noemt'. Ik begrijp nog niet wat de logge, lelijke wezens, die ik spontaan trollen noemde, die ik gezien heb nou met de trollen uit Scandinavië te maken hebben. Waarschijnlijk niets. 'Dus deze trollenvelden, van wezens die mensen belonen voor negatief gedrag, horen niet bij de natuur?' vraag ik. 'Nee, dit is voorbehouden aan de mensheid', antwoordt de leraar. 'Heeft de mens deze laag astrale velden zelf gecreëerd?' vraag ik. 'Ach', zucht hij, 'Het menselijk bewustzijn is een zeer oude levensvorm, ouder dan zijn stoffelijke verschijning. Zonder op het hoe en waarom in te gaan, ja, deze velden horen bij het mens zijn'.

De trollen zorgen ervoor dat Simon zelfbeheersing en geweldloze communicatie (zie Marshall Rosenberg) als uiterst onwenselijk beschouwt. Zijn verbale geweld daarentegen belonen ze echter door bij hem een gevoel van flinkheid hierover in te brengen. Hoe wonderbaarlijk dit ook moge zijn, ik denk dat therapie bij geestelijke problematiek die telkens terugval laat zien, sneller aan zal slaan door de betreffende persoon uit zijn trollentroon te trekken. Mogelijk zijn deze trollen de collectieve schaduw (zie Carl Gustav Jung). Ze zijn zo krachtig (geworden) dat ze controle over hun gevangenen hebben.

Genade

Op een mooie middag in het bos mijmer ik over wat de Meester der Rechtvaardigheid gezegd heeft over de Wet. Een tijdje geleden werd ik door Sophia bij hem gebracht toen ik mijn rozenkwartsen burcht bezocht. 'De Wet, de vier pijlers ervan zijn; liefde, rechtvaardigheid, mededogen en gestrengheid', had hij gedoceerd. Ik laat deze woorden van de meester die ik niet zo vaak ontmoet, in mijn gedachten komen. Als vanzelf verschijnt hij voor mijn geestesoog en legt de volgende woorden in me. 'Soms kan er binnen de wetmatigheid genade geschonken worden. Genade is het nulpunt van de wet, een dimensiepoort'. (Ik begrijp dat dat opgaat voor deeltjes en voor mensen en dat hierdoor o.a. materialisatie en dematerialisatie maar ook kernenergie ontstaan). Ik zie het als een vijfde punt, midden boven de vier pijlers. 'Genade is een ontheffing uit de wet. Maar er moet wel een vorm van onthechting zijn bereikt eer het geschonken mag worden', vervolgt hij in mijn gedachten. Op dat moment verschijnt een familielid dat mij ooit veel verdriet heeft gedaan voor mijn geestesoog en reikt mij klagend de hand; 'Schenk me genade', smeekt hij. Ik twijfel, wil ik dat wel, en als ik dat nu oprecht wil, dan moet ik er zeker van zijn dat ik er ook later nog achtersta. 'Voel of er wel onthechting is', suggereert de Meester der Rechtvaardigheid. 'Genade is niet hetzelfde als vergeving. Als je ongetransformeerd naar de volgende dimensie gaat, bestaat de kans op herhaling en zelfs verergering. Onderzoek daarom altijd grondig de motieven, is het geen vluchten voor verantwoording? Pas als je de wetten begrijpt en de motieven grondig hebt onderzocht, mag je genade schenken'. Ik besef opeens dat ik in de geestelijke velden wel eens te vroeg genade heb geschonken. 'Waarom wil deze man zo graag genade?' vraagt de meester onderwijzend aan me. Ik ontdek; Het is geen onthechting, maar het is ontlopen. Nog geen tijd voor genade dus. Met dit inzicht laat de meester me weer naar huis wandelen.

Wetten van liefde

Op een dag besluit ik om alles dat me herinnert aan het familielid waar ik pijnlijke herinneringen aan bewaar, in mezelf te verbranden. Ik maak een groot vuur en wil mijn hartruimte volledig schoonbranden en alle banden, aanhechtingen en herinneringen met het vuur vernietigen. Maar, daar verschijnt de Meester der Rechtvaardigheid. Normaal is hij reusachtig en wit, maar nu is hij groot en donker en wordt vergezeld door demoonachtige figuren. 'Wat doe je?' vraagt hij ontstemd. Ik vertel wat ik aan het doen ben. 'Handel je volgens de wetten van liefde?' vraagt hij toornig, 'Zie je niet hoe duister ik ben? Waar men niet handelt volgens de wetten van de liefde verschijnen duivels. Stop daarmee!' Ik raak in verwarring. 'Wellicht heb ik inderdaad vanuit boosheid en mokkigheid het vuur gemaakt maar ik heb het familielid niet willen beschadigen, me alleen willen ontdoen van de herinnering en de band met hem. En bovendien, hoe weet ik dat jij mij niet voor de gek houdt, dat je niet een drogbeeld bent?' vraag ik. Meteen is hij weer de 'gewone' meester. Witlichtend en vaderlijk en ik sta bij hem als een kindje bij haar grootvader. 'Je hart weet het', zegt hij. Hij leert me zo een belangrijke les. Niet alleen dat hij geen enkele moeite heeft met mijn kritische en misschien wat brutale vraag, maar vooral dat ik nog beter mijn intenties en motieven op zuiverheid moet checken omdat ik anders het risico loop 'duivels' te creëren. Hij spiegelt letterlijk mijn onbewuste negativiteit. Het doet me denken aan Galilil die door Daisy's negatieve oordelen tot duivel was verworden, bekleed met haar 'pek'. Als ik te ondoordacht mezelf of een ander vanuit gekrenktheid afwijs kan ik onbewust schaden, anderen, en uiteindelijk mezelf.

Het hart als trommel

Ik ben met mijn dierbare vrienden in Frankrijk, om te vieren dat we daar vijf jaar eerder de therapeutencursus innerlijk reizen bij Fransje hebben gevolgd, de methode die sjamanen van de Altai aan Olga Kharitidi (een Russische psychiater) hebben onderwezen. Fransje is een dappere en praktische vrouw die eigenhandig een houten huisje heeft gebouwd en op 'de berg' woont zonder gas, licht en water. Inmiddels heeft ze wel wat zonnecollectoren. Hier verfijnt ze haar sjamanistische kundigheden. Dit is de plek die ik twee maal bezoek. De eerste keer maakte ik kennis met de holle eik, de tweede maal met het dolmenveld. Op haar berg heeft ze een steen die afkomstig is van een ander dolmenveld op ongeveer zeventig kilometer afstand. Fransje zegt dat met deze steen een 'dolmenspirit' is meegereisd die graag contact maakt met mensen die de oude kennis in zich willen laten wekken. Ook kan deze spirit mensen brengen naar het 'veld van de genezers'. Samen met Ria, Paul en Gabriëlle, mijn toenmalige medecursisten die inmiddels vrienden zijn geworden, zitten we in het gras rond de steen en we stemmen ons af.

Ik arriveer in een stralend veld maar voel een plafond, letterlijk tegen mijn hoofd drukken. Na even intunen kan ik er doorheen breken en bereik weer een stralend en glorieus voelend veld met plafond. Dit herhaalt zich enige keren tot ik in een veld kom waar rust is, heerlijke kalme rust. En ik zie een gestalte, een gesteentewezen. Een langwerpige, vrij vormeloze zittende gestalte met een kalksteenachtige structuur, reusachtig groot met een grootmoeder energie. Ze vraagt; 'Wil je op schoot?' Verbaasd antwoord ik 'Ja, graag'. Ik neem op haar schoot plaats en word in haar zeer warme buik opgenomen. Haar buik is de aarde! En ik ben daarin, alsof dit gesteentewezen zwanger is van zowel planeet aarde als van mij. Dan laat het gesteentewezen zien dat de 'bodem' (de grond, de vloer) van het veld waar zij is en ik nu ook, heftig trilt als een reusachtige trilplaat. Ziekte zie ik als klonten en kluiten, stuiterend als aardappels in de sorteermachine, die door het trillen stuk slaan en fijner gemaakt worden tot ze uiteindelijk oplossen als stof en opgaan in harmonie. Ik zie dus letterlijk dat ziekte, ongeacht geestelijk of lichamelijk, zijnde de kluiten, door de regelmatige cadans van het krachtige trillen compleet verdwijnt. Nu leg ik mijn eigen lichaam op het veld, mijn botten en wervelkolom, mijn darmen en andere dingen. Eerst zijn de organen zwartig en donker maar door het op en neer schudden worden de botten steeds witter en het vlees roze. Een dag later maak ik weer contact met dit veld. Er verschijnt een gestileerde sjamaan voor me, iemand met een jak en broek, veren op het achterhoofd en een trommel. Ik hoor het bonzen van zijn getrommel en ik merk ineens hoezeer dat overeen komt met het schudden van de bodem onder de ziekte-kluiten. Althans het effect ervan. Zijn trommel dient om ziekte stuk te trillen!

En dan ontdek ik opeens dat de trommel in een hartslag cadans komt en ik ontvang het grote inzicht dat de hartslag zelf als een helende trommel is. Het hart is de genezer! Ik realiseer me dat ik niet langer bang of ongerust hoef te zijn voor mijn hartkloppingen, maar dat dat juist een teken is dat er 'ziekte', een storende gedachte of wat dan ook, aan het wegtrillen is. Het trillende trommelvel danst net zo op en neer als de 'grond' van het veld van de genezers waar de kluitenziekte op stuk trilt. Ik ga allerlei stoornisjes in mijn lichaam naar mijn hart brengen om het door het bonzen gezond te laten trillen maar dat blijkt helemaal niet te hoeven. Ik hoef alleen maar mijn hartslag te beseffen in mijn hele lichaam, als helende trommelslag. En ik begrijp dat overal waar spanning of pijn is en waar je gewoonlijk dan je hartslag voelt kloppen dat eerst misschien onaangenaam of eng leek, juist een helend verschijnsel is. Ik heb op dat moment beginnende keelpijn en ik verwelkom mijn hartslag in mijn keel en oren dankbaar als gezond makende trilling. Ons prachtige hart, het is helend niet alleen door de liefde die er in is en die het uitstraalt, maar ook letterlijk door de harteklop die zo rondom uitgetrild wordt. De sjamaan met zijn trommel versterkt de hartslag en trommelt gericht op problemen en trilt ze zo uiteen tot het weer harmonie geworden is. Door dit inzicht, zo eenvoudig, nooit vermoed en toch zo krachtig, voel ik me zomaar juichend enthousiast!

De bij
In een zomers zonnetje zit ik in de tuin op de bank in het prieel van mijn tuin. Van binnen hoor ik; 'Keer diep, diep, diep naar binnen, naar jezelf, naar waar je mijn stem hoort'. Ik voel me sterk verbonden met alles in de tuin, niet alleen de planten en de grond maar zelfs met de stoelen, de fiets en de bank. Omdat ik in afstemming ben voel ik dat het prieel een heel centraal punt is, waar je goed en

prettig verbonden bent met alle plekken in de tuin, zelfs die je niet kan zien. Hij geeft overzicht. Ik voel de aanwezigheid van Rimbam, 'mijn' huis-tuin-en-keukengnoom met zijn afstaande puntoren. Zijn naam komt ook sterk en duidelijk binnen, al verdicht hij zich niet tot vorm of persoon. Ik voel wel hoe hij nieuwsgierig is en zich afstemt op de geur van de kaneelwierook die ik binnen heb aangestoken en die subtiel naar buiten waait. Dan is er opeens links naast me op de bank een man met een pijp, gewoon een stokje met een bakje er op. Vol sympathie laat hij een bij landen op de rug van zijn dooraderde hand en wisselt er even liefde mee uit voor hij het dier glimlachend weer weg laat vliegen. 'Waarom denk je dat ik een bij laat landen op mijn hand?' vraagt Iegdries, want hij blijkt het te zijn. 'Waarom heb jij een pijp?' vraag ik terug. 'Dat is een vorm van verdichting', zegt hij en ik begrijp dat hij anders te ijl is voor mijn waarneming. 'En nu die bij', houdt hij aan. 'Apis homeopathisch? Honing als medicijn?' vraag ik niet begrijpend. 'Voel de bij, maak contact met het wezen van de bij', stelt hij voor. Onwillekeurig ga ik verzitten en zie een kauwbotje op de grond van Ayesh die normaliter op deze bank ligt en gooi hem automatisch naast me. 'O sorry', schrik ik. 'Denk je dat ik daar hinder van heb?' lacht Iegdries en hij steekt zijn hand naar me uit, op de rug daarvan zit weer de bij, met trillende vleugels. Ik richt me op de bij en voel dat ze heel bewust aftast welke richting ze op zal gaan, en welke niet. Alsof ze de richtingen leest of scant. Ik voel dat als ze opvliegt dat niet door spierkracht of kracht gebeurt maar alsof iets haar optilt. Ze hoeft alleen maar 'iets' met haar borst te doen en ze 'valt' vanzelf omhoog. Het is of 'iets' van buiten, haar vleugels zo doet trillen dat ze als een molen waarvan de wieken in de wind gaan draaien, de juiste beweging krijgen om op te stijgen. Ook neem ik waar dat als ze gaat landen ze als het ware een knop omzet om weer te kunnen zakken. Alsof ze de verbinding met dat 'iets' dan even uit moet zetten voor ze 'eruit vallen' kan omdat ze anders opgetild blijft. 'Jij hebt het vaak over verbindingen, zò werken verbindingen', zegt Iegdries. 'Dankzij de verbinding kan het 'iets' op je inwerken en je opheffen. Daarom zijn verbindingen belangrijk. Werk daar aan'. 'Graag,... hoe?'

'Nou, zò', lacht hij, doelend op het voorgaande en hij rekt zich geeuwend naast me uit. 'Zonder gekheid, stem je vaker af, ook als het moeilijk voor je is om alleen of in het bos te zijn. Gebruik de lege momenten om je met het 'iets' te verbinden. Het 'iets' zijn wij. Althans, wij vertalen het 'iets' voor je. Drink nu je koffie', zegt hij om me een pauze te gunnen. 'Zit hij ècht naast me?' peins ik, kijkend naar de lege plek naast me. 'Ja, en nee', zegt hij. 'In jòuw veld zit ik naast je'. 'Verhef je, wees edel', zegt hij even later, ik weet dat dat een belangrijk motto is van hem en zijn gidskompanen. Het is half een opdracht, half een bemoediging aan mij. Ik voel zijn warmte in mijn linkerarm als bewijs van zijn aanwezigheid en geniet in tijdloosheid van de kleine schoonheid die nu zo groots is in mijn tuin. 'En dat richting bepalen...', peins ik, 'hoe zit het daarmee'. 'Wees bij en voel', zegt Iegdries simpel. Ik word bij en kijk naar een richting. Langzaam maar zeker begin ik stagnatie te voelen, ik kan niet meer vooruit zien en voel dat er een muur opgeworpen is vlak voor me. Ik kan letterlijk niet verder die kant op. Een aantal malen verander ik mijn richting en voel weer hoe ik op dezelfde wijze tegengehouden word.

Dan komt er een richting die goed is. Dat voelt als vrijheid, bevrijding zelfs. Alsof de ruimte daarheen zich opent als een trechter, ik open er ook door, krijg er vreugde van. Ik val als vanzelf omhoog en vlieg. Dat vliegen is zò leuk, mijn poten hangen onder me en mijn vleugels hoeven geen enkele moeite te doen om me te dragen. Het is of mijn hart zo breed is dat mijn hele borst één grote glimlach is. Ik zou eeuwig zo kunnen vliegen. Dan land ik op Iegdries' hand en word weer mezelf naast hem. Iegdries glimlacht naar me. Ayesha komt nu naar buiten en klimt naast me op de lege plek op de bank. Iegdries schatert nu. 'Het is tijd om op te stappen, mijn plaatsje is ingenomen'. Hij geeft me vrolijk een schouderklopje en vertrekt. 'Vergeet het 'iets' niet', roept hij nog omkijkend voor hij lachend in het niets verdwijnt.

De vuurgeest

'Zo, en nu ga jij jezelf opstellen', zegt Sophia, met de vogel op haar schouder, als ik mijn burcht betreed. Ik moet al lachen voor er iets gebeurd is, alsof ik al opluchting aan voel komen. Ik zie mezelf, in een soort lichaamsgevormde kooi. Er komt een bedrukt gevoel van af, een gevoel dat ik niet herken. De paradijsvogel is nu oranjerood en vliegt op de bovenkant van de kooi. Ik besef opeens dat de kooi en het bedrukte te maken hebben met helings- en schouwingkwaliteiten die nu nog opgesloten zitten. Sophia kijkt me glimlachend aan, verwachtingsvol. 'Wat moet je daar nou mee?' vraagt ze me zonder woorden. Ik voel de kooi in. Eerst zie ik een soort lynch situatie, maar het kan ook marteling zijn. Dan ontdek ik in de kooi mijn gevoel en overtuiging van toen; 'Nooit zal ik ook maar iets onthullen!' Zeer koppig, grote afweer, vastbesloten. Vijandigheid jegens mensen, aanvallers en verraders. Ik sta strak met gebalde vuisten, geperste lippen, trots, dàn maar liever dood. Ik ken geheimen, ik zie flessen en flacons, bladen met berekeningen en symbolen. Om me te breken word ik in een donker cachot geworpen. Daar denk ik terug aan mijn donkere werkplaats, de wierook, het vuur. Met veel liefde en tederheid denk ik terug aan het vuur waar een etherische vriend in zit. Een kleine vuurgeest, ik krijg informatie van hem, waarover weet mijn huidige ik niet meer. Maar ik voel me heerlijk bij hem. Ik weet dat ik zieken behandel. Men haalt zalf en drank bij mij en met de vuurgeest bespreek ik de gevallen. Ik maak kabbalistische berekeningen in vakjes, onder andere over de prognose van de zieken en de vuurgeest geeft energie aan mijn medicijnen. Ik ben een wonderdokter. Volgens mij ben ik aardig mensenschuw, kom nauwelijks mijn huis uit al woon ik in een stad. Er is een genootschap van zeven of negen mensen die ik regelmatig spreek. We wisselen uit over ons onderzoek en opvattingen. Zij voorzien mij van wierook en edelstenen zoals lapis lazuli. Kruiden zoek ik zelf. Dan word ik ervan beschuldigd met de duivel te heulen, ik word gemarteld, gebrandmerkt, mijn tanden worden zelfs uitgetrokken. Maar ik keer in mezelf en zet mijn verstand op nul, ook mijn geheugen, ik ban elke herinnering aan de vuurgeest en mijn werk uit zodat ik zelf overtuigd ben van mijn onschuld en niets en niemand kan verraden. Volgens mij word ik niet gedood, ik word berooid en half gek de stad uit gesmeten. Uit angst behoud ik mijn overtuiging dat ik niets weet vanwege spionnen. Ik ben een arme hongerige verminkte sloeber die een nieuwe overtuiging heeft; koppigheid, ik wil niet meer dienstbaar zijn, de magie heeft me niet geholpen, teleurstelling in de etherische krachten, de mensheid, en de vuurgeest. Verbitterd, verstokt. Als ik mezelf zo waarneem komt er verdriet los, ik voel me verlaten door god en alleman, eenzaam, gebroken. Ik voel onmacht, wanhoop, het komt nooit meer goed. De magie is voor eeuwig verloren, het contact is nooit meer te herstellen... Toch voel ik een diep verlangen naar mijn geliefde vriend de vuurgeest, het enige dat ik werkelijk liefhad. En ik besef dat ik niet langer moedeloos en verslagen wil zijn, wat dènken ze wel! Ik krijg kracht terug maar ook woede naar de aanvallers. Als ik mezelf ook daarvan wil helen merk ik dat de vuurgeest in mijn hart terechtkomt. Hij schenkt troost en ontroering maar ik voel ook diep verdriet om wat onherstelbaar kapot is. Ondanks zijn troost voel ik eindeloos verdriet. De vuurgeest klemt zich stil in mijn hart, vol troost. Het geeft verzachting, ik heb veel tijd nodig. Dan na een tijd kan de liefde van de vuurgeest eindelijk mijn verdriet vrij maken en mij licht geven. Ik voel oprecht medelijden van de vuurgeest voor mij maar ik merk dat ik niet uit de verdrietige verslagenheid kom. Ik zie mezelf als haveloze zwerver, met een bierpul. Ik ben getekend maar doe mijn best om weer mee te doen met het leven. Mijn huidige ik wil mijn oude kennis wekken. Ik voel een nieuwe laag verdriet, nu van de vuurgeest die persé niet wil dat ik ooit weer zoiets mee moet maken, hij houdt zich daarom dood, het is zijn opoffering. 'Lieve vuurgeest, laat onze vriendschap weer opbloeien', smeek ik en ik richt al mijn licht en liefde op hem in mijn hart. 'Vuurgeest, ik ben veilig, ontwaak!' Maar ik krijg geen respons. Dan haal ik hem uit mijn hart. Het vuur tordeert zich en richt zich op tot een hoge slanke vlammenbos. Ik voel grote liefde en bewondering voor hem. 'Vuurgeest, wil je me helpen om me alle kennis weer te herinneren en de liefde en het licht in mijn hart te ontsteken?'

Dan ontstaan om de vlam razendsnel drie vuurcirkels, sissend als voetzoekers, die mijn huidige ik en mijn toenmalige Breugheliaanse zelf samenbrengen. Alles tolt. Dan zie ik een grote lichtende opening in de ruimte. 'Treed binnen, hier is alle kennis en wijsheid', hoor ik. 'Kan dat in mij komen?' vraag ik. 'Zet je hoofd stil en laat je hart spreken', is het antwoord. Er gaat een deurtje in mijn hart open, er komt een trap uit en een gestalte loopt de trap af de lichtende ruimte in. Even later zuigt de hele lichtruimte, gestalte en trap, alles, mijn hart in en het deurtje sluit zich. Ik ben weer in de burcht. Ik zie om mijn opgestelde zelf de kooi verbrokkelen. De oranjerode paradijsvogel zit nu op het hoofd van mijn opgestelde zelf. 'Weet je nu wie de vuurgeest is?' vraagt Sophia. 'Is het de paradijsvogel?' vraag ik verbaasd en nog hevig onder de indruk. Opeens hoor ik een plof en de paradijsvogel verdwijnt in het geluid. Dan zie ik het deurtje van het hart van mijn opgestelde zelf opengaan en daar zie ik de oranjerode paradijsvogel zitten, in het hart. Ik moet even mijn verbazing opzij zetten, de feniks bestaat echt!, om te voelen dat dit een heel ontroerend moment is. Sophia loopt naar mijn opgestelde zelf en omhelst het. Ze draait zich om naar mij en trekt mij ook tegen zich aan. Mijn opgestelde zelf en ik vervloeien en we staan in omhelzing en glimlachen. 'Wees een groot heler', zegt Sophia. 'Dankjewel Sophia', zeg ik. 'Heb je nog meer voor mij in petto?' 'Natuurlijk, eindeloos', zegt ze en ze omhelst me opnieuw.

De doden

In de winter sterven twee kinderen uit de buurt. Op een nacht, als ik niet slapen kan, vraag ik me af of ik kan bidden om steun en liefde voor de ouders en familie. De gedachte wordt in me gelegd dat als ik werkelijk wil helpen, ik mijn eigen vermogen in moet zetten en zèlf liefde en steun moet geven. De beide kinderen heb ik al eerder waargenomen, het gaat goed met ze, ze zijn nieuwsgierig naar hun nieuwe hoedanigheid, de ene wat meer dan de andere en niet verdrietig. Ze zijn goed opgevangen. Dus ik geef, alle liefde en steun die in me zijn en stuur dat naar de nabestaanden. Me afvragende wat de zin van dit soort gebeurtenissen is, ontstaat er een oceaan voor me, een oceaan van pijn, ellende, verdriet en onnoemelijk leed. Zijn het de gevoelens van miljoenen nabestaanden? Doden die niet naar het licht zijn?

Eindeloos dobberen de doden en verminkten, de verdrukten en wanhopigen in het onafzienbare zwarte water. Zelfs mijn engel die bij me is gekomen lijkt erg klein in deze sfeer van peilloze ellende en dood. 'Het zijn ervaringen', laat hij me weten, 'Het hoeft niet vastgehouden te worden. Aanvaard hen in liefde'. Alleen omdat hij me herinnert aan het tijdelijke ervan kan ik de enorme hoeveelheid lijdenden aanvaarden in liefde. Alle mensen in de oceaan druk ik aan mijn hart. Tot aan de horizon rijzen ze op terwijl de voorsten in mijn armen staan en alle anderen zich daar tegenaan verdringen. De grens tussen de doden en de levenden valt weg en ik merk dat liefde de verbindende factor is. Als de engel niet had gezegd dat het tijdelijke ervaringen waren zou ik door de kracht van dit leed de oceaan ingegleden zijn, te machteloos van verdriet me nog uit de ellende los te maken en ooit nog vreugde te ervaren. Nu, met hem, kan ik geven, liefde, nog wel gemengd met meegevoeld verdriet, maar toch. Door alle liefde die ik in me heb te geven, stijgen alle wezens uiteindelijk in wit lichtende damp op en de oceaan verdwijnt. Echter, als dat gebeurd is verschijnen er aan de horizon plotseling demonen, spottend en krijsend komen ze naar me toe. Ik laat ze weten; 'Ook jullie zijn liefde en ik heb jullie lief, kom in mijn hart'. Hierdoor worden de demonen door een ijzersterke kracht naar achteren gedrukt. Ikzelf stijg nu omhoog. Hoog boven me zie ik een hemelhoge boom, met een opening, waar ik doorheen ga en zo in steeds lichtere en hogere gebieden kom. In al die gebieden en 'landschappen' is een opening in de hoge hemel waar ik telkens doorheen stijg. Denken valt weg, er is alleen nog maar eenheid, licht en vreugde.

Vogelvelden

In het bos, midden in de winter, wil ik graag contact met gidsen, het is al een tijdje geleden dat ik met hen contact had, maar het lukt niet, dus loop ik onverrichterzake door. Maar opeens hoor ik links van me lachen; 'Heb je me nu pas in de gaten?' Oom Warna, fijn! 'Ga in je hart'. Ik ga mijn hart in en we komen in een veld. Zijn stem 'klinkt' overal vandaan, niet te lokaliseren, ik hoor hem overal tegelijk. 'Dit is de vierde dimensie', legt oom Warna uit, 'Stel een vraag en het antwoord kan op vele manieren bij je binnen komen, als stekende pinnen, als kristallen druppels, als storm of een briesje, als een kabbelende beek'. Het zijn niet de woorden die hij hiervoor gebruikt, maar ik hoor het geluid, of liever, de vibraties ervan. 'Ik breng je naar het veld, de informatie kun je er zelf uithalen', zegt hij en zijn stem klinkt als een veelstemmig orgel. Indrukwekkend, prachtig en zeer rijk aan klank. Hij verzoekt me de trillingen van dit veld te ervaren. Ik hoor tinkelend hoog lachen. Net als oom Warna mij wil vragen of ik weet wie daar zo lacht, weet ik het antwoord al, ik ben het zelf! Lachend zegt hij; 'Ik hoef je niets meer wijs te maken'. Ik hoor de vogels in het bos. Oom Warna vertelt dat de geluiden in de stoffelijke natuur de stoffelijke vertalingen zijn van de vibraties en frequenties uit 4d. (De niet stoffelijke dimensie, dicht bij de materiële dimensie.)

'Wat wil je zoal horen?' vraagt hij. 'De kraai', vind ik, mijn vogel. Oom Warna laat mij kennis maken met 'het veld', de vibratie, van de kraai. Ik geloof dat ik wel iets hoor, maar het is meer een sensatie, meerstemmig, diep binnenkomend krassen, veel meer op een orgelmanier dan zoals de stoffelijke vogels doen. Het is een hele fijne klank, vol, vrij laag, sonoor, heel constant al hoor ik er wel individuen in. Ik hoor er stabiliteit in, volstrekte betrouwbaarheid, gelijkmatigheid en dat het zeer hulpvaardig is. Als de kraai je vriend is, is hij een trouwe bondgenoot weet ik opeens. 'En de Vlaamse gaai, mijn vogel toen? Toen ik als kluizenaar en heks in het bos woonde, ergens in de vroege middeleeuwen of nog eerder', vraag ik. Oom Warna 'schakelt' om naar het gaaienveld. Het krassende hoor ik ook hier maar er zit regelmatig een veel hogere toon in, die optillend is, luchtiger maakt en die me doet denken aan de 'hoge' felle blauwe veren in de vleugels van de gaai. Oom Warna vertelt dat het heel fijn voor me was dat de gaai toen mijn vogel was want de tijden waren heel zwaar, er was veel honger en ziekte, de horigheid van de gewone mensen was ook heel zwaar. Ik had, terwijl ik alleen woonde in het bos, overgeleverd aan de ontberingen van de seizoenen en hulp biedend aan het volk, een vogel nodig die me af en toe uit het zware lijden kon optillen en die me hielp om te relativeren en weer vrolijkheid te zien. 'Waarom is de Vlaamse gaai eigenlijk nu niet meer mijn vogel?' vraag ik. Oom Warna barst in lachen uit; 'Omdat het een echte heksenvogel is!

De Vlaamse gaai is nogal wispelturig. Hij kan net op het moment dat je denkt dat hij er voor je is, in spottend lachen uitbarsten (zo'n heksenlachje) omdat hij het hele bestaan een goeie grap vindt en niets echt serieus neemt'. Ik voel in het veld en neem waar dat de gaai, in tegenstelling tot de kraai die tijden overbrugt en met elkaar verbindt, juist heel momentgericht is. Ik hoor zijn veld in vlagen, in momenten, terwijl het kraaienveld continu te horen is. Ook merk ik dat de gaai een echte individualist is, heel erg zijn eigen gang gaat, minder bereid door dik en dun te steunen dan de kraai. Dus minder op mensen gericht, onberekenbaar zelfs in zekere zin. Op de kraai kun je bouwen, de gaai is grillig, kan dingen die je zelf belangrijk vindt, zomaar op losse schroeven zetten. Een beetje sip weet ik dat mijn vermogens toen een stuk verder ontwikkeld waren dan nu, toen was ik een èchte heks.

De volgende dag ga ik weer op pad en vraag me af in hoeverre het nou nuttig of nodig is dat ik die informatie over de gaaien en kraaien en velden daarvan te weten krijg. Oom Warna verschijnt en vertelt dat ik er informatie uit kan halen, zowel uit de velden als van de stoffelijke vertegenwoordigers ervan. 'Staan die dieren en velden dan ten dienste van de mens?' vraag ik. 'Nee, ze staan ten dienste van bewustzijn. Zie het als levende tarotkaarten. Er zit een boodschap in. Die boodschap is niet absoluut, net zo min als tarotkaarten een vaststaande betekenis hebben. Elke magiër haalt er zijn eigen specifieke dingen uit maar in grote lijnen is de informatie per veld hetzelfde', antwoordt hij. Op dat moment hoor ik een specht. Oom Warna laat me via mijn hart naar het spechtenveld gaan. In het spechtenveld is het een en al bedrijvigheid en het gonst op een levendige en veeltonige manier.

De informatie van het veld is in mijn lichaam voelbaar tussen hart en keel en ik voel dat de bedrijvigheid met vreugde gepaard gaat. Wat het spechtenveld me leert is dat werken vreugdevol moet zijn. Ik voel er trouwens ook de energie van gezinnen met kinderen. Oom Warna laat me weten dat dat de boodschap is voor mijn eigen situatie, namelijk dat ik ondanks mijn taken in het gezin en als moeder toch onverdroten voort kan gaan met het schrijven van mijn boeken. Daar is namelijk weer de klad in gekomen. Ondanks dat ik weet dat dat een belangrijk doel in mijn leven is. 'Kijk eens wat de specht doet; hij maakt gaten, dat wil zeggen dat hij heel gericht zijn arbeid richt, hij versnippert zijn arbeid niet. Hij weet precies wat hij wil en richt zich daar op. Het is of hij met zijn focus lasert en zo de gaten kan maken', vertelt hij. 'Hoe zit het dan met de zwarte en de groene specht?' vraag ik, want ik zie in het veld voornamelijk de bonte specht. 'Neem maar waar', oppert oom Warna. Nu zie ik de zwarte specht, iets groter dan de bonten. Hij is niet zo bedrijvig, eigenlijk is hij voornamelijk waakzaam, opmerkzaam, ook heel individualistisch. Ik voel dat de zwarte specht bezig is zijn vermogens tot waarnemen te verfijnen. Eigenlijk wat ik nu zelf aan het doen ben. Geen wonder dat in de tijd dat ik Iegdries, de druïde, als mijn leraar had, de zwarte specht mijn lievelingsvogel was. 'En de groene?' vraag ik. Het veld verandert subtiel en ik zie dat de groene specht ongrijpbaar is, heel onzichtbaar, alsof hij zich in andere dimensies kan verschuilen. Op een bepaalde manier schuw, voor gewone ogen zeg maar. Echt een vogel van een magiër die door dimensies kan reizen. En die behulpzaam is met ijle en magische formules. En ik snap waarom de groene specht de lievelingsvogel van Iegdries was. 'Door je van de velden bewust te worden verfijn je je vermogens, er zijn nog veel meer nuances in te ontdekken. Door je af te stemmen op de velden en ze waar te nemen is de natuur een open boek en leef je in een voortdurende tarotlegging', legt oom Warna uit, 'Door je te verbinden met de velden heb je te allen tijde de informatie die nodig is, duiding van mensen en situaties. Je kunt er in reizen om op zoek te gaan naar antwoorden. Ze geven je ook boodschappen door levende dieren op je pad te zetten in situaties waar dat niet toevallig is. Zo werken druïden en sjamanen.'

Vlaamse gaai

Op een ochtend zie ik een Vlaamse gaai in de tuin en in het bos een aantal en zelfs in de straat een heleboel. Ik maak contact met mijn oude zelf, de oude genezeres Mie. De Vlaamse gaai was haar vogel, ik vraag haar waarom ik nu zoveel Vlaamse gaaien te zien krijg. Daar verschijnt mijn oude zelf, met rommelig piekhaar en pretogen. 'De Vlaamse gaai is anders dan de kraai. Toen was er geen sociaal vangnet, ieder was op zichzelf aangewezen, bovendien was ik een kluizenaar. De gaai is een echte individualist. De Vlaamse gaai kon ergens zitten en waarnemen en mij dan vertellen wat hij gehoord had zonder dat iemand er erg in had. Hij was als het ware mijn papagaai' vertelt ze. Nu begrijp ik wat de gaai vandaag voor mij betekent; Til niet zo zwaar aan de dingen, bekijk het veel luchtiger. De kraai die nu bij me is, is veel breder georiënteerd, verbindt tijden en levens en heeft overzicht. De gaai werkt per moment. Mijn oude zelf werkte ook meer in het moment, bood acuut en actueel hulp bij botbreuken, abcessen, koortsen, ziek vee. Er was regelmatig honger en dreiging van machthebbers en dolende legers. De gaai gaat minder de psychische diepte in dan de kraai. De gaai beurde Mie op en hielp haar te relativeren. Zo kon zij het zware bestaan, van haar zelf en de mensen van toen, aan.

De toekomst in het Nu

Later die dag ga ik naar de burcht en vraag Sophia om raad want in deze levensperiode zit ik met een aantal belangrijke vragen. Rustig wacht ze me op. 'Je weet dat je je wensen zorgvuldig moet formuleren. Stel jezelf op. Zie je hoe je gevuld bent geraakt met angsten en bezorgdheden en je jezelf weer klein maakt? Wat wil je?' vraagt ze bezorgd. Ik formuleer mijn zorgen en wensen. 'Goed', zegt ze, 'nu het geformuleerd is, laat het helemaal los. Gooi je leeg, maak je open, zolang er angst is kan de toekomst niet aan je geschonken worden'. Ze strijkt met licht langs mijn opgestelde zelf. Van boven naar beneden zodat er allemaal lichtbanen ontstaan alsof ik een langgerekt paasei ben. Daarna 'verknoopt' ze de lijnen bovenin en onder. Ik merk het, ik voel me veel steviger en krachtiger. Dan haalt ze opeens een winkelhaak onder mijn voeten vandaan. 'Een winkelhaak?' vraag ik verbaasd. 'Leg er geen oordeel op', zegt ze. 'We gaan hiermee je richting bepalen, het is niets anders dan een taartpunt, het kwart van een cirkel'. 'Richting bepalen? Kan dat dan niet beter met een kompas?' vraag ik. 'Een kompas is voor de verfijning, we gaan eerst de grote lijnen uitzetten', zegt ze en ze beweegt de winkelhaak even zoekend heen en weer en drukt dan op de punt. Meteen ontstaat uit dat midden een krachtige uitstulping van licht richting de toekomst. Maar hoe licht de toekomst ook is, ik voel me heel zwaar en beperkt in mijn hart en zie hoe het licht niet naar voren kan stromen. 'Laat de angsten los', zegt Sophia en ze straalt licht op het hart van mijn opgestelde zelf. Meteen voel ik ruimte ontstaan, bevrijding en opluchting en ik moet onwillekeurig lachen om het effect. 'De gewenste toekomst kan zich alleen manifesteren als hij gevoed wordt vanuit vreugde', zegt Sophia met triomfantelijke vanzelfsprekendheid. Nu ik licht en vol vertrouwen ben zie ik hoe het licht naar voren uitstulpt binnen de richting van de winkelhaak. De benen verwijden zich nu tot rond me en vormen een cirkel. Achter me raken de benen elkaar en trekken zich terug tot een stip in het midden en ook dat verdwijnt. Ik sta in het stralende en vreugdevolle licht. 'Nu heb je de gewenste toekomst in het Nu getrokken', verklaart Sophia. Even ben ik enthousiast, maar dan merk ik dat ik er nog niet ben want ik voel een soort afweer rond mijn middel, een brede gordel met mijn navel als middelpunt. Ik voel dat het met afweer en wantrouwen te maken heeft; angst om gekwetst te worden. 'Dat komt omdat je al vaak opgehangen, verbrand, gevangen gezet, verraden en verbannen bent geweest als je uiting gaf aan wat je bezig hield', verklaart Sophia. Ik voel dat het de oude angst is om van een comfortabel bestaan alles kwijt te raken.

Met een ruk trekt Sophia de gordel, alsof het een pleister is, los. En meteen ontstaat er een bubbelige ruimte en neem ik vele zwevende wezentjes waar en enkele individuelere grote. Allemaal schaterend. Niet om een reden, maar door het ontbreken van welke reden tot het niet aanwezig zijn van vreugde dan ook maar. Nu kan ik pas werkelijk relativeren. Een bepaalde verharding die ik kennelijk had opgebouwd tegen mensen die mij en mijn waarnemingen ooit afwezen, glijdt weg. En als gevolg daarvan kan ik de elementalenwereld gemakkelijker waarnemen. 'Nu kun je het pad van moeiteloosheid gaan', verklaart Sophia, 'Dit is de sfeer van de Vlaamse gaai, die achter de materie de vreugde van de vreugde zelf voelt. Je hart dat de toekomst bepaalt is de plaats van de kraai'. Nu ik mijn wensen kenbaar heb gemaakt en ik mijn angsten en remmingen, de beren op de weg, heb opgeruimd, kan de toekomst weer in beweging komen. Ik ga niets invullen, forceren of willen. Het komt zoals het moet gaan.

Oertijd

Op een wintermiddag als ik in het bos loop, vraag ik me ineens af hoe het met de matzwarte draak is. Ik heb hem al lang niet meer ontmoet. Hij landt naast me, eerst als beeld vanuit mijn herinnering maar dan voel ik dat hij echt tot mijn gewaarwording doorgedrongen is. 'Ik heb je gemist' zeg ik. 'Ja', zegt hij peinzend alsof hij daar nog iets aan toe wil voegen, maar hij zwijgt. 'Ik zou graag weer lessen van je ontvangen' begin ik en ik voel hem dichter bij komen, alsof hij sluiers tussen ons weghaalt en ik voel dat hij verheugd is. 'Ga maar in je hart, wacht maar af waar we heen gaan', zegt hij. Dan voel ik dat we 'er' zijn maar tot mijn verrassing ben ik gewoon in mijn eigen bos, al is het wel heel duidelijk, erg in het hier en nu. 'Dat klopt', zegt hij. 'We zijn nu hier, maar ook in het verre verleden'. En inderdaad, ik merk dat ik nu ook in een oertijd, het Perm of Carboon of hoe dat dan maar heet, in een groot, zwaar moerasbos loop. Uit een moerassig meer rijst een vrij kleine dinosaurus overeind, met waterplanten in de bottige bek, zo groot als een nijlpaard maar met de vorm van een capibara. 'Voel wat hier was en in je huidige bos niet', draagt de zwarte draak me op. 'Mm, mensen?' Vraag ik. 'Nee, althans niet in stoffelijke zin, maar dat is het niet, voel verder', antwoordt hij. Ik voel de zwaarte, de langzaamheid en druk van het bos en ineens voel ik; 'de planten zijn dominant, het is of ze voornaam en koninklijk zijn'. 'Juist', zegt de draak. 'In die tijd is de plantenwereld de leidende gemeenschap op deze planeet. Zij zijn dominant. Voel verder'. Ik richt me op een varenachtige palm, of misschien een palmachtige varen.

Hij is prachtig geometrisch gedecoreerd op zijn stam onder de kroon, als van bladaanhechtingen van blad dat losgelaten is. Intens blauwgroen afgewisseld met grijsbruin. Hij is zeer aanwezig, zeer zelfbewust, bijna hooghartig. Een groep grote groene bladeren dicht bij de grond zijn met elkaar aan het communiceren op een gezellige manier. Ik merk dat deze planten een zeer groot zelfbewustzijn hebben, ze weten wie ze zijn en communiceren vrijelijk met elkaar en andere levensvormen. Ik zie hun witlichtende etherische lichamen moeiteloos als dubbel beeld door hun stoffelijke vorm heen schemeren. De matzwarte draak begint te vertellen; 'In deze tijd waren de planten dominant, zij bepaalden en waren de leiders. De dieren pasten in deze harmonie, alles geschiedde in harmonie, met de planten als bepalers en leiders. Er was groei, steeds groter werden de planten en steeds groter de dieren'. Ik vraag hoe het kwam dat dat veranderde en dat dat nu niet meer zo is. 'Waarom bleven de planten dan niet op een volmaakte grootte maar moesten ze na niet meer groter te kunnen dan weer kleiner worden?'

'Dat zijn hele grote vragen', zegt de draak, 'We hebben het over miljoenen jaren. Er is geen stilstand, er is altijd golfbeweging. Op een gegeven moment deden de planten een stapje terug, ze werden inschikkelijk en bescheiden en gaven hun leiderschap gedeeltelijk over aan nieuwe dieren en levensvormen. Maar nu, door de domesticatie door de mens werden de planten dienstbaar en opofferingsgezind. Hierdoor verloren ze een stuk identiteit en dominantie. Het gevolg is krimp van de totale plantenwereld. De golfbeweging van dominantie naar vogelvrij zijn. Er dreigen steeds minder planten te komen op deze planeet. Een goed sjamaan weet niet alleen het nut en de dienstbaarheid van een plant aan te spreken maar ook zijn dominantie en koninklijkheid. Jij hebt de lichtvorm van het bos gezien, maar het is moeilijk dat waar te nemen, zo ver weg is het zelfbewustzijn van de plantenwereld de ether in gedrongen en uit de stof'. Hij gaat verder: 'Jij loopt nu door het bos, jij bent de dominante factor, het bos heeft het te accepteren en kan niets anders dan aanvaarden dat jij door het bos loopt.

Niet dat het niet goed is maar het gaat om de rolverdeling. In die tijd had de plantenwereld de dominante rol. Planten bepaalden wie en op welke manier diegene door het bos ging. De mens in zijn toenmalige etherische vorm hield zich daar aan. Nu kan een boom niets doen tegen zaagmachines en akkers niets tegen pesticiden. Als de plantenwereld weer iets van de oude glorie van zelfbewustzijn en macht terug krijgt zal dat het evenwicht in het milieu op deze planeet ten goede komen'. 'Ik ben bang dat alleen sensitieve mensen de invloed van een plant of boom kunnen voelen', zeg ik, 'als een boom niet omgezaagd wil worden zal een nuchter modern mens met een kettingzaag dat niet voelen'. 'Dat gaat anders worden', zegt de draak, 'De boom zal met zijn hernieuwde zelfbewustzijn in staat zijn het bewustzijn van de houthakker te bereiken en aan te geven wat hij wil en in overleg te gaan. Nu zijn er sjamanen nodig die het weggegleden zelfbewustzijn, die lichtvormen die je hebt waargenomen, weer dichter bij de stof brengen. Daarom laat ik je dit voelen, haal dat wat toen was naar het nu'. Hij laat me weten dat het goed is als er plekken op de planeet komen waar planten, begeleid door sjamanen, weer ongelimiteerd en ongestoord kunnen groeien en vandaar hun oude zelfbewustzijn weer naar de stof kunnen halen. En de rest van de plantenwereld daardoor te inspireren en tot samenwerking met andere levensvormen, met name de mens, te komen. 'Nu is het aan de mensheid om inschikkelijkheid te tonen', zegt hij ernstig. Ik begrijp dat er een belangrijk keerpunt in de tijd is gekomen, waarbij de plantenwereld weer toe gaat groeien naar zijn oude rol van leiderschap en koninklijk zelfbewustzijn en de mens een stap terug mag doen wat betreft dominantie over andere levensvormen om tot een gelijkwaardig evenwicht te komen. Al ben ik bang dat we het weer over miljoenen jaren gaan hebben.

De volgende dag landt de zwarte draak weer naast me in het bos. 'Ik wil dat je dat tijdperk nogmaals invoelt', zegt hij weer ernstig. Ik ga opnieuw naar de plantenwereld van dat oeroude tijdperk. Ik merk dat het er enorm druk is. Ik hoor voortdurend geklik, geruis, gekraak, lage tonen, net walkietalkie verkeer. Gisteren had ik de geluiden van de planten als veel melodieuzer ervaren. De energie van de planten is zo druk en aanwezig dat het bijna al het andere wegdrukt. Als hypersensitieveling zou je er misselijk van worden. Het geluid is het gevolg van razendsnelle en sturende informatie; waar planten gegeten worden door dieren, waar dieren planten mogen eten, het uitsturen van boodschappen voor activiteiten, onderling contact en uitwisseling. Voortdurend gaat de kakofonie van hyperactieve informatieoverdracht van heel verschillende structuren en doelen over en weer. Een gigantische drukte, snelheid en alertheid terwijl de planten uiterlijk stil lijken en alleen af en toe licht bewegen in de wind. 'Waren er toen al natuurwezens of dryaden?' vraag ik. De matzwarte draak laat me een liefelijk wezen waarnemen, stil qua beweging en geluid. Het lijkt een grondwezen, gelokaliseerd op vaste punten, net als een acupunctuur naald. Hoewel het in formaat veel kleiner is dan de hoge planten, harmoniseert het alle informatie. Soms buigt de energie vol informatie er in mooie cirkels langs af, soms zet het energieoverdracht in de 'parkeerstand' maar meestal kanaliseert ze het. Het roept de vergelijking op van een endocriene klier die als een thermostaat de overvloed aan informatie van het zenuwstelsel, zijnde de plantenwereld, reguleert. 'Planten waren hun eigen natuurwezens', legt de draak uit. Opnieuw zie ik hoe planten met elkaar, als in sonar, in gesprek zijn, druk, gezellig, hyper. En als ze gegeten worden door een dier zie ik hoe hun witlichtende bewustzijn door het dier heen gaat en als energetische mest op de aarde komt. Op den duur is de hele aarde bedekt met een dikke zachte laag van witlichtend plantenbewustzijn, van met name de bladplanten, niet de hoog opgaande vormen. Als er een plantje ontkiemt, kruipt het bewustzijn weer de plant in. 'Het is zowel collectief als individueel, dit plantenbewustzijn', vertelt de draak. Ik zie hoe het plantenbewustzijn begint met een creatief proces van creatie. Steeds meer vormen ontstaan er, zowel in aanpassing als in afweer aan de omstandigheden en vraat door dieren. Ze creëren als het ware zichzelf, steeds vernieuwend. 'Is er geen goddelijke schepping van bovenaf geweest bij het creëren van al die nieuwe plantenvormen?' vraag ik. 'Het bewustzijn van de plant, het bewustzijn an sich, IS goddelijk, IS intelligent', verklaart de draak. Een hoge plant, zo'n kolos, half varen, half heermoes, half palm, valt dreunend om, scheurend en krakend. Hoe zat het met het enorm aanwezige bewustzijn van deze boomachtige?

Zodra hij ligt is er stilte, de zware aanwezige sturende informatieoverdracht is in één klap weg. Er ontstaat een explosie van vitaliserende energie, het voelt als een overvloed aan negatieve ionen (zoals bij de branding of een krachtige waterval), het trekt grote herkauwende dino planteneters aan die er nu rust kunnen ondervinden, maar ook een soort libelachtige insecten, of is het soms het bewustzijn van de plant dat zich verdeelt?
'Beide', zegt de draak die mijn vraag opvangt, 'Het is zowel de ervaring van deze boom als stukjes individualiteit die nu verbrokkeld nieuwe stofvormen zoeken'. 'Maar het bewustzijn zelf', vraag ik, want het is of ik dat naar een andere dimensie zie gaan. 'Eerst was er nog geen hout, het materiaal was vezelig. Pas toen het materiaal zich tot hout kon verdichten kon de boom de evolutie ingaan en konden de dryaden met de boomsoorten hun samenwerking aangaan. En andersom ook, pas toen de dryaden ontwikkeld waren, uit al die eeuwenlang gevallen voorvormen van bomen, konden de houten boomsoorten zich ontwikkelen', legt de draak uit. Ik besef dat ik het ontstaan van de dryaden heb mogen waarnemen. Ik ben flink onder de indruk. De draak laat me in mijn verwerking van deze informatie. Golvend stijgt hij op als ik het bos uitga en ik voel zijn tevredenheid en vreugde over zijn onderricht aan mij.

Meditatie voor de mensheid

Tijdens een meditatie identificeer ik me met het Licht. Zo voel ik me stralend en vol vrede. Maar dan word ik opeens overrompeld door verdriet. In meditaties neem ik gevoelens sterker waar dan in het dagelijkse bestaan. Kortgeleden woonde ik een bijeenkomst bij waarbij ik merkte hoe negatief oordeel werkt. De bespottende roddels die ik iemand over andere mensen hoorde uitspreken deden mij letterlijk zeer. De woorden, maar veel meer nog de energie van de emotie erbij en ik besefte opeens het verschil in uitstraling van mensen. Als iemand het mooie in de ander ziet, het positieve, het kwetsbare, het ontwapenende, het goddelijke, tilt die de ander energetisch op. Ook als je neutraal, zonder oordeel naar anderen, vanuit mededogen en vriendelijke welwillendheid in het leven staat, ontstaat begrip, tolerantie, zelfs liefde. Maar als iemand vanuit spot, kilte en oordeel, vanuit afgaan op de buitenkant, afgescheidenheid en angst, anderen beziet, is het of de gezamenlijke energie naar beneden knalt, op de harde kale grond. Zachtaardigheid, het liefelijke, het opgetild zijn, alles verdwijnt erdoor. De wereld is zo dan maar 'half', alleen het harde en koude bestaat dan nog, er is geen verbondenheid meer. Ik begrijp opeens wat mensen, zonder dat ze het beseffen, aanrichten met al dat ge- veroordeel. Ik voel er verdriet door, niet om de schepping en deze mooie aarde, maar om de mensheid en haar staat. Ik besluit er dieper naar te kijken. Het is of mijn eigen hart vanaf de randen begint in te schrompelen door dit verdriet dat zich opdringt als een oprukkende woestijn. Ik vraag mijn engel te komen, wat moet ik doen met dat verdriet?

Hij is er meteen, een zachte ijlte die me met eindeloos geduld en liefde glimlachend aanziet. 'Moet ik tegen dit verdriet vechten of het aanvaarden in liefde?' vraag ik. 'Laat het toe', knikt hij me glimlachend toe en hij legt het begrip in me dat mijn hart het zal transformeren. Ook besef ik dat ik krachtig in het Ik Ben moet zijn. Het zwarte schrompelende verdriet komt dieper mijn hart in en ondanks mijn afstemming begint mijn hart toch vervaarlijk uit evenwicht te zwaaien. De engel staat bemoedigend naast me. Dan ineens wordt er met kracht een grote zwarte tor uit mijn borst gespuugd. 'Het verdriet van de wereld', weet ik. De engel gaat tussen de reusachtige tor en mij in staan. Dan draait hij zich om en heeft de tor, nu klein, op zijn hand. Ik voel de verandering; het verdriet dat ik nog in mij voel kan zich nu richten op compassie en troost voor de tor. Zo kan ik mezelf bevrijden van dit verdriet dat mijn wezen dreigde onder te dompelen. Al mijn compassie en liefde richt ik nu op de tor die meteen verandert in een erbarmelijk huilend kind waar vieze witte klodders afdruipen. 'De mensheid', verklaart de engel glimlachend en vol mededogen voor de tor, nu het kind, aan mij. 'Ach mensheid, wat wil ik je graag helpen', voel ik van binnen. Als ik het kind wil overnemen houdt de engel het bij me weg; 'Je zult je zeer doen, het is bijtend', zegt hij. Even voel ik dat ik afstand wil nemen vanuit een gevoel van; zoek het ook maar zelf uit mensheid. Maar dan glimlach ik om mezelf. 'Ach, hulpeloos kind, huilende mensheid, je weet niet beter', zeg ik en ik straal mijn compassie weer uit. 'Hoe lang moet dit nog duren?' zucht ik, bijna moedeloos over het lijden van de mensheid. Vanuit het licht van Ik Ben straal ik licht op het huilende kind. Zodra ik straal begint het kind enorm te niezen. Grijsgroene kledders vliegen alle kanten op. Het doet me denken aan mijn altijd verkouden kat, die ik schertsend wel eens het 'snotkanon' noem en ik besef opeens de waarheid van Iegdries' woorden; 'Dit katje heeft het hoogst bereikbare bewustzijn voor een dier. Ze is trouwens een plataan.' Zou zij het op zich genomen hebben om met al dat genies te transformeren?

Aan de andere kant ziet het er eigenlijk ook ontzettend komisch uit, dat genies van dat kind dus ik schiet in de lach, met respect uiteraard. Het klodderige kind blijft maar niezen en de engel geeft aan dat het genoeg is voor nu. Hij schenkt me een lange en geconcentreerde glimlach vol liefde en vrede en vertrekt dan met het kind op de hand. Sophia wacht me op en drukt me tegen haar borst. Ze noodt me de rozenkwartsen burcht binnen en aan de lange houten tafel zie ik mijn geliefde etherische leraar zitten, in kostuum. Ik ben ontroerd. Na onze hartelijke begroeting wijst hij naar de opstelplek. Daar is alleen maar een groot rond wit licht, als een poort. Ik stap er in. Van bovenaf gaan dunne zilverlichtende naalden langzaam door me heen alsof ze iets in me ankeren, maar ook iets van me afnemen. Het voelt plechtig en serieus. Dan ineens is het of er met een ruk een laken van me afgetrokken wordt. Ik sta in stralend licht. Ik voel hoe om me heen vele vrienden zijn die me vol vreugde begroeten. Ik zie ze niet, het hoeft ook niet.

Ik hoef alleen maar te Zijn. Zonder beelden en zonder details. Er is alleen dat glorieuze licht waar ik in mag verblijven.

De boodschap van de witte draak

Deze heilige helpster is deze keer niet wit, maar ijl. Net of ze uit nevel bestaat en sommige delen zijn zelfs weggevallen. 'Je hebt het meeste van wat ik je te bieden heb geabsorbeerd. Er zijn nog enige aspecten in jou onverlicht. Ik blijf tot ik je alles heb kunnen geven. Daarna keer ik terug naar mijn sterrenbasis. Daar is het bewustzijn zo ijl en van zo andere en verfijnde aard dat het voor menselijke maatstaven niet meer waar te nemen is. Ik ben altijd met je verbonden', laat ze me weten. 'Ja maar', sputter ik geschrokken. 'Maak je niet afhankelijk van gidsen of van mij', zegt ze, 'Streef naar een zo volledig mogelijke ontplooiing. Oordeel niet, vergelijk niet. Het aspect dat je wel al beheerst is het samenvallen met het andere, de ander. En vol liefde en volledig zonder oordeel, met begrip en mededogen, de ander een beetje optillen uit de zwaarte. Verdriet tot overgang en transformatie maken in plaats van als een status quo. De mens heeft de neiging verdriet als een zeer belangrijke staat van zijn te beschouwen maar zo remt hij zijn vooruitgang'. Licht melancholisch vervolg ik mijn wandeling..

Leegkloppen

In het bos merk ik dat ik niet goed in verbinding kom met 'de andere wereld'. Ik heb de afgelopen tijd intensief gewerkt en helingen gedaan, ook 's avonds laat, en ik ben eigenlijk nogal uitgeput. Iegdries loopt mee. Hij raadt me aan weer naar het niets te gaan, maar ik merk dat ik me niet goed kan ontspannen. Bovendien lukt het me niet me in het niets te voelen met hem naast me, want dat voelt als samen. 'Je hebt aankoeksel in je hersenpan', concludeert hij, 'Je hebt niet genoeg losgelaten. Niet dat je negatieve gedachten had maar je hebt het te druk gehad met puntgericht denken, met focussen en concentreren. Om te schouwen kun je beter niet in puntgericht denken vastzitten want dan loop je het risico het met denken vermengd te zien. Niet alleen je hart is een ontvangst station, je hoofd ook. Het beste is het als je geen schedeldak meer ervaart. Het niets is een poort, een langdurige poort. Hoe is het met je schermen?' vervolgt hij. Ik kijk en zie dat er voor beide schermen een soort koker met dikke bloempotglazen zit. Het puntgerichte, geconcentreerde denken dat ik onvoldoende heb losgelaten. 'Werk meer met de gember', zegt Iegdries, 'Geef me je hoofd. Net zoals ik mijn pijp af en toe moet uitkloppen en soms zelfs leegschrapen om de zuivere geurwaarneming van de tabak niet te laten mengen met het aankoeksel, zo moet je ook je eigen hoofd af en toe uitkloppen'. Met een gevoel van opluchting geef ik hem mijn hoofd.

Hij houdt mijn schedel ondersteboven en slaat ertegen of het een klankschaal is. 'Trilling bikt het aankoeksel los, klankschalen, gongen, trommels. Niet zo zeer muziek want het gaat er om dat je in het niets komt. Muziek werkt op je gevoel voor schoonheid, dan is het moeilijker om de leegte van het niets te ervaren', vertelt hij. Het wordt steeds gekker, nu laat hij water in de 'pan' heen en weer golven. 'Heb je misschien een plantje voor me om sneller van dat aankoeksel af te komen?' vraag ik. 'Ja, naast de gember de witte maagdenpalm', antwoordt hij, 'Dat trekt het hoofd weer open'. En meteen zie ik wat rankjes met de kenmerkende witte bloemetjes meegolven in het water. 'Of anders de heel lichtblauwe. Neem je de echt blauwe of paarse, die werken weer anders, meer op diep ingesleten patronen zoals depressiviteit en hersenaandoeningen. Bij gebrek aan de plant haal je de essentie ervan gewoon binnen', gaat hij verder. 'De plantjes zijn zo zacht en elfachtig dat ze als een zacht en heel ijl zakdoekje door je schedel gaan met het effect van een borstel. En het restant bruis je los met gember'. Hij laat zien hoe de prikkelende kwaliteit van de gember inderdaad als een bruistablet de laatste resten in mijn schedel losmaakt. 'Kijk nu naar de schermen. Als je je lang hebt moeten concentreren, moet je dat energetisch wel weer teniet doen als je daarmee klaar bent, kijk'. En hij laat een schuifje zien, een soort palletje, dat zodra hij dat naar beneden schuift de dikke lenzen die voor de schermen zitten doet oplossen. Palletje omhoog en de lenzen schuiven er weer voor.

Hij lacht. 'Laat je hoofd maar hier, ik zal me er vannacht wel mee bezig houden. Je hebt wel een noodhoofd hoor', grinnikt hij als ik weer naar huis ga. Energetisch omkijkend zie ik hoe hij zelfs een vioolstrijkstok langs mijn hersenpan laat gaan..

Zon
Tijdens de dagelijkse boswandeling, vroeg in het voorjaar, zit ik er mee dat ik een heling niet af heb kunnen maken. Tijdens de heling zijn er een aantal zeer zware emoties bovengekomen van degene die ik schouwde en ik maak me ongerust of ze, nu ze nog ongetransformeerd zijn, de vrouw die ik behandel niet kunnen overrompelen. Voor ik de voordeur uitga zet ik Ayesha in het licht. Daardoor kan ik makkelijker met haar communiceren. Ik heb al gemerkt dat als ik alleen haar in het licht zet maar mezelf niet, het effect minder goed is. Ze maakt zich dan sneller los van mij om haar eigen gang te gaan en zelfs mijn gezag aan haar laars te lappen. Dus ik zet mezelf ook in het licht. Ayesha vertelt me dat ze veel zin heeft in konijnen opjagen. Daar heeft ze zelfs meer zin in dan met andere honden spelen. Haar enthousiasme maakt ook mij blij en enthousiast.

Tijdens helingen werk ik altijd met dit licht. Het werkt als een batterij in mezelf en van daaruit kan ik het licht, als vreugde en transformatie, inzetten bij degene voor wie ik de heling doe. Genietend van hond en bos loop ik over de besneeuwde paden. 'Blijf in vreugde', hoor ik opeens de matzwarte draak naast me. 'Wees dit licht. Dit licht is pure vreugde, extatische vreugde. Daarom zei ik; wees een zon, geen zonnestraaltje. Als je dit licht bent, in Vreugde, ben je een constructie, een bouwwerk (hij toont het mij als een uitdijend samenstelsel van bolvormige cirkels). Zo trek je anderen mee in deze vreugde, niet alleen je hond, dit bos, je klant. En hoe sterker je telkens opnieuw in deze Vreugde bent, hoe groter de reikwijdte en hoe sterker het gebouw, de constructie. Daarmee verhef je anderen, je brengt letterlijk; in 'orde'. Daarom zie je zoveel lichten, sterren en gloeden als je in het bos loopt. Dat is het licht van de Vreugde, de zon die je bent, dat zichtbaar wordt. Het doel is voortdurend dit Licht te zijn. Als God één moment van twijfel had zou de volmaaktheid van de schepping verloren gaan, daarom is het zo belangrijk te streven naar het altijd in de Vreugde, in dit licht, te zijn'.

Na deze boodschap vliegt hij op, mij diep onder de indruk achterlatend. Ik realiseer me hoe het voelt, als ik in dit Licht ben. Het is een binnenstebuiten beweging. Het is namelijk net of ik explodeer, alsof mijn innerlijk licht naar buiten ploft alsof ik popcorn ben en het is grappig te constateren dat 'mijn gebouw' eigenlijk als popcorn is.

Slot

Is het nu klaar en afgelopen? Nee, natuurlijk niet, het is nooit afgelopen. Ik bewandel mijn pad onverdroten verder. De manier waarop ik helingen doe kost tijd. Dat betekent dat ik maar een beperkte hoeveelheid mensen en dieren kan helpen. Ik ben bang dat ik daarom meestal 'nee' moet verkopen bij hulpvragen. Ik hoop dat dit boek de lezer inspireert om zelf tot samenwerking met de etherische werelden te komen en zelf te leren hoe te helen. Het contact maken met de andere wereld vergt een zekere afstemming waar ik me toe moet zetten. Aangezien ik altijd zo blij met de boodschappen ben, noteer ik ze naderhand nauwkeurig. Dat kost tijd. Tijd die ik in deze fase van mijn leven ook anders wil besteden. Toch gaan de boodschappen verder. Echter, degenen die zich niet met woorden kunnen uiten hebben nu een stem gekregen. Op een wijze die vaak heel erg met mijzelf verbonden is. Ik vind het eigenlijk best eng om deze persoonlijke dagboeken te laten lezen aan mensen die ik niet ken. Het heeft me in eerdere levens meermalen letterlijk de kop gekost. Maar in het besef dat we allemaal een eenheid vormen en doordrongen zijn van goddelijk bewustzijn, waag ik het er op. En, wie weet tot een volgende keer, in een nieuw boek.....

Verklarende woorden

Chöd
Een methode waarbij je emotionele en fysieke problemen een persoonlijkheid geeft om er welwillend mee in contact te treden waardoor ze af kunnen nemen. Je stelt vragen en naar aanleiding daarvan biedt je 'nectar' aan waardoor de transformatie, dus de heling, plaatsvindt. Wie meer over chödten wil weten leze het boek; 'Voed je demonen', door Tsultrim Allione.

Deva
Hoge, engelachtige entiteit die waakt over bv bergen, vulkanen, wouden, streken. In mijn waarneming zijn er zowel mannelijke als vrouwelijke deva's.

Diamant
Dit is een punt, 'drijvend op de vloeistof in het bekken', zoals ik geleerd heb van heer Hsi. Door intentie, dat wil zeggen gerichte aandacht, 'zet je het aan', maak je het werkzaam. De diamant helpt je onder andere om straling te verwerken en negativiteit af te voeren.

Dryaden
Zoals ik ze waarneem, vrouwelijke wezens met bollende gewaden, die bij een bepaalde boomsoort horen. Elke boomsoort kent zijn eigen dryade.

Faun
Bekend uit de Griekse mythologie, voornamelijk mannelijke wezentjes met bokkenpootbenen.

Florida water
Bepaald geurwater in alcohol, te koop in Surinaamse en Chinese winkels, dat gebruikt wordt om ruimtes te zuiveren.

Gidsen
Wezens uit andere dimensies die zich met mij (of wie dan ook) bemoeien en raad en tips en inspiratie geven.

Gnoom
Zoals ik het opvat althans; een mager, spichtig, kabouterachtig wezentje, dat niet echt plek gebonden is.

Grondwezen
Energetisch wezen dat een vaste plek heeft en het gebied waar het hoort versterkt en de kosmische en aarde energie ter plekke met elkaar verweeft.

Helen
Zo noem ik mijn manier van werken. Nadat mij getoond is hoe iets in elkaar zit en wat ik kan en mag doen, werk ik meestal met 'helend licht' waardoor het probleem transformeert naar ofwel een kracht of belofte, ofwel verdwijnt het.

Ida, pingala, sushumna
Energiebanen rond de ruggengraat waarbij de ida en pingala (mannelijk en vrouwelijk) aan weerszijden slingeren en elkaar kruisen bij de aan de ruggengraat gelegen chakra's en de sushumna is de energie die binnenin het wervelkanaal loopt. Ze hebben te maken met levenskracht.

Kabouter
Een wat breder maar ook klein wezen dat in mijn opinie voornamelijk plaatsgebonden is.

Kobold
Zoals het zich aan mij toont; een fors, breed, vrij groot kabouterachtig wezen dat zich voornamelijk onder de grond ophoudt.

Krachtdier, totemdier
Een dier waarvan de kwaliteiten en eigenschappen een mens kunnen inspireren. Vaak zijn de dieren zowel energetisch als in de stof een speciale vriend. Energetisch kun je met je krachtdier reizen maken en zal hij je beschermen of tips geven, in de stof kun je ze op je pad tegenkomen en als boodschap duiden.

Loodlijn
Een energetische verbindingslijn waarmee de mens aan de aarde en aan de kosmos gelieerd is.

Naga's
In het hindoeïsme en boeddhisme zijn naga's bovennatuurlijke wezens die vaak de gedaante van een slang of draak aannemen. Het zijn bewakers die zowel goed- als kwaadaardig kunnen zijn.

Nektar
Geschenk dat je maakt uit jezelf om de demon te voeden. Gebruik uit de chödtmethode.

Oorzakelijke velden
Ik heb deze gebieden zo genoemd omdat mij daar getoond wordt hoe problemen en/of conflicten van mensen of dieren die ik schouw, in elkaar zitten.

Opstellen
Als ik iemand wil schouwen stel ik hem of haar op. Dat doe ik op een abstracte plek in de geest. Het beeld dat zo verschijnt, is mijn uitgangspunt voor onderzoek.

Rozenkwarts burcht, rozenkwarts ruimte
Dit is een hoog bouwwerk van rozenkwarts waar ik graag vertoef, helingen verricht en gidsen kan ontmoeten. Ik ontdekte dit 'gebouw' toen ik met mijn wezen aan de binnenkant van mijn (stoffelijke) rozenkwarts steen terecht kwam die ik onder aan de trap had gelegd.

Schouwen
Schouwen wil zeggen waarnemen in het niet stoffelijke.

De schermen
Een soort beeldschermen in het voorhoofd en achterhoofd waar je met visualisaties kunt creëren. De sadhoe heeft me erover onderwezen.

Sjamanisme
Sjamanisme komt over de hele aarde voor. Men gaat uit van de bezieling van de omgeving, zoals bergen, rivieren, bomen. Er zijn talloze sjamanistische methoden en opvattingen, vaak gepaard gaande met rituelen, om met de geestenwereld in contact te komen. Het sjamanisme gaat uit van het feit dat stukken ziel kunnen zoekraken. De sjamaan gaat het ontbrekende stuk 'ophalen' waarna de persoon zijn teruggevonden stukje kan 'opnemen'. Niet alleen de sjamaan kan stukken ziel terughalen. Je kunt dat ook zelf. De Siberische psychiater Olga Kharitidi heeft twee boeken over dit onderwerp geschreven; 'Het pad naar de sjamaan', en 'Meester van de dromen'. Het sjamanisme gaat ook uit van het verschijnsel krachtdier of totemdier. Dit dier wijst de weg en beschermt de reiziger als hij in de geestgebieden verblijft.

Voorouderlijnen
Dit zijn energetische lijnen die ik in de nek zie, links de moederlijn en rechts de vaderlijn. Hierdoor zou ondersteunende voorouder energie binnen moeten komen maar vaak komen er onverwerkte trauma's mee en familiethema's die nog niet tot het licht gekomen zijn.

Zieledelen

Losgeraakte scherven van de ziel. Een stukje ervaring dat door trauma zo verkrampt is geraakt dat het 'buiten de tijd' is geraakt, niet meer, bewust, mee gaat met het geheel van de ziel. Deze zieledelen voelen zich alsof het trauma voortdurend en op dit moment plaatsvindt en zijn daardoor belangrijke stoorzenders zolang ze niet geheeld zijn en geïntegreerd met het geheel van de ziel. Traditionele sjamanen gaan voor hun klanten op zoek naar deze stukjes ziel en halen ze op. Maar er zijn ook methoden waarbij de leek zelf zijn zieledelen op kan halen mits hij niet in het traumagebied waar de zieledelen verblijven, komt.

Mijn belangrijkste gidsen

De etherische leraar: mijn geliefde, zachtaardige, geduldige leraar die al bij me is vanaf een andere wereld en altijd rekening houdt met mijn gevoelens.

De drakenmeester: een Chinese gids die mij onder andere traint met zwaarden en oosterse vechtsporten.

De sadhoe: een magere Indiër, ooit mijn leraar, die mij vooral onderwijst over de werking en mogelijkheden van de geest.

Iegdries de druïde: die mij vooral onderwijst over helen en mij met de plantenwereld in aanraking bracht.

De matzwarte draak: recht voor zijn raap.

Oom Warna: een hartelijke, grote man die ooit mijn oom was in de Viking tijd.

Sophia: een vrouwelijke gids die me altijd praktisch en geduldig steunt en uitleg geeft.

Mie: die ik zelf was, de oude wijze kluizenaarster in het bos, een goede heks.

Grootvader: mijn indiaanse opa die mij door zijn opvoeding de mogelijkheid gaf uit te groeien tot de wijze indiaanse die ik later werd.

De witte draak: de ijlste en zuiverste, minst stoffelijke gids. Zij is verheven boven al het aardse.

De Grote Wijze van het Oosten: een Chinese gids die zowel jeugdig als stokoud is.

Heer Hsi: een Chinese heer die mij onder andere leert over de diamant en de ademdraken.

Nawoord

Drie maal achter elkaar vind ik een spechtenveer in het bos, zelfs een kopveertje. Dat betekent iets. Ik vraag de matzwarte draak wat de boodschap is, maar hij zegt; 'Stem je maar af op het spechtenveld'. Het kopveertje ben ik ook direct weer kwijtgeraakt en al wandelende speur ik of ik het weer terug vind. 'Dat vind je niet meer', bromt de draak, mij zo losmakend van verspillende moeite. Natuurlijk vind ik het niet meer. Maar goed. Ik stem me af op het spechtenveld. Het gonst van bedrijvigheid. Efficiëntie ook. Een gevoel dat al die arbeid prettig is om te doen. De boodschap vormt zich; Rond het af (het boek). Je hebt hard gewerkt. Klaar is klaar. Je mag het van je schouders laten glijden naar de wereld, laat het gaan. En omdat het spechtenveld zo monter en opgewekt is, krijg ik het gevoel; Het is goed. Vertrouw er op dat je het met een gerust hart kunt laten gaan. Ik word me bewust van het feit dat ik er verkrampt en nerveus over ben het boek de wijde wereld in te sturen. Stel dat men het helemaal niets vindt of er zelfs vijandige gevoelens over heeft. Maar de spechten laten me weten; Ieder vogeltje zingt zoals het gebekt is, dit is jòuw ei, en dat màg het ook zijn. Het is goed zoals het is, beter dan goed hoeft niet. Ga nu ophouden met verbeteren, aanpassen en toevoegen. Wees niet zo benauwd en angstvallig. Het feit dat er een resultaat is dat de wereld ingaat, mag je juist opgewekt en blij stemmen. Door deze boodschap word ik me bewust dat ik eigenlijk bang ben dat het boek niet goed genoeg is. Maar nu besef ik dat ik goedkeuring krijg. De tijd is rijp om het los te laten. Pas langzaam dringt het in zijn volle omvang tot me door: ik ben klaar! Dit langdurige proces is tot een einde gekomen. Einde verhaal, boek dicht. Het ligt achter me! Nu pas voel ik wat een last het is geweest, hoe geïnspireerd ik ook bezig ben geweest. Wat een feestelijk gevoel!

Een week later krijg ik alweer een tarotlegging van de natuur want onderweg in het bos vind ik roofvogelveren. Twee, en ze zijn gestreept. Vandaar dat ik vermoed dat ze van een sperwer zijn. Het is bijzonder warm deze dag, tegen de 30 graden. Als ik langs Pausibels veldje loop verwacht ik hem amechtig onder de grond aan te treffen. Maar nee hoor. Hij is aan het rondspringen van plezier over het mooie hete weer. Vol vreugde springt hij aan mijn linkerbeen kopie. Ik vertel hoe blij ik ben dat hij weer op dat been met me mee gaat tijdens de wandeling en met ontroerende affectie klemt hij zich stevig om de kopie. Hij is in opperbeste stemming. 'Je hebt veertjes gevonden he!? Die heb ik voor je neergelegd!' jubelt hij. 'Van wat voor vogel zijn ze eigenlijk?' vraag ik. 'Havik, havik', antwoordt hij blij. 'Wat betekent dat dan?' vraag ik. 'Weet je dat dan niet?' vraagt hij verbaasd, 'Als blijk van waardering, van de bosdeva', zegt hij jubelig. 'Maar waarom havik?' vraag ik verder. Het is niet dat hij het zelf antwoordt maar het komt geleidelijk bij me binnen:

'De havik stijgt tot grote hoogten. Het is een snelle en wendbare vogel. Krachtig en intelligent. Net als de specht heeft hij een doel. Maar zoals de specht er boven op zit, zijn werk, het uithakken, zo neemt de havik afstand. Door de grote afstand vallen hem heel andere dingen op dan de detaillistisch werkende specht. De specht is de werker, de doener, die maakt het product. In dit geval dit boek. De havik is de geestkracht die nodig is om het product de wereld in te brengen. Een andere blik, een nieuwe fase. Een nieuwe fase in het doel; een uitgever zoeken enzovoort, met een snelle wendbare intelligentie. De havik is de vogel van een getrainde en geoefende geest zoals ik die ontwikkeld heb. Ik mag het boek vrijlaten, zijn bewegingen volgen op weg naar de wereld'.

Glimlachend constateer ik dat ik het zo zoetjesaan begin te leren, deze taal der tekens....

Over de Auteur

Anitsa Kronenberg is natuurgeneeskundig therapeut. Al van kinds af aan voelde ze zich aangetrokken tot de plantenwereld. Na haar studies in de natuurgeneeskunde richtte zij haar eigen natuurgeneeskundige praktijk op en gaf ze een aantal jaren les. Ook schreef ze artikelen voor diverse (spirituele) vakbladen. Verder richtte ze zich door middel van meditatie hoe langer hoe meer op de etherische wereld die achter de materiële wereld schuil gaat. Hierdoor werd een voor haar compleet onbekend gebied opengelegd. Ze kreeg beelden van die etherische wereld, en ontmoette gidsen en andere niet stoffelijke levensvormen waar ze geregeld lessen van kreeg. Ze ontdekte dat intelligent bewustzijn niet voorbehouden is aan de mensheid. Intelligent bewustzijn is overal. Niet alleen in mensen, ook in dieren, natuurwezens, planten, stenen en niet stoffelijke wezens. Het was voor haar ook verrassend te merken hoe zeer de etherische wereld invloed heeft op ons dagelijks bestaan, eigenlijk zonder dat we ons dat bewust zijn. Meer en meer kreeg ze het gevoel in twee werelden te leven, de 'gewone' en de etherische. Bijna dagelijks maakt ze nu contact met die etherische wereld en doet er in haar dagboeken verslag van. Soms is het of ze een film instapt en daar handelend kan optreden. Soms gaat het er alleen om om zuiver af te stemmen, waardoor een dialoog op gang komt.

De etherische wereld heeft een andere structuur dan de stoffelijke wereld. Daar heerst de logica van de droom. Je verplaatst je er niet van a naar b, maar situaties nemen je als het ware mee zodat je van gebeurtenis naar gebeurtenis schiet. Voor Anitsa zijn deze plotselinge wendingen gewoon, net als het feit dat inzichten en beelden over diverse zaken tegelijkertijd in haar binnenkomen. Toch blijft het een vertaalslag om de kracht en logica van de boodschappen ook voor mensen die deze wereld niet kennen, begrijpelijk te laten zijn. Een bepaalde redenatie die in onze stofwereld zo belangrijk wordt geacht, is in die wereld volstrekt irrelevant. De wezens uit de etherische wereld helpen Anitsa om met problemen om te gaan. Ze helpen haar zichzelf te genezen en geven aanwijzingen hoe ze anderen kan genezen. En ze leren haar de tekenen in de natuur te verstaan. In haar natuurgeneeskundige praktijk maakt ze nu regelmatig dankbaar gebruik van de informatie die tot haar komt vanuit de etherische wereld.

In dit boek heeft Anitsa een groot aantal fragmenten uit haar dagboeken gebundeld. Zij zou graag zien dat meer mensen zich van deze oneindige wereld bewust worden, en zich verbonden gaan voelen met het bewustzijn in de schepping, opdat de natuur en onze prachtige planeet met meer respect en voorzichtigheid behandeld zullen worden. Ook wil ze mensen aanmoedigen om contact te maken met de etherische wereld waar we allemaal deel van uitmaken en die voor iedereen toegankelijk is. De vraag hoe je dat moet doen, is niet eens zo belangrijk. Ieder mens zal deze werelden immers op zijn eigen manier kunnen binnentreden. Belangrijk is alleen dat mensen op het idee gebracht worden om dat te gaan doen.

De etherische wereld ontvouwt zich in ieders bewustzijn anders, aangezien de waarnemingen gekleurd worden door ieders persoonlijke achtergrond. Hoe meer je je hiervan bewust bent en hoe zuiverder je wordt en met je ervaringen omgaat, hoe dieper de boodschappen worden. Als je eenmaal de juiste houding hebt gevonden, raak je nooit uitgeleerd en zul je bemerken dat de veelheid van mogelijkheden eindeloos is.

Zelf zegt Anitsa over haar boek: "Het is te mooi om niet te delen". Laat het u inspireren om uw eigen pad naar deze werelden te vinden.

www.ingramcontent.com/pod-product-compliance
Lightning Source LLC
Chambersburg PA
CBHW051054160426
43193CB00010B/1183